젠 더 고 고 학
Gender Archaeology

마리 루이스 스티그 쏘렌센 지음
Marie Louise Stig Sørensen

우정연 옮김

지은이는 영국 케임브리지 대학 고고학과에서 박사 학위를 받고 현재 같은 곳에서 교수로 재직 중이다. 지은이는 오랫동안 정체성과 물질문화 사이의 관계에 관심을 갖고 이를 유럽 선사고고학, 문화유산, 젠더를 통해 연구해 왔다.

옮긴이는 영국 케임브리지 대학 고고학과에서 박사 학위를 받았다. 현재 한국학중앙연구원 국제한국학부에서 조교수로 재직 중이고, 물질문화가 권력 관계 생성, 유지, 변화에 미치는 영향을 젠더 이론과 행위 이론을 통해 연구 중이다.

젠더고고학 Gender Archaeology

초판 1쇄 발행 2014년 12월 15일

지은이 · 마리 루이스 스티그 쏘렌센
옮긴이 · 우정연
발행인 · 김영진
발행처 · 진인진
등　록 · 제25100-2005-000003호
표지디자인 · 배원일
본문 편집 · 배원일
주　소 · 경기도 과천시 별양동 1-14 과천오피스텔 614호
전　화 · 02-507-3077~8
팩　스 · 02-507-3079
홈페이지 · http://www.zininzin.co.kr
이메일 · pub@zininzin.co.kr

ISBN 978-89-6347-198-3 93900

GENDER ARCHAEOLOGY

이 책은 젠더고고학에 대한 이론적 논의가 이루어지는 1부와 그에 대한 구체적인 물질문화 사례 연구로 이루어지는 2부로 구성된다.

1부에서는 과거 해석과 박물관 전시에서 여성의 가시성 문제 그리고 고고학 학문적 관행과 직업 시장에서의 남녀 평등 문제를 소개하면서, 동시에 젠더에 대한 문제가 여성의 가시성에 대한 문제로 환원되어서는 안 된다는 점을 강조한다. 기존의 남성 중심적인 과거 해석과 학문적 관행에 대한 반작용으로 특출한 일부 여성의 존재와 역할을 부각시키는 경향은 이 여성들이 놓여져 있었던 사회적 맥락에서 분리된 개별화되고 고립된 여성의 이미지를 낳을 뿐만이 아니라 이들을 제외한 나머지 여성들을 한층 더 비가시적이게 만든다는 문제를 안고 있다. 이에 지은이는 젠더 문제를 여성의 가시성 문제로 환원하거나 일부 비범한 여성을 강조하는 대신 여성과 남성은 항상 서로의 부분으로서 존재하고 의미를 지닌다는 사실을 환기시키며, 특정 맥락에서 이들이 서로의 부분을 이루었던 구체적인 방식에 주목할 것을 제안한다. 이처럼 젠더는 모든 사회에서 그 사회의 일부를 구성했으므로, 젠더고고학에서는 젠더 차이가 특정 사물을 통해 명확히 표현되고 강조되든 또는 부정되고 은폐되든 각 경우에 대한 나름의 해석을 필요로 한다.

이와 함께 1부에서는 과학에 대한 여성주의적 비판과 다원성에 대한 후기과정주의 고고학적 주장 사이의 인식론적 충돌 문제를 다룬다. 지은이는 여성주의 인식론은 지식 구성과 주장에 사회적 환경과 연구자의 주관이 미치는 영향을 강조하면서, 또 한편으로는 여러 해석 중에서도 자신의 해석이 보다 진실에 가깝다는 주장을 한다는 점에서 자기모순적임을 지적한다. 더 나아가 과학과 논리 구조 자체에 대한 여성주의적 비판이 극단적인 형태를 띨 경우, 과학적 또는 합리적이고 논리적인 남성 대 비합리적이고 감정적인 여성이라는 이분법적 사고를 재생산할 여지가 있음에 우려를 표한다. 이처럼 '규범적'인 학문 담론 밖에서 젠더 논의가 이루어질 때 나타날 수 있는 젠더 문제의 주변화를 피하기 위해 지은이는 '주류' 고고학과의 관계 속에서 젠더 문제를 풀어 나가고, 그러면서도 동시에 기존 해석에 대한 비판적 시각을 잃지 않을 수 있는 방법에 대해 끊임없이 고민한다.

최근 정신분석, 여성주의, 탈근대주의, 퀴어이론의 영향을 받아 성별이 지니는 문화적 차원이 강조되고, 이로 인해 성별의 존재론적 위치가 의문시되고 있는데, 지은이는 이러한 경향이 젠더고고학에 의미하는 바에 대해서도 매우 설득력 있는 견해를 제시한다. 지은이는 젠더나 성별보다는 성애에 대한 관심의 증대로 인해 성애의 사회적 측면보다 개인적 경험으로서의 측면이 선험적으로 우선시 될 위험이 있음을 지적한다. 젠더는 성별과의 관련성에도 불구하고 성별과는 상이한 방식으로 체화되기 때문에 성별과 다르고, 성별이나 성애를 통해 직접적으로 도달할 수 없는 부분에서 젠더가 우리의 사고와 행동에 영향을 미치는 방식을 고려할 때 전자와 후자의 차이는 분명해진다. 여기서 지은이는 성별과 젠더에 대한 문제를 최근의 논의에서처럼 사회를 개인으로 대체하여 해결하려 하거나, 성별과 젠더는 결국 같은 것이라고 보는 대신, 성별과 젠더에 대한 이분법적 사고 자체를 해체하고, 성별과 젠더 변이를 대립이 아닌 차이로 이해한다.

젠더는 협상되는 것이다. 지은이는 이것을 젠더고고학의 중심 전제로 꼽는다. 젠더를 협상된 차이, 사회적 구성, 행위와 담론의 문제로 강조하는 시각은 여러 탈근대 이론과 후기과정주의 고고학적 접근의 영향을 받은 것이다. 사회적 구성물로서의 젠더는 변화, 도전, 차이, 따라서 협상에 개방되어 있는데, 여기서 협상은 사회적 삶이 경쟁적인 이해 관계에 의해 영향을 받음을 의미한다. 이러한 경쟁적인 이해 관계의 주요한 부분이 사회적으로 중요한 자원을 둘러싼 권리, 의무, 필요로 나타나고, 이는 보통 사물과 사람에 대한 문화적 개념과 범주들 사이의 연합을 통해 자연화된다. 또 지은이는 물적 사물의 능동적인 성격을 강조하는 후기과정주의 고고학적 접근이 젠더 구성, 유지, 변형 연구에 적합하다고 본다. 이러한 물적 사물이 지니고 있는 물리적 영구성과 상징적 다의성 또는 모호성을 통해 젠더 차이는 개인과 개인 사이에서 또 사건과 사건 사이에서 넓은 시공간적 범위에 걸쳐 표현되고 협상될 수 있다. 사회와 물질문화가 교차하는 이 영역은 젠더 구성, 유지, 변형에 있어 매우 중요함에도 불구하고 기존 젠더 연구에서 간과되었던 부분인데, 이에 대한 연구에 젠더고고학은 고유한 공헌을 할 수 있다는 것이 이 책의 핵심적 주장 중 하나이다.

이에 기반하여 2부에서는 구석기시대 사회에서부터 현대 사회에 이르는 사례를 통해 젠더의 물질성에 대해 구체적으로 살펴본다. 구석기시대 인간의 기원 문제에서부터 이주와 전파 그리고 의식주 문제에 이르기까지 고고학에서 주로 다루는 기본적이고도 중요한 주제가 젠더 문제와 어디서 어떻게 교차되는지를 고고학적으로 친근한 예를 통해 설명하고 있다.

담론과 범주로서 구성된 젠더, 관행으로서 체험된 젠더, 살아 있는 몸을 통해 느껴진 젠더, 이러한 젠더가 개인 및 사회와 주고받는 영향 등, 젠더에는 각 학문 분야의 이론과 방법론, 연구 주제와 대상에 따라 다양한 방식으로 연구될 수 있는 여러 측면과 차원이 있다. 또 위에서 소개하였듯, 성별과 젠더에 관한 이전의 이분법적인 개념에 대해서는 갈수록 많은 문제가 제기되고, 여성주의와 젠더 이론 사이에도 여러 정치적·인식론적 문제가 나타나고 있다. 이처럼 젠더 문제가 갈수록 어려워지고 복잡해지자, 지은이는 과거의 젠더를 이해하는 것을 포기하는 것이 아니라 오히려 젠더고고학이 학문적으로 한층 더 성장할 수 있는 계기로 받아들여야 한다고 주장한다. 그리고 이 책은 그러한 도전에 대한 진지하고도 성공적인 응답이라고 옮긴이는 생각한다.

마지막으로, 바쁘신 가운데도 번역 원고를 처음부터 끝까지 꼼꼼히 읽고 교정해주신 고려대학교 최종택 교수님, 잘 팔리지도 않을 번역서 출판을 흔쾌히 허락해 주신 ㈜진인진의 김지인 선배님께 진심으로 감사 드리고, 또 언제나 곁에서 힘이 되어 준 철이에게도 고마움을 전한다.

2014년 가을
옮긴이 우 정 연

수년에 걸쳐 고고학에서의 젠더 문제 이해에 도움을 주신 분들을 모두 언급할 엄두가 나지 않아 그들 모두에게 우선 감사 드린다. 여러 분들 중에서도 특히 알렉산드리(A. Alexandri), 아뤌-노드블라드(E. Arwill-Nordbladh), 보스트(R. Boast), 댐(C. Damm), 디아쓰-앤드로(M. Díaz-Andreu), 에드먼즈(M. Edmonds), 엔글스테드(E. Engels-tad), 에반스(C. Evans), 하스토프(C. Hastorf), 힐(J. D. Hill), 자닉(L. Janik), 루시(S. Lucy), 올센(B. Olsen), 롤랜즈(M. Rowlands), 쉐넌(S. J. Shennan), 바레니우스(B. Varenius), 와이트러(T. Whitelaw)에게 알파벳 순으로 감사를 드린다.

이와 함께 참고문헌과 도움말을 제공해 주신 여러 분들께도 감사를 드린다. 폭풍 때문에 트롬쏘에 있는 댐의 아파트에 발이 묶여 있는 동안 댐은 이 책의 첫 번째 개요에 대해 조언을 해주었는데, 이에 특별히 감사를 전한다. 케임브리지 고고학과 동료들의 지원에도 감사를 표한다. 베스테르가르드(E. Vestergård와 T. Vestergård)의 인류학적 조언과, 이 책의 집필을 시작하기 전부터 나를 믿고 책의 집필이 끝날 때까지 인내심을 가지고 기다려 준 존 톰슨(John Thompson)에게도 감사하다. 아로요-칼린(M. Arroyo-Kalin), 브제레가르드(E. Bjerregård), 댐,

드메레이스(E. DeMarrais), 힐(J. D. Hill), 노르덴보그 미르(L. Nordenborg Myhrr), 바레니우스(B. Varenius)는 이 책의 원고 전체 또는 상당 부분을 읽고 비판적이고도 유용한 조언을 해주었는데, 이에 감사 드린다. 10장을 읽고 조언을 해 준 멜라스(P. Mellars), 미라클(P. Miracle), 와이트(M. White)에게도 신세를 졌다. 폴러티 출판사 직원분들의 친절함에도 감사 드린다.

선생과 지도 학생 사이의 관계는 복잡한 것이다. 이는 가장 너그럽고 자유로운 지적 교환 관계 중 하나인데, 생산적인 관계가 되기 위해서는 열려 있고 공유되는 것이어야 한다. 그러나 특정 아이디어에 대한 '재산'권이나 그러한 아이디어에 대한 소유권 배분에 있어 문제가 생길 수 있는 관계이기도 하다. 이에 조안나 브뤽(Joanna Brück), 조안나 소파에-데레벤스키(Joanna Sofaer-Derevenski), 수잔 토마스(Susan Thomas)에게 특별한 감사를 전한다. 이들의 고고학적 사고는 나의 고고학적 사고의 일부를 이룰 정도로 나에게 중요한 영향을 미쳤다. 특히 조안나 소파에-데레벤스키와의 아이디어 교환은 이 책에 나타난 나의 아이디어 개발에 직접적인 영향을 미쳤다. 그녀의 영향이 분명한 부분에서는 그 표시를 다 하려고 노력했지만, 이와 더불어 그녀와의 아이디어 교환을 통해 받은 보다 일반적인 영향과 영감에 대해 다시 한번 고마움을 표한다.

크리스 에반스(Chris Evans)는 이 책의 집필을 꼼꼼하게 도와주었는데, 우리는 이 책에서 제기된 여러 문제에 대해 논의하고, 논쟁하고, 공유하였다. 언제나 그랬듯이 그의 조언은 건설적이고 비판적이며 도전적이었다. 이 책의 주제가 그의 직접적인 관심사가 아님에도 불구하고 이 책의 집필 동안 나의 지적 동반자가 되어 준 것에 대해 그만큼 더 고마움을 느끼고 감명을 받았다.

이처럼 잊지 못할 여러 개인들과 생각을 나누고 고고학에 대해 논의한 것은 흥미진진한 경험이었다. 이들의 든든한 지원과 지적 도전을 통해 지적으로 그리고 개인적으로 매우 많은 것을 얻었다. 물론 이들 모두가 나의 주장에 동의하는 것은 아니고, 이 책에 대한 책임은 전적으로 나에게 있다.

이 책을 킴 마이클, 메간, 크리스에게 바친다. 이들은 나의 일상으로서 각각의 방식으로 나의 세계를 젠더화하고 젠더화된 삶에 관해 여러 놀라운 것들을 가르쳐주고 보여주었다. 나의 아이들이 젠더화된 사람이 되는 과정을 따라가는 것은 매력적이고 도전적이며 어떤 수준에서는 아름답기까지 하다. 이를 통해 일상에 숨겨진 의미를 찾게 된다. 내 아이들의 삶을 이론적인 논의로 일반화할 수 없고 그리고 싶지도 않지만, 젠더가 어떻게 구성되는가를 이해하고자 하는 학문적 노력과 그러한 젠더 구성이 내 바로 주변에서 일어나고 있음에 대한 인지 사이의 긴장 상태는 흥미롭고 많은 깨달음을 준다.

_차례

Gender Archaeology

1부

1장

과거의 젠더

젠더가 어떻게 다른 범주들과 결합되는지를 나는 16살에 처음 알게 되었다. 구리의 원소기호는 금성을 나타내는 천문학 기호이고, 금성은 사랑의 여신인 비너스를 나타내며, 이는 다시 여성에 대한 기호임을 화학선생님을 통해 들었다. 남성에 대한 기호는 철의 원소기호이자 화성을 나타내는 기호이고, 화성은 전쟁의 신을 상징한다고 한다. 나는 이러한 연쇄적 관계들에 흥미를 느꼈는데, 삶에 직접적인 관련도 없고 간단명료한 이 연쇄들을 잊을 수 없다.

젠더와 고고학: 들어가며

젠더고고학은 고고학의 한 분야로 자리를 잡았지만 아직 다소 주변적인 주제로 간주되는 경향이 있다. 이는 과거 사회에 관한 직업이자 해석의 한 측면으로서 젠더에 대한 우리의 이해와 태도에 영향을 미친다. 젠더고고학에서 대하게 되는 문제들은 정치적인 문제도 아니고, 그 가능성이 현재적인 관점에서만 고찰될 수 있는 것도 아니라는 점을 인지할 때가 왔다. 우리가 마주하고 있는 문제는 이 연구 분야의 성숙함에 관한 것으로서, 과거에 대해 연구하고 과거가 어떻게 현재의 우리에게 영향을 미치는가에 대해 고찰하면서 젠더를 통해 생각하는 법을 배우기 위한 것이다. 지금까지 선사시대 공동체를 젠더화하기 위한 시도는 이상하게도 연구의 통찰력과 함의의 측면에서 제한된 범위 내에서만 이루어졌고, 선사시대 사회에 관해 알려진 바에 충분히 근거를 둔 것도 아니다. 지속적으로 마주하게 되는 문제는 우리에게 생소하고 낯선 사회를 연구할 때 젠더의 중요성에 대한 이론적·정치적 확신을 어떻게 실제적인 적용으로 전환할 것인가 하는 점이다. 또 젠더 연구의 지적·정치적 이유가 고정되어 있어 연구 과정에서 그에 대한 비판적인 검토가 이루어지지 않고 있다. 따라서 현재 젠더고고학은 그 근거와 가능성에 대한 재검토와 숙고를 통해 앞으로의 연구 방향에 주요한 영향을 미칠 수 있는 중요한 시점에 와 있다.

이러한 제약으로 인한 문제들이 노르웨이 학회지 K.A.N. 및 여러 학회 발표집과 편집호(e.g. Casey et al. 1998, Claassen 1992a, Du Cros and Smith 1993, Gero and Conkey 1991, Kent 1998, Moore and Scott 1997, Wadley 1997, Walde and Willows 1991, Wright 1996a) 등, 젠더고고학에 대한 소수의 정기 간행물의 내용을 통해 다시 한번 확인된다. 여기에서 나타나는 기존의 젠더고고학 주제와 문제의 편향성은 젠더고고학을 성장시키기 위한 우리의 노력이 부분적인 성공에 지나지 않았음을 증명한다. 이는 젠더고고학에 대한 편협한 시각을 만들어내고 선사시대 사회의 젠더를 분석적으로 다루는 능력에 영향을 미쳐 문제가 된다. 기존 연구에서 반복적으로 논의된 주제들은 직장에서의 근무 조건 및 자격과 같이 현재적인 관심에서 나타난 소위 말하는 공정성 문제나, 고대사나 관련 문헌자료가 존재하는 사회에서의 여성의 역할에 관한 것이 대부분이다. 이러한 연구들은 분명 매우 중요한 것이기는 하나, 현대의 사회 관계 연구라는 측면에서 사회학적 연구에 가깝거나 문헌 정보에 의해 큰 영향을 받고, 현재의 그것과 다르고 현재의 우리에게 낯선 과거 문화의 일부로서 젠더 관계에 대한 실질적인 연구가 이루어진 경우는 매우 드물다(미국에서의 상황에 대해 클라센(Claassen 1992b: 5)도 유사한 언급을 한 바 있다).

그렇다고 하여 젠더고고학이 의미가 없는 것은 아니다. 고고학 일반에 젠더고고학이 가져온 진전과 논의를 통해 젠더고고학의 가능성은 충분히 증명되었다. 따라서 기존 젠더고고학의 한계에 대한 진단을 통해, 고고학의 젠더화 프로젝트를 중단하는 것이 아니라, 젠더 일반과 특히 젠더고고학에 대한 우리의 이해를 비판적으로 재검토할 필요가 있다. 기존의 고고학적 관행을 통해 볼 때 이 작업이 얼마나 복잡한 작업이 될 것인지 충분히 짐작된다. 물론 과거 사회에는 연령, 친족, 종족처럼 젠더와 마찬가지로 사회적으로 복잡하고 물적 사물이나 물리적 행동을 통해 접근하기 어려운 측면들이 있다. 그러나 종족성을 연구하는데 있어서의 어려움이 종족성을 고고학적 분석에 포함시키지 못할 이유가 되지 않는 것처럼, 젠더라는 변수가 띠는 복잡한 성질과 그에 대한 분석은 고고학적 연구에서 통상적으로 마주하게 되는 어려움의 일부라 할 수 있다. 이처럼 젠더를 과거 사회를 이해하기 위해 반드시 필요하지만 연구하기 어려운 측면으로서 새롭게 인식하는 데에는 어느 정도의 비판, 회의, 반감이 수반되어, 과거 사회의 젠더 구조 해석에 무엇이 개입되는가에 관해 고고학 내에는 상이한 견해가 존재한다.

이러한 문제는 젠더고고학사 자체를 통해, 그 중에서도 특히 젠더

고고학은 급진적으로 다른, 특유의 여성주의적 과거를 만들어 내야 한다는 뿌리깊은 사고를 통해 맥락화될 수 있다. 이러한 사고는 젠더고고학이 나름의 목소리를 내기 위해 필요했지만, 동시에 짐이 되었던 것도 사실이므로, 이제는 보다 복합적인 어젠다로 바뀌어야 한다. 2장에서 논의될 것처럼 고고학에서 젠더에 대한 관심은 주로 1960년대의 사회 변동에 대한 반응으로 나타났다. 여기서 목표는 직업에서, 박물관에서, 과거에서 여성을 가시화하는 것이었는데, 이를 위해 여성이 남성과 다른 별개의 존재로 강조되었다. 세계 인구의 반으로서 여성의 현존을 명시적으로 증명하고자 했지만, 이때의 여성은 사회적 복합성을 구성하는 행위자도 개인적인 존재도 아닌 것으로 제시되었다. 당시에는 여성들의 집단적 현존 문제가 간과되거나 경시되어서는 안되었고, 협상에 대한 강조나 절충, 세부 사항에 대한 분석, 또는 변이나 뉘앙스에 기울이는 주의로 인해 제기되는 절충은 바람직하지 않은 것으로 여겨졌다. 이러한 입장은 기본적으로 정치적 성격을 띠어 일정한 효과를 낳았지만, 주류 고고학자들은 젠더고고학의 정치적 색채와 관련성을 탐탁치 않게 여겼고 이로 인해 젠더고고학은 주변화되었다. 젠더고고학의 탄생은 정치적·사회적으로 혁명적인 것이었지만, 이론적·분석적으로는 기존 해석에 대한 반작용적인 성격을 지닌 수동적인 연구에 머물렀다. 과거의 남성과 여성에 대해 고찰하기 위해 사용되었던 기본 전제들은 변함없이 유지되었고, 단지 변한 것이라고는 남성과 여성이 담당한 역할에 대한 해석이었다. 그러나 당시의 시대적 상황을 고려할 때 이 정도의 변화도 중대한 의미를 지닌 것이었고, 젠더에 대한 인식의 변화에서 이 시기가 지니는 중요성은 아무리 강조해도 지나치지 않다. 이처럼 젠더에 대한 인식 변화의 기반이 마련되었으므로, 그 가능성과 목표를 보다 철저히 재평가하여 증명하는 것은 이제부터 해결해나가야 할 부분이다.

젠더고고학은 선사시대 젠더 관계의 생성과 유지에 대한 분석뿐만이 아니라 선사시대 젠더 관계에서의 변이 연구를 그 목적으로 삼고 있다. 이것이 고고학에 의미하는 바가 무엇이고 어떻게 그것을 이룰 수 있을지에 대해서는 이 책의 2부에서 고찰해 볼 것이다. 젠더 관계는 재생산되는 것이 아니라 지속적으로 만들어지는 것인데, 이러한 젠더 관계는 젠더 계약이 표현되고 경험될 수 있는 매체로서의 물질 자원을 동반하고 사용하는 권리와 의무에 대한 협상을 통해 일부 이루어진다. 필자는 별도의 논고에서 탐험적 젠더고고학이 발전하면 젠더 연구가 고고학의 모든 측면과 얽히게 되고 모든 사회 이론과 통합되어 고고학의 하위 분야로서의 성격을 잃게 될 것이라고 보았다(Sørensen 1992: 31). 또 다양한 이해 단계와 상이한 이론적 접근 및 정치적 관점, 그리고 학문적 고고학과 현장 고고학 사이의 분열 가능성이 젠더고고학의 근거와 목표에 영향을 미침에 따라 젠더고고학에 대한 시각에 차이가 나타나고 있다(Wylie 1997 참조). 그러한 긴장을 박물관의 경우와 관련하여 젠더고고학이 어떻게 제도적 맥락의 영향을 받는지를 통해 살펴볼 수 있다. 젠더 역할을 해체하여 맥락화하려는 현재의 연구 경향으로 인해, 박물관에서 젠더와 젠더 관련 문제를 지나치게 단순화 시키지 않고 교육적이면서도 시각적으로 영향력 있는 방식으로 제시하는 것이 지극히 어렵게 되었다. 박물관 전시의 젠더화가 어렵게 되었음에도 불구하고 기존의 고고학적 틀 내에서는 이에 대한 해결책을 찾기 어려워, 이를 위한 별도의 연구 분야를 개발해야 할 필요성이 드러났다(e.g. Devonshire and Wood 1996, Porter 1996, Sandahl 1995). 이러한 충돌은 젠더고고학에 중요한 문제를 제기하는데, 이는 젠더고고학의 중요성을 부인하는 것이 아니라 오히려 젠더고고학이 긍정적인 방향으로 성장해 나가고 있다는 증표로 받아들여져야 한다. 이와 함께 젠더가 모든 분야에서 중요한 문제로 여겨짐에 따라 젠더고고학이 기득권층의 기득권 정당화를 위해 전유될 소지가 있음 또한 염두에 두어야 한다. 이는 젠더고고학의 도전에 영향을 미쳐 젠더고고학의 날을 무디게할 것이다. 그러나 젠더 문제가 여성주의에서 주로 다루어지는 주제를넘어서 고고학 학문 일반에 대한 도전이 되기 위해서는 이 문제 해결에필요한 역량을 증대시켜야 한다.

사회의 기본 구조로서 젠더가 지니는 복잡함과 난해함은 고고학적지식과 이해의 한계를 드러내며 고고학에 거대한 도전을 제기하고 있다. 필자는 북부 독일에 있는 슬로쓰 고토프 박물관의 전시 관람을 통해 이를 생생하게 체험하였다. 당시 이 박물관에는 덴마크 남부에 위치한 니담 유적에서 발견된 철기시대 목재 배와 무기가 전시되어 있었는데(Sørensen 1999 참조), 벽을 따라 열을 지어 놓인 몇 개의 유리 진열장에는 아름답게 제작되고 절묘하게 장식된 많은 양의 전쟁 용품이 진열되어 있었다. 남성 및 전사와의 관계를 연상시키면서 이 전시품들은남성성에 대한 압도적인 인상을 주었다. 여러 개의 진열장이 남성의 외모를 보여주기 위해 사용되었는데, 이에는 남성의 상이한 제복, 옷 장신구, 개인 용품, 무기의 위치와 조합, 지역이나 신분에 따른 의복 차이가 포함된다. 그 옆에는 동시대 여성들의 외모를 보여주기 위한 커다란유리 진열장이 있었는데, 그 진열장은 비어 있었다! 진열장 안에는 당시 여성들이 어떻게 입었는지에 대한 충분한 고고학 자료가 발견되지않았다고 쓰여 있는 조그만 안내판이 있을 뿐이었다. 이는 필자에게 놀랄 만한 영향을 미쳐, 필자는 이를 통해 전시의 편파적 성격에 대해 깨달았다. 이는 고고학에 대한 명백한 도전이었다. 이 도전의 일부를 받아들여 이 책에서는 어떻게 과거의 젠더에 대해 사고하고 어떻게 과거의 젠더를 물질성의 측면에서 연구할 것인가에 대한 문제를 명시적으로 다루어 보고자 한다.

젠더고고학을 위하여

현재 젠더는 사회 관계에 대한 모든 이론에서 필수적인 부분으로 인정되고, 젠더 관계에 대한 협상은 사회 체계를 재생산하고 유지하는 동력의 일부로 여겨진다. 따라서 젠더는 각 사회가 취하는 특정한 형태에 뿌리 깊이 자리하여 핵심적인 의미 구조를 제공한다. 젠더가 구성된 것이라 함(Conkey and Spector 1984: 1)은 젠더는 해당 사회에 의해 지속적으로 확인되고 구성되어야 하는 것이고 개인은 젠더를 획득하고 유지해야 함을 의미한다. '젠더는 단순히 여성과 남성이 아니다 – 젠더는 우리가 함께 살아가면서 우리 주변의 세계를 구성하는 방식의 결과이다. 젠더는 역사와 삶의 비일관적이지만 영구적인 부분이다'(Sørensen 1988: 17). 젠더는 사회의 기본 구조이기는 하지만 고정된 것은 아니다. 따라서 사회에 대한 어떠한 연구에도, 특히 사회 변동에 대한 연구에는 젠더가 포함되어야 한다. '여성의 가시화' 문제보다는 이러한 특성에 대한 강조에서 최근의 젠더고고학은 기존 연구와 구분된다. 이러한 인식을 통해 지난 세기 동안 기정 사실화되어 자연스러운 것으로 받아들여진 젠더 역할에 대해 근본적으로 재검토하여 문화와 역사를 완전히 새로운 시각에서 이해할 수 있을 것이다.

　　젠더고고학의 도입과 함께 여성, 그리고 여성과 남성 사이의 관계가 연구 주제로서 그리고 그와 관련된 일련의 문제들이 개념화되는 방식에 있어 중요한 차이가 나타나게 되었다. 젠더의 역동적인 성질과 역사적 과정에서 젠더가 담당한 역할이 인정되어 젠더 구성과 관계가 고고학에서 다루어져야 할 주제가 되었다. 또 젠더는 사회 형성에 있어서의 한 요소이기 보다는 사회 재생산 과정의 필수적인 부분으로 인지되고 있다. 그러나 젠더에 대한 우리의 이해는 여전히 한정되어 있고, 이제 겨우 젠더의 시공간적 변이와 그러한 변이 뒤의 메커니즘에 주의를 기울이기 시작하였다. 젠더 조직이 과거 문화체계의 다른 많은 부분과 관련되고 그에 필수적인 것임이 증명되었으므로,

> 남성과 여성 관계의 성격에 영향을 미치는 것으로 보이는 요소, 여성과 남성이 힘과 영향력을 행사하는 상황, 주어진 사회적·자연적 환경에서 젠더 협정이 여러 상황에 대한 집단 반응에 영향을 미치거나 집단 반응을 구조 짓는 방식(Conkey and Spector 1984: 19)

이 고고학적으로 검토되어야 한다. 젠더는 특정하게 위치 지어진 차이이고, 젠더 연구는 특정 맥락뿐만이 아니라 역사적 흐름 이해에도 중요하다. 젠더화된 개인은 사회적 행위자이고 그들의 행위는 사회를 형성한다. 그러나 그들의 활동은 자아-정체성(e.g. '나는 여자이니까 이건 해야 되고 저건 안돼') 뿐만이 아니라 사회적으로 구성된 정체성(e.g. '여자는 이러저러하고 이러저러한 방식으로 행동한다')에 의해서도 영향을 받는다. 젠더 정체성과 젠더 이데올로기 사이의 이러한 구분은 규범적 행동 뒤에 놓인 자아와 사회 사이의 지속적인 상호작용을 이해하는데 중요하다.

따라서 과거 사회의 젠더 관계 연구에 필요한 특정의 이론과 방법론은 고안될 만한 가치가 있고, 이에 젠더와 젠더의 영향을 탐구하기 위한 고고학적 틀이 구성되어야 한다. 이를 위해서는 '남성, 사냥꾼'과 같은 기존의 가정을 의문시하거나 하나의 절대적이고 고정된 해석을 다른 것으로 대체하는 것(e.g. 그의-이야기his-story 대신 그녀의-이야기her-story)으로는 불충분하다. 이러한 가정과 보편적인 일반화에 대해서는 논쟁이 있을 수 있는데, 보다 중요한 것은 상이하게 젠더화된 사람들과 집단들 사이의 관계를 구조 짓는 요소들에 대한 분석과 그러한 관계의 중재와 변형에 대한 연구이다. 젠더고고학이 수행해야 할 특유의 작업 중 하나는 젠더가 관련되어 있는가, 그렇다면 어떠한 수준에서 어떠한 형태로 관련되었는가에 대해 의문을 제기하여 그에 대한 명확한 대답을 끌어내는 것이다. 여성주의적 논쟁에서는 젠더를 이미 존재하는 것으로 다루지만, 고고학에서 연구되는 시간 폭에는 젠더 차이가 최초로 개념으로 구성된 사회가 포함된다. 젠더고고학은 또한 젠더 구성의 변이 폭이 상당히 컸고, 젠더에 상이한 종류의 중요성과 형태를 부여한 공동체를 통상적으로 연구한다. 그렇다고 하여 젠더고고학은 '기원 이야기' 제시를 목표로 해야 한다는 것이 아니다. 젠더고고학은 차이에 대한 다양한 사회적·문화적 반응의 일부와 어떻게 그것이 여러 젠더 협정을 통해 해결되는가를 추적하여 분석하는 것을 목표로 하는 학문이다. 또 젠더고고학은 어떠한 상황에서 젠더 관계가 특별히 표현적이 되는가, 다시 말해 젠더 관계가 물질문화를 통해 명시되는 상황을 연구하기 위해 광범위한 고고학적 자료를 이용해야 한다. 그러한 상황이 감지되고 특징지어질 수 있을까? 현재로서는 이처럼 자명한 문제를 체계적으로 연구할 이론적 수단도, 방법론적 수단도 없다. 그러나 몇몇의 특징적인 활동은 젠더 범주 소통에 공통적으로 개입된다는 점에서 쉽게 구분될 수 있다. 이에는 매장 활동, 의복을 통해 나타나는 개인적 용모, 도상, 특정 형식의 예술이 포함된다. 물론 이 외에도 젠더는 다른 활동 영역에서 다른 매체를 통해 나타났을 수 있는데, 이 중 일부에 대해서는 2부에서 고찰하기로 한다.

마지막으로, 젠더 연구를 위해 고고학이 할 수 있는 중요한 공헌 중 하나는 물질문화가 사회 관계 구조화에 개입되는 방식에 관한 시사점을 제공하는 것이다. 젠더 조직과 이데올로기를 사회의 일부이자 그 역사적 변형으로 이해하기 위해서는 사회적 규범, 제도, 관계에 주목하여, 이들이 시간의 흐름에 따라 어떻게 재생산되는지를 추적하는 것이 필수적이다. 물적 사물은 세대를 연결하고 전통 중재에 필수적이기 때문에, 물질문화는 사회 재생산에서 특별한 역할을 한다. 사회 구성원들은 의미로 코드화된 역사적 구조 속에서 살아가고, 물적 사물에서 상징으로뿐만이 아니라 상징에서 가치로 연계가 이루어진다. 이러한 연쇄에서 물질문화는 사회적으로 협상된 의미를 세대간 그리고 사건간 나르는 역할을 한다. 세계가 각 세대에 의해 새롭게 발명되는 것이 아니라 장기적인 구조를 통해 형성되기 때문에, 위와 같은 연계를 통해 물질문화는 젠더를 개인들에게 부여하고 젠더 이데올로기를 제시하고 보존하는데 관여하게 된다.

위와 같은 특성 – 물질 자료의 특유성과 사회적 삶에 있어서의 동반자로서의 물질문화에 대한 분석 – 은 고고학이 지니는 특별한 측면으로서, 이를 통해 젠더 연구에 기여하고 선사시대 젠더 분석이 이루어질 수 있을 것이다. 그러나 젠더고고학의 이론적 틀은 이러한 강점을 아직 명확히 반영하지 못하고 있다. 젠더고고학을 수립하고자 하는 급

박함에, 여성주의의 큰 영향을 받아, 그리고 아마도 이러한 '투쟁'에 관련된 이들 사이의 연대 형성에 대한 정치적 욕망 때문에 젠더고고학은 최근까지 명확하고 건설적인 자기 반성 없이 전개될 수 있었다. 이에 대한 젠더고고학의 반응은 해당 주제에 대한 명확화나 논의에 초점을 두기 보다는 자기 변호나 그 적절함을 옹호하는 형태를 띠어 왔다. 특히 젠더 개념들은 그 개념들이 적용되는 분야에 맞게 다듬어지지 않아, 고고학자들은 자신들이 다루고 있는 주제를 관찰할 수 없다는 명백한 딜레마가 숙제로 남게 되었다. 이에 따라 젠더고고학 이론보다 방법론이 우월적인 위치를 차지하게 되었는데, 이는 부당한 것이고, 젠더고고학의 이론적 고립 상태를 고려할 때, 특별히 생산적이지도 않은 것이다 (e.g. Gibbs 1987). 이전에 필자는 젠더고고학은 젠더고고학의 개념적 · 분석적 언어와 상응하도록 적절히 '번역'되지 않는 '젠더는 사회적 구성물이다'와 같은 기본적 진술을 만든다는 점을 지적한 바 있다. 그러나 이러한 진술들은 여전히 젠더고고학이 무엇을 봐야 하고 어떻게 그것이 보여질 것인가를 결정한다(Sørensen 1992: 32). 그러나 이제는 젠더고고학을 젠더고고학적인 사고와 실전에서 고고학적이게 만드는 것을 명확한 목적으로 하는 접근들이 등장하고 있다(e.g. Arwill-Nordbladh 1998; Lesick 1997; Sofaer-Derevenski 1997, 1998). 고고학은 다른 학문 분야에서 탐구되는 문제와 떨어져 고립되지 않고, 고고학 자체의 관심사와 가능성에 기반하여 고고학 자체의 젠더 문제를 틀 지을 수 있으며 그래야 한다. 젠더고고학이 극복해야 할 또 다른 한계는 그 해석적 관심과 자료에 대한 접근에 있어 젠더고고학이 보이는 편파성이다. 다시 말하지만 이에는 여러 정치적 · 이론적 이유가 있다. 그러나 그 전체적인 결과는 대개 해로운 것이었다. 그러한 편파성으로 인해 젠더고고학은 고고학 자료 총체를 다룰 수 없고, 여성의 경험 및 역할에 관련된 특정 자료만을 선택적으로 분리하는 것처럼 보였기 때문이다.

이론화의 필요성

젠더고고학의 근거에 대한 일반적 진술의 많은 부분이 원래 사회과학 내 여러 분야의 경험적 연구에서 나타났지만, 현재 그러한 진술은 이론적 책략이나 심지어 '진실'의 형태로 나타나기도 한다. 젠더는 모든 경우는 아니라 해도 대부분의 인간 사회의 근본적 원리이거나 기본적 구조라고 일반적으로 진술되고, 젠더는 사회 조직의 중요한 요소로서 보다 많은 구분과 범주의 기반으로 사용된다. 이는 사회를 이해하기 위해서는 젠더 구조를 이해해야 함을 의미한다. 또한 역사적 과정을 이해하기 위해 사람들과 개인들이 행동하는 방식을 이해할 필요가 있는데, 젠더 정체성은 그들의 행동에서 중요한 역할을 한다. 따라서 개별적 행위자와 역사적 과정의 수준 모두에서 젠더를 이해할 필요가 있다. 이와 더불어 젠더는 생물학적으로 주어진 것이기 보다는 정치적, 사회적, 문화적, 상징적으로 구성된 것이라는 점이 일반적으로 받아들여지고 있다. 이는 젠더는 예측 가능하거나 고정적이지 않고, 객관적 구조가 아님을 의미한다. 젠더는 사회에 의해 구성되고 동시에 사회를 이루는 주요 구조인데, 이러한 변증법적 관계가 이론적으로는 충분히 가능하지만 실제 분석에 있어서는 여러 가지 문제를 야기한다. 신고고학과 같은 신실증주의적 접근에서 젠더 연구가 이루어지기 어려운 것도 이러한 복잡한 관계 때문이다. 이는 여러 다른 요인들과 결합하여 여성주의와 맥락적 또는 탈근대적 지적 틀 사이의 연합을 가져왔고, 또 다른 한편으로는 맑시스트적 여성주의나 정치적 여성주의에 여러 가지 문제를 일으켰는데, 이에 대해서는 2장에서 다시 다룰 것이다(이는 스콧(Scott 1986)에 의해 논의된 바 있다).

젠더가 사회 분석에서 중요한 역할을 하기 위해서는 개념으로서 이론화될 필요가 있다. 이는 또한 젠더 자체의 참조점과 특성을 통해, 젠더가 다른 실체 및 기제와 맺을 수 있는 관계와 연합의 측면에서 이루어져야 한다. 이 책의 목적은 젠더 개념을 중심으로 하여 물질성을 이용하는 사회적 구성물로서의 젠더에 대한 심화 분석을 시작하는 것이다. 다음 목표는 연구의 주변화를 피하는 것인데, 이는 '규범적인' 학문적 담론 밖에서 논의가 이루어질 때 대개 나타난다. 이에 이 책에서는 여성이 아닌 젠더를 지적 함의와 의미를 지니는 분석적 개념으로서 고찰할 것이다. 이러한 접근 방식으로 인해 '여성'이라는 개념에 의해 나타내어지는 보다 현저한 정치적 함의를 잃게 됨을 필자는 잘 알고 있고, 이는 유감스러운 것이다. 그럼에도 불구하고 필자는 이러한 작업이 필요하고 건설적이라고 생각한다.

이 책에서 필자는 젠더와 물적 사물 사이의 연관에 대해 연구할 것이다. 고고학은 관념적 체계로서의 젠더, 또는 성애와 성의 사회적 측면에 대한 논의에서 현재 나타나고 있는 복잡한 주제에 대한 이론적 성찰력을 키우기 위해 다른 사회과학 분과에 의지해 왔고 여전히 그러하다. 사회과학에서 젠더의 물질적 효과는 대개 관찰되거나 가정될 뿐, 젠더 구성의 효과나 구성물로서 연구되는 경우는 드물다. 이로 인해 젠더화된 차이에 대한 소통이자 경험이 지니는 중요한 측면이 간과된다. 특히 이러한 차이가 관행적 행동을 통해 물리적 실체와 결과를 얻어 확고한 것으로 굳어지는 방식은 젠더 정체성과 차이 구성 및 유지에 대한 분석에서 다루어지지 않았다. 이러한 문제는 고고학뿐만이 아니라 젠더 연구 일반에서 발견되는데, 이 책에서는 이 문제를 다루어 보고자 한다. 고고학은 젠더에 대한 비판적인 텍스트를 필요로 한다. 젠더고고학의 근거와 내용, 그리고 과거 사회에 대한 젠더화된 이해가 더 깊이 고찰되고 논쟁이 되어야 할 필요성이 명확해져야 한다. '젠더하기'는 학문적 해석 방식으로서의 고고학과 보다 완전히 융합될 필요가 있고, 이를 위해서는 어떻게 사회가 그 물적 기록을 통해 연구되어야 하는지 또한 고려되어야 한다. 이에 필자는 과거를 젠더화된 것으로 다룰 때 나타나는 가능성에 초점을 두고자 한다. '젠더 문제'는 고고학의 학문적 정체성 안에 맥락화되고 자리잡아야 되는데, 이는 학문으로서의 고고학을 위해서뿐만이 아니라 과거가 현재에 미치는 영향 때문에도 필요한 작업이다. 과거는 정치적 연대뿐만이 아니라 개인적 수준에서의 정체성 형성에도 중요한 역할을 한다. 이는 '나는 누구인가?'에 대한 관심사가 '나는 어디에서 왔는가?'에 대한 문제와 직접적으로 연결되는 경우가 많기 때문이다. 따라서 과거에 대한 진술은 현재에 영향을 미치는 진술이 된다는 것을 깨닫는 것이 중요하다. 선사시대 젠더 관계에 대한 해석은 현재의 젠더 관계에 대한 논의를 구축하기 위해 사용될 수 있고 그러한 논의에 영향을 미칠 수 있다.

의미, 중요성, 기제 등에 관련된 가정과 주장을 평가하고 정형화함으로써 관계적이고 질적인 측면에서 젠더를 평가할 수 있는 분석적 틀을 개발할 수 있어야 한다. 이를 위해서는 분석적 개념을 만들고 발전시키는 작업이 필요한데, 이를 통해 또 다른 선사 또는 역사가 만들어질 수 있을 것이다(Scott 1986).

논의의 개요

이 책에서는 이러한 문제들을 고찰함으로써 선사시대 연구에 대한 젠더고고학의 가능성을 확립하고, 젠더 관계 이해를 위해 고고학이 기여할 수 있는 바를 찾아보고자 한다. 1부에서는 이 문제가 이론적으로 논의될 것이고, 2부에서는 젠더의 물질성이 중점적으로 다루어질 것이다.

서론부에서 제기된 주장을 따라, 2장에서는 과거 사회에 대한 우리의 전유에 있어 젠더와 젠더 관계가 담당한 역할을 학사적으로 개관한다. 이는 젠더고고학의 발전과 일반적으로 결합되는 주요한 주장과 이유의 일부에 기반해 이루어질 것이다. 2장은 어느 정도 신화의 생성과 역할에 대한 탐구이자, 젠더고고학의 정당화와 자기 정의의 필요성에 관한 장이다.

3장과 4장에서는 중심적 개념에 대한 논의와 분석적 틀 개발을 통해 젠더를 이론화할 것이다. 고고학 연구의 초점과 사회적 행동의 물질성 또한 여기에서 소개된다. 3장과 4장은 성별과 젠더에 관한 개념 및 협상 문제에 초점을 둔다. 여기에서는 고고학적인 관심사와 문제를 사회과학 내 보다 일반적인 논의와 연결시켜 볼 것인데, 이러한 문제들을 고고학적으로 다룰 수 있을 방향으로 발전시키는 것이 절실히 요구된다. 필자는 이를 일종의 번역으로 본다. 좋은 번역은 단어의 교환뿐만이 아니라 맥락의 변화도 수반하며, 서로 다른 두 문화 사이의 정신성과 구조에 있어서의 차이에 응답해야 한다. 젠더고고학은 젠더에 관한 문제에 접근하고 이해하기 위한 나름의 독립적인 방식을 찾아야 하는데, 그렇지 않으면 젠더고고학은 이 문제에 유의미한 영향을 줄 수 없을 것이다. 이를 통해 고고학은 젠더에 대한 일반적 논쟁에 특유하고도 영향력 있는 기여를 할 수 있다고 본다. 이에는 우리가 연구하는 사회의 특징적 성격과 한 사회가 어떻게 그 물질문화를 통해 연구될 수 있는지에 대한 이해를 평가하는 작업이 수반되어야 한다. 젠더 문제에 관여하기 위한 고고학적인 이론틀 개발을 위해서는 이러한 사회적 분석의 한계뿐만이 아니라 사회적 분석이 지니는 강점과 가능성을 제대로 인지해야 한다. 예를 들어, 성별과 젠더 및 양자간의 관계에 대한 핵심적 개념이 논의될 3장에서, 필자는 고유하고 성적으로 체화된 주관성으로서의 개인에 대한 관심이 젠더 분석에 고고학이 관여할 수 있는 최상의 방식과 반드시 일치하지는 않으리라는 것을 보일 것이다. 이러한 논쟁에서는 '우리'의 중요성에 대한 고찰보다는 '그들'과 상반되어 강조되는 '나'라는 측면에서 한 사회보다 개인이 우선시되는 경향이 발견되는데, 이 문제는 그렇게 단순한 것이 아니다.

사회와 개인 사이의 차이는 위계로 환원되기 보다는 건설적으로 탐구되어야 한다. 성별과 젠더 문제는 특히나 이러한 논의의 초점이 되지만, 그렇다고 하여 젠더나 성 정체성이 단독적으로 존재하는 정체성은 아니다. 젠더나 성 정체성에 대한 강조가 젠더나 성이 반드시 그리고 지속적으로 정체성의 주요 구성 인자임을 의미하는 것은 아니다. 젠더나 성별뿐만이 아니라 어떠한 단독 변수도 우선시 되어서는 안 되는데, 정체성을 구성하는 모든 변수들은 서로에 의해 맥락적으로 구성되고 알려지기 때문이다. 그렇다고 하여 사회적 차이와 주관성을 교차하는 변수들이 모두 동등하게 중요하다는 것은 아니다. 위치성(Adelson 1993)과 같은 흥미로운 개념에서 정체성은 여러 상이한 변수들의 상호작용을 통해 생성되는 것으로 파악되는데, 여기서 상이한 변수들 사이의 잠정적 차이와 맥락에 따라 그러한 차이가 차별적으로 두드러지는 방식이 파악되지 않는다면 이러한 개념의 유용성은 훨씬 떨어진다. 따라서 3장과 4장에서는 젠더화된 개인의 구성에 대한 고고학적 연구가 어떻게 이루어질지, 장기적인 구조와 안정성이 담론과 협상에 대한 개념과 어떻게 융합될 수 있는지가 중점적으로 다루어질 것이다. 그렇다고 하여 특수한 것과 일반적인 것에 대한, 그리고 개인과 사회에 대한 전통적인 논의가 철지난 논쟁으로 전락되는 것은 아니다. 이에 대한 염려는 과거 그 어느 때보다 현재 절실한데, 젠더 문제는 이러한 염려를 부질없는 것으로 만들기 보다는 극명히 드러내어 이에 대한 일련의 관심과 관찰을 유도할 것이다.

이를 배경으로 하여 5장에서는 물질문화의 성격을 살펴보고 이에 근거하여 젠더 연구에서 고고학의 역할에 대해 생각해 볼 것이다. 이 장에서는 젠더가 실체를 얻어 유형적이 되고 사람들의 삶에 실제적인 효과를 내는 것은 물질성을 통해서라는 이 책 전체의 중점이 되는 주장이 제시된다. 젠더가 효과적이면서도 고통스러운 방식으로 정치적·경제적 삶에 개입되는 것은 자원으로서의 사물을 통해서이다. 차이의 물적 표현과 효과로 이해되는 젠더의 이러한 측면은 따라서 주변적인 것이 아니라 오히려 젠더의 존재와 재생산에 핵심적인 것이다. 이에 5장에서는 젠더 운영의 매개로서의 물질문화를 소개한다. 이러한 매개물의 성격을 가늠하기 위해 물질문화와 텍스트 사이의 차이가 강조된다. 양자 모두 담론적이고 소통적인 성격을 지니는 만큼, 이들의 차이에 대한 평가는 사물이 수행과 관행을 통해 젠더의 구성과 소통 모두에 관여하는 방식을 이해하는데 필수적이다. 고고학은 젠더가 어떻게 그리고 어디서 실제적인 행동에 끼어들고, 반복과 수행을 통해 어떻게 유지되는지를 파악하는데 중요한 역할을 할 수 있다. 사물은 젠더화되어 있지 않지만 그렇게 될 가능성이 있고, 사물과 젠더 연합의 과정과 결과는 젠더화와 젠더 구성의 중요한 수단이 된다. 따라서 이들은 젠더고고학이 관여하여 경험적으로 분석해야 할 문제들이다.

2부에서는 상이한 수준에서 젠더고고학이 지니는 잠재력과 가능성을 증명하기 위해 여러 '물질적 상황들'이 제시되는데, 이를 통해 그러한 물질적 상황들이 어떻게 과거와 젠더 이해에 관한 상이한 형태의 지식을 낳는지도 알게 될 것이다. 이처럼 2부에서는 젠더를 통상적으로 수반하는 '물질적 상황'으로 주의를 돌려, 물질문화의 능동적인 역할에 대해 보다 구체적으로 살펴볼 것이다. 1부에서는 젠더의 일반적 측면에 대해 다른 사회과학과 유사한 방식으로 논의가 이루어지지만, 2부는 보다 '고고학적'인 부분이 될 것이다. 2부의 목적은 사물과 함께 생각하고, 사물이 우리가 구성하는 문화적 환경에 미치는 영향과 그 안에서 우리가 어떻게 깨달음을 얻으며 살아나가는지를 이해하는 것이다. 무덤이나 도상과 같이 개인에게 가장 직접적으로 관련된 물질 자료가 젠더 분석을 위해 거의 배타적으로 사용되어 왔으므로 여기에서는 가급적 다루지 않고, 대신 음식, 의복, 공간, 접촉의 문제가 검토된다. 이러한 물질적 상황에서 우리는 물질적으로 표현된 기본적인 관심사와 관행을 발견할 수 있다. 물질성과 관행의 이러한 조합은 차이의 표현과 생성으로 이어지고, 이는 그 지속을 위해 차이의 반복적 수행에 의존하게 된다. 여기서 우리는 젠더 협상이 일어나는 관행과 물적 자원의 영역에 이르게 된다. 그래서 6장과 9장에서는 실생활에 실제적인 결과를 낳는 물적 실체로서 젠더의 존재라는 측면에서 젠더와 물질성 사이의 연관에 대해 생각해 볼 것이다.

마지막으로, 결론적인 장인 11장에 앞선 10장에서는 인간 사회 및 젠더 기원 연구에 있어서의 고고학의 중심적 역할이 논의될 것이다. 이 장에서는 두 가지 점이 강조된다. 첫째, 인간 사회의 시간적 깊이와 변이성에 대한 고고학 고유의 접근이 젠더 연구 전반을 위한 부수적인 작업으로 간주되어서는 안 된다. 둘째, 젠더와 문화 사이의 연계에 젠더 연구가 부여해 온 중요성에 기반하여, 문화는 지속적으로 변하고 영속적으로 재정의되는 것일 뿐만 아니라 어느 시점엔가 나타나게 되는 사회적 차원으로 접근되고 수용되어야 한다. 기원에 대한 연구가 종으로서의 인간 정체성과 특유성에 불가피하게 관련되는 방식을 인지하고는 있지만, 이 장에서는 이 문제를 '풀려는' 시도는 하지 않을 것이다. 대신 그러한 문제는 집단 내에서의 응시에 대한 반응으로 나타나는 수행 및 관행과 관련되는 물화, 도구화, 책략과 같은 개념을 사용하여 보다 유용하게 고려될 수 있음을 보일 것이다. 이에 기반하여 지각과 인지 대신, 일정한 물리적 형태를 띠어 훨씬 더 쉽게 인식할 수 있고 그 내용보다는 반복을 통해 의미를 지니게 되는 반응으로 주의를 돌릴 것이다. 여기서 젠더 또는 그 등가물이 인간 사회를 넘어서도 존재하는지 여부는 문제가 되지 않는다. 그보다는 어느 시점부터 인간이 자신들 사이의 차이에 특정한 방식으로 반응하여 그러한 차이를 길들이기 시작하였는지가 중요하다. 이 장에서는 어떻게 공동체가 그 구성원들을 특정한 종류의 사람들로 구성하고 정상화하는지를 다룬 3장과 4장의 논의로 다시 돌아가 이 논의를 더욱 탄탄하게 할 것이다. 마지막 장인 11장에서는 사물과 젠더 사이의 상호적 관계를 통한 젠더의 물질성 연구로서 젠더고고학을 제시함으로써 이 모든 논의들을 종합할 것이다.

2장

젠더와 고고학: 역사

우리는 메간과 킴 마이클을 총선거 투표장에 데리고 갔다. 창문에 있는 선거 포스터를 보는 것은 매우 신나는 일이었지만, 투표장까지 오래 걸어야 했다. 그래서 나는 메간에게 과거 한때는 어느 누구에게도 투표권이 없었는데, 그러다가 일부 남성들이 투표권을 갖게 되었고, 이후 대부분의 남성들이 투표권을 얻게 되었지만, 여성들은 매우 화를 내고서야 투표권을 얻게 되었다는 이야기를 해주었다. 메간은 이 이야기를 좋아했고 나에게 더 많은 '선거 이야기'를 해달라고 했다.

여성주의적 비판과 젠더고고학의 발달

학문에 따라 일반적인 사회적 · 지적 문제에 응답하고 이웃 학문 분야와 사회 일반에서의 발전에 자신들의 학문적 담론을 관련시키는 방식은 상이하다. 여성주의와 젠더 문제도 예외는 아니다. 고고학에서 제기된 문제가 고고학에서 다루어지는 방식은 고고학에 특유하면서도 동시에 보다 일반적인 지적 경향의 일부를 이루므로 고고학에서의 젠더 역사 검토가 필수적으로 요구된다. 이는 젠더와 관련된 여러 개념이 어떻게 사용되기 시작하였고, 젠더와 관련된 여러 논쟁 중 고고학에 무엇이 수용되었고 무엇이 수용되지 않았는가를 파악하기 위해서이다. 물론 고고학은 젠더 역사에 대한 단 한가지 버전으로 통합된 담론 맥락이 아니다. 유럽 고고학과 미국이나 호주 고고학 사이에는 이러한 측면에서 매우 뚜렷한 차이가 발견되고(미국에서의 젠더고고학에 대한 논의에 대해서는 Claassen 1992a 참조; 호주고고학에 대해서는 Casey et al. 1998, Du Cros and Smith 1993 참조), 선사고고학과 그 이후 시대를 다룬 고고학, 특히 고전, 중세, 산업 고고학 사이에도 명백한 차이가 있다. 뿐만 아니라 계보의 생성 역시 저자의 이해와 지식에 의해 영향을 받는다. 젠더고고학은 다른 학문 분야와 유사한 단계를 거쳐 발전하였기 때문에, 대체적인 젠더고고학사 개요에 대해서는 연구자간 별다른 이견이 없을 것으로 생각된다. 물론 저자에 따라 개요의 세부 사항 및 그에 대한 견해는 다를 수 있는데, 이 책에서는 유럽 선사고고학 내에서의 젠더고고학의 발전에 초점을 둔다.

각 학문 내 젠더 연구의 시작은 보통 상이한 단계를 통한 진보라는 측면에서 논의된다. 와일리(Wylie 1991a: 31-2)는 주로 미국에서 이루어진 연구에 기반하여 이러한 단계들을 남성중심주의에 대한 여성주의적 비판, 여성을 가시화하기 위한 수정적 진술 또는 교정 단계, 사회적으로 구성된 것으로서의 젠더 및 젠더와 권력 사이의 관계에 대한 연구로 구분해 보았다. 유럽에서도 국가나 학문 분파에 따라 어느 정도의 차이는 있지만, 대체적으로 이와 유사한 경향이 발견된다.

1960년대 중반의 여성 운동은 그 이전의 참정권 운동과 구분하기 위해 현재 일반적으로 '여성주의 두 번째 유파'라고 불리는데, 이 단

계가 젠더 연구에서 중요한 획기를 이룬다. 당시 젠더 연구가 고고학
에 미친 영향은 1970년대부터 산발적으로 나타났는데, 이때부터 여성
에 대한 고고학적 시각에 변화가 생겼다. 가장 이른 시기의 연구(e.g.
Fonnesbeck-Sandberg et al. 1972, Kenyon 1969)는 이러한 변화의 영
향을 받아, 주로 동시기의 근무 조건에 주목하여 남성 지배적인 직업
구조에 대해 비판적이고 정치적으로 자기 반성적인 방향으로 이루어
졌다. 또 박물관에서 여성이 표상되는 방식과 남성 지배적인 과거 해
석에 대한 몇몇 연구물이 간행되었다(e.g. Thålin-Bergman 1975, Ber-
telsen et al. 1987 (1979년 워크숍), Gejvall 1970, Gimbutas 1974, Næss
1974). 그러나 직업에서든, 표상이나 해석에 있어서든, 여성의 부재 문
제가 지속적으로 다루어지는 가운데 여성의 가시화 문제가 강조되었
다. 이때의 관심사는 선사시대 생산 활동에서 여성이 담당한 역할을 살
펴보고 과거에 여성이 역사적 과정에 적극적으로 개입하였음을 알리
는 것이었다. 당시까지만 하더라도 과거의 여성은 줄곧 수동적인 방관
자로 제시되어, 여성에게 역사는 일어나는 것이고, 남성은 역사가 일어
나게 하는 존재로 그려졌다. 특히 사회인류학에서의 논쟁과 사회과학
일반에서의 논의 그리고 사회 전반에서 이루어진 논의를 통해 기존의
남성 중심적인 편견에 대한 인식이 증대되었다. 이를 통해 여성에 대한
기존의 해석이 어떻게 여성의 공헌, 능력, 중요성이라는 측면에서 여성
을 가치절하 시켰는지가 드러나기 시작하였다. 예를 들어서, 토기 제작
이 여성의 역할로 파악될 때는 가사 활동으로 간주되지만, 남성과 연
관되면 공예나 공업으로 설명되었다. 남성과 여성에 관해 당연한 것으
로 여겨져 온 기존 통념에 대한 이러한 비판적 해체 과정을 거치면서,
1980년대 젠더고고학에서는 다시 한 번 사회과학의 큰 영향을 받아 동

시기의 젠더 관계뿐만이 아니라 선사시대 젠더 관계를 다시 쓰고 해석할 필요성이 강조되고 과거의 젠더 관계에 대한 새로운 버전이 요구되었다. 당시에는 고고학자들이 연구하는 선사시대 사회에서의 젠더 협정을 확실히는 알지 못하더라도, 그러한 협정이 정적이거나 변하지 않는 것은 아니라는 인식이 널리 받아들여졌다. 사회적으로 구성된 젠더 대 생물학적으로 주어진 성별이라는 대립적 사고가 고고학에 도입된 것은 이 시점이었다. 인류학과의 교류를 통해 당시 고고학계에도 그와 같은 구분이 상당히 널리 알려져 있었지만, 1984년 출간된 콘키와 스펙터의 저서는 고고학 특유의 젠더 개념을 도입했다는 점에서 고고학사에 한 획을 긋는 중요한 연구로 평가되고, 이들의 연구는 보통 고고학 하위 분야로서의 젠더고고학의 '출발'을 나타내는 것으로 간주된다(e.g. Hager 1997a: ix, Wright 1996a: 1). 성별/젠더 구분의 도입은 문화적 구성물로서 젠더는 고고학의 필수 연구 분야가 되었음을 의미한다. 이를 통해 젠더를 객관적이고 생물학적으로 결정된 정체성이며 따라서 자연적인 현상으로 보는 견해에 문제가 제기되었다.

그러나 이는 처음에는 보통 전통적인 과학적 관행, 특히 논리 실증주의의 검증 원리에 기반한 경험주의적 주장을 통해 이루어졌고, 정치적 주장에 기반한 경우는 드물었다. 고고학에서의 여성의 문제에 일찍부터 관심을 기울인 노르웨이 고고학자인 돔마스네스(e.g. Dommasnes 1976, 1982)는 과학에 대한 전통적 기준과 초기 젠더 연구 사이의 이러한 관계에 대해 매우 적절하고 시사하는 바가 큰 비판적 견해를 제시하였다. 그녀에 따르면 노르웨이 젠더고고학의 첫 번째 국면은 과정주의적인 과학적 규칙을 잘 따랐기 때문에 완화된 분위기에서 수용되었다(Dommasnes 1992: 6). 그 외의 경우 이러한 문제와 성찰은 와일리(Wylie 1991b, 1992b, 1997)와 같은 철학자들의 몫으로 남겨졌다.

　　그래서 한편으로는 기존의 과학적 방법론과 인식론적 엄정함, 또 다른 한편으로는 주관적으로 정의된 연구 문제에 대한 중대된 관심 사이의 긴장 고조가 젠더고고학 발전 단계의 두 번째 국면에서 주요한 문제가 되었다. 첫 번째 국면에서는 '노동' 문제에 주로 초점을 두어 인식론적 문제에 대해서는 언급을 하지 않았고, 과학적 지식에 관한 개념이 일반적인 수준에서 적절히 수용되었다. 두 번째 국면에서 나타난 위와 같은 긴장은 첫 번째 국면에서뿐만이 아니라 세 번째 국면에서도 문제가 되지는 않았는데, 세 번째 국면에서는 탈근대적인 인식론의 영향으로 젠더고고학이 보다 자기 성찰적이게 되었고 위와 같은 문제를 회피하기 보다는 포용하려 했기 때문이다. 따라서 후기과정주의의 많은 부분이 젠더를 주로 급진적이 되기 위한 수단으로 또는 다원성의 한 예로 '사용'하고 있다고 볼 수도 있지만, 현재 일반적으로 상정되는 후기과정주의와 젠더고고학 사이의 연관 혹은 심지어 동일시에도 불구하고 젠더 연구의 일부 측면을 실증주의적 틀 안에 수용할 가능성이 젠더고고학사의 한 국면을 특징짓는 것으로 인지되어야 한다. 당시에는 정상 과학 체제의 일부를 이루었던 실증주의적 영향이 때로는 전략적 이유로 허용되었지만, 보다 일반적인 경우에 있어 이는 고고학자들이 훈련되고 사고하는 법을 배우게 되는 과정에서 적용된 과학적 절차로 인해 나타난 결과이다. 이 단계에서 나타난 실증주의적 영향의 예로 해석적 연관을 증명하거나 반증하기 위한 교차 문화적 일반화에 대한 지나친 의존이나, 젠더와 사물 또는 행동 사이에 연관 관계를 세우기 위한 양적 분석법의 광범위한 사용을 꼽아 볼 수 있다(e.g. Gibbs 1987). 절차적 측면으로서 방법론에 초점을 두는 것 역시 이와 같은 경향의 일부로 볼 수 있다. 그렇다고 하여 위와 같은 연구들이 순전히 실증주의적이라는 것이 아니라, 젠더 연구에 현재와 같은 비실증주의적 인식론이 사용되기까지 흔히 생각하는 것보다 훨씬 더 먼 길을 돌아왔음을 뜻한다.

1980년대 젠더 개념의 발달로 사회과학에서는 이 개념을 사용하지 않을 수 없게 되었고, 고고학에서도 통상적으로 사용되었다. 선사시대 사회의 젠더는 고고학적 연구가 가능한 범위를 넘어선다고 보는 이도 일부 있었지만 말이다. 1980년대 후반에서 1990년대에 걸쳐 젠더는 문화적으로 구성된 것이자 과거 사회를 움직였던 동력의 일부로서 고고학적 분석의 주제로 인식되기 시작하였고, 이를 통해 문화적 구성물에 영향을 미칠 수 있는 젠더의 잠재력이 인정되었다. 이러한 점이 새롭게 인지됨에 따라, 이에 대한 고려 없이 이루어진 선사시대에 대한 기존 연구는 사회적 연구로서 부족하다는 점이 지적되었다. 매우 다양한 형태로 존재하였던 선사시대 사회에 대해 젠더가 포함된 연구를 수행한다는 것은 결코 간단하지 않은 일이다. 모든 분석 대상 시대와 행동에 관해, 젠더 및 물적 사물과 관행이 젠더 표상과 유지에 관여되는 방식에 대한 현재 우리의 이해는 끊임없이 다시 평가되고 다시 표현되어야 한다. 젠더의 중요성을 인지하고 젠더를 학문적 주요 탐구 영역으로 (다소 마지못해) 수용했다고 하더라도 과거에 대한 젠더화 프로젝트의 성공이 보장되는 것은 아니다. 이에 현재 젠더고고학은 이웃 학문에서의 성과를 수용하면서 기존의 개념적 틀을 비판적으로 검토하고, 젠더에 대한 정보가 담긴 관행과 해석적 가능성에 대한 학문으로서 젠더고고학의 정체성을 수립하고자 한다.

젠더 연구가 상대적으로 늦게 시작된 고고학?

젠더고고학 초기 젠더 문제가 실제적으로 도입된 것은 매우 소수의 연구에 한정되었는데, 대표적인 예가 와일리의 연구이다(e.g. Wylie 1991a, 1991b, 1992a). 이는 고고학적 연구 주제로 젠더를 포함해야 한다는 요구와 대비된다. 그러한 요구는 콘키와 스펙터의 저서(Conkey and Spector 1984) 및 젠더고고학을 특집으로 다룬 ARC(Archaeological Review from Cambridge) 1988년 호에서 찾아볼 수 있는데, 이들을 통해 젠더고고학의 계보와 초기 연구의 성격에 대해 검토해 볼 수 있다. 이러한 작업은 젠더고고학 특유의 관행과 관심 분야 구성 및 앞으로의 젠더고고학 발전을 위해 꼭 필요하다. 이미 언급한 것처럼, 젠더고고학에 대해서는 여러 가지 역사가 구성될 수 있다. 이러한 구성에 수반되는 주관성과 다원성의 가능성 및 정당성에도 불구하고, 기존에 제기된 중심적 진술과 그러한 진술들이 '젠더고고학' 특유의 정체성 생성에서 수행한 기능에 대해 비판적으로 검토해 볼 필요가 있다.

그러한 진술 중의 하나는 명시적인 비교 기준이나 절차 없이 젠더가 고고학에 상대적으로 늦게 도입되었다고 보는 견해와 관련된다. 젠더고고학이 등장하기 전에는 고고학과 선사시대 연구에서 여성이 거의 완전히 부재하였다는 통념이 있다. 이는 이전의 학문적 관행과 비교하여 젠더고고학의 특유한 성질을 정의하고 젠더고고학의 필요성을 명백히 제시함으로써 젠더고고학의 수립 목적을 정당화하고 강화하는 데 분명 도움이 된다.

필자가 보기에는 여기에 딜레마가 있다. 젠더고고학의 기반을 손상시키고 싶지는 않지만, 전략적인 이유에서라도 젠더고고학의 특성과 역사에 대해 지나치게 단순화된 시각을 만들어내는 것에 찬성하기 어렵다. 여성주의 또는 젠더고고학을 공고히 하기 위해 정서적이고 정치적인 방법을 써보고자 하는 강한 욕구가 있을 수 있지만, 그러한 선택이 그리 유용할 것으로 보이지는 않는다. 그 기반이 불안한 전략이라면 장기적인 효력을 발휘할 것이라고 기대하기 어렵다. 젠더고고학의 기원과 근거를 단순화하는 전략에서는 젠더에 대한 정보가 포함된 고고학의 영향력이 과소평가된다. 그러한 전략에서는 또한 젠더고고학의 기원과 근거가 젠더고고학의 학문적 과거에 대한 단순한 가정과 손쉬운 사용을 넘어 얼마나 정교하게 다듬어질 수 있는지가 간과된다. 고고학이라는 학문과 사회 일반에 다양한 형태로 자리잡고 있는 만큼, 젠더고고학은 복합적인 학문이고, 젠더고고학의 목적은 다양하다. 이를 인정한다면 고고학의 역사와 고고학 내 여성과 젠더의 위치를 단순히 자기 정당화 목적으로 사용하기 보다는, 우리 자신과 학문에 대한 우리의 이해 및 연대에 도전하기 위해 사용해야 한다.

그렇다면 젠더에 대한 관심이 고고학에서는 상대적으로 늦게 등장하였다는 주장에 관해 대체적으로 세 가지 방식으로 응답할 수 있다. 첫째, '무엇에 상대적으로?'라는 문제를 제기하여 고고학의 학문적 정체성과 기대의 일정 측면을 드러낼 수 있다. 둘째, 그러한 주장에 대한 기반이 재평가될 수 있다. 셋째, 그러한 주장이 어떠한 중요성이나 이해관계를 지녔는지, 그리고 그러한 주장을 통해 만들어진 부정적 인상이 고고학이라는 학문에 대한 사람들의 지각에 어떠한 영향을 줄 수 있는지에 대해 의문을 제기할 수도 있다.

젠더는 고고학에 상대적으로 늦게 도입되었다는 주장은 젠더에 대한 고고학 내에서의 일반적 무관심과 타성을 드러내는 여러 진술을 통해 명시적(e.g. Nelson 1997: 15-20, Wylie 1991b)으로 나타나기도 하고 그보다는 덜 직접적으로 나타나기도 한다. 젠더고고학의 시작을 어디에서 찾아야 하는가에 대한 실질적인 분석은 와일리에 의해 이루어진 것이 유일하다. 주로 미국의 예에 기초하여 와일리는 젠더 문제 수용의 증가와 주체/주관적으로 정향된 고고학 발전 사이에 일정한 연관이 있음을 주장하였다(e.g. Wylie 1991b). 동시에 와일리는 젠더고고학의 초창기에 해당하는 1980년대에는 여성의 역할이 의문시되기도 했음을 지적하였다. 이미 대략적으로 제시된 것처럼, 이 시기에는 평등성과 공정성 문제에 대한 관심이 명확히 표현되었지만, 과학적 관행의 성격에 대해서는 별다른 문제가 제기되지 않았다. 그러나 1960년대 이후 여성 운동에서 나타난 것처럼 이러한 문제와 여성주의와의 관련성은 명백하고, 젠더고고학의 '뿌리'를 분명히 하기 위해 더 깊이 고찰될 필요가 있다.

이른 단계의 젠더고고학에 대한 예로서 케쓸린 케년의 1969년 옥스포드 조합에서의 열정적인 연설을 들 수 있는데, 이 연설에서 그녀는 젊은 여성 고고학자의 운명을 개탄했다(Kenyon 1969). 이와 유사한 성격의 논의를 포함한 저서가 1970년대 스칸디나비아에서 60년대 세대의 여성들에 의해 발간되었다. 고고학 내에서 공정성 문제에 대한 명백한 여성주의적 언급은 70년대 노르웨이와 덴마크 출판물에서 찾아볼 수 있다(Fonnesbeck-Sandberg et al. 1972, Holm-Olsen and Mandt-Larsen 1974). 고고학적 해석이 띠는 남성주의적 특성에 대한 첫 번째 간결한 논의가 1979년 노르웨이에서 열린 그들 모두가 남자였는가? - 선사시대 사회에서의 성 역할 검토 워크숍에서 이루어졌다(Bertelsen,

Lillehammer and Næss 1987). 여성주의적 역사 기술과 고고학 주류에 통합된 여성주의적 문제 이해라는 점에서 이 워크숍의 운명은 흥미롭다. 이 워크숍은 1979년에 개최되었는데, 젠더고고학에 대한 노르웨이 토론에서 이 워크숍 내용이 그 전에 종종 참조가 되었음에도 불구하고 1987년까지 출판사를 찾지 못하다가(Bertelsen, Lillehammer and Næss 1987: 7), 원래의 노르웨이 독자를 넘어 보다 넓은 독자층을 겨냥해 영문 출판이 결정되었다. 이에 대해서는 콘키와 스펙터의 1984년 글을 제외하고는 젠더고고학 발달 과정 검토에서 충분한 주의가 기울여지지 않았다. 이는 최근에 와서야 보다 널리 알려지고(e.g. Nelson 1997) 젠더고고학의 계보나 그 규범적 역사에 통합되었다(Hodder 1997: 75). 이로 인해 1992년에 와서야 '여성 고고학자의 상황에 대한 연구가 같은 해 [1990년] 영국, 미국, 독일, 오스트레일리아, 노르웨이에서 나타났다'(Claassen 1992b: 1)고 쓸 수 있었고, 이들이 젠더고고학에서 선구적인 연구였음을 나타내는 것이 가능해졌다. 그러나 이는 적어도 덴마크에서는 18년, 노르웨이에서는 16년 이전 여성의 목소리를 무시한 진술이다. 젠더가 고고학 학회와 회의에서 주제로 다루어지고 있는 상황을 통해서도 젠더가 고고학에서 간과되고 있는 정도를 가늠해 볼 수 있다. 예를 들어, 영국에서 젠더 그리고/또는 여성주의 고고학은 1981년 이후 매년 열리는 이론 고고학 학회(TAG)에서 정규적으로 논의되었다. 그러나 그러한 초기의 젠더/여성주의 고고학 연구가 출판된 경우는 거의 없고 이는 '사회적 지식'으로 환원되었다.

젠더는 고고학에서 상대적으로 늦게 다루어지기 시작했다는 주장은 아마도 사회인류학 및 사회과학 일반과의 비교를 통해 나온 것으로 보인다. 여성의 삶에 대한 민족지적 관심으로부터 부분적인 영향을 받아 사회인류학에서 젠더는 1970년대 개별 주제로 발달하였다. 특히 로잘도와 람페레(Rosaldo and Lamphere 1974)의 여성, 문화, 사회 출간을 인류학에서의 획기적인 성과로서 젠더고고학과의 비교 지표로 삼고자 하는 이도 있을 수 있다. 이러한 비교는 고고학은 그 이웃 학문과 지적으로 나란히 발전해야 한다는 전제에서 나온 것인데, 만일 실제로 그랬다 하더라도, 각 학문에는 고유한 가능성과 제약이 있기 때문에, 필수적으로 그렇게 되어야만 하는 것으로 여겨져서는 안 된다. 이에 고고학은 젠더 연구의 전방에 있는 학문들과 동등하다고 상정되기도 한다. 그러나 이는 젠더를 사회적 구성물로 인지하고 그 구성 요소의 대략적인 특성을 제시함으로써 사회인류학과 사회학이 젠더 연구 분야 형성에 기여한 역할을 간과한 견해이다. 고고학은 여성과 남성이 무엇을 의미하고 어떻게 구성되는가에 대한 이러한 해체 작업에 참여하지 않았고, 주로 논의의 수용자 측에 주로 머물렀다. 그러니 고고학에서 젠더에 대한 인식이 사회인류학에서보다 늦게 발전했다고 하여 놀라울 것도 특별히 부끄러울 것도 없다.

고고학에서 젠더나 여성주의 문제에 대한 관심이 상대적으로 늦게 나타났다는 주장의 타당성은 그러한 관심이 어떻게 정의되고 어느 정도 규범화되었는가의 문제와도 관련이 있다. 1970년대 전반 이후 젠더 평등성에 대한 문제가 고고학의 학문적 틀 내에서 어떻게 논쟁이 되었는가에 대한 위 개요는 젠더 문제의 고고학적 도입이 다른 여러 학문과 비교할 때 그리 늦지 않았음을 나타낸다. 물론 어느 정도 틀을 갖춘 젠더고고학은 일부 학문에 비해 몇 년 늦게 등장하여 발전하는데 더 오래 걸렸지만, 이것이 고고학에서보다 늦게 이루어진 학문들도 있다(이에 대해서는 Beard 1994 참조).

고고학 내 젠더 문제의 도입이 과연 다른 학문에서보다 늦게 이루어졌는가는 정치적인 측면에서 봤을 때 적절하고 흥미로운 문제이다. 고질적인 남성주의, 주변화 문제, 자기 규율적이고 재생산적인 학문의 특성, 그로 인해 나타나는 지식과 도전의 폐쇄성은 학계에서 나타나는 중요한 정치적 측면이다. 그러나 고고학이 제공할 수 있는 해석적 작업이라는 측면에서 봤을 때 일부 학문에 비해 젠더 문제 도입이 몇 년 늦은 것은 특별히 놀랍지도 그다지 중요한 것도 아니다. 고고학에는 다른 학문보다 먼저 젠더 이해를 발전시킬 수 있는 수단이 없다. 이에 젠더고고학의 개념적 틀과 이론적 명제는 다른 학문에 의해 먼저 제기되어야만 했다. 이는 고고학이 이러한 개념과 틀의 발전에 기여하지 못한다는 뜻이 아니다. 고고학은 분명 그에 기여해야 한다. 그렇지 않으면 고고학은 그러한 개념과 틀을 사용하거나 확장할 수 없게 될 것이다. 그러나 정치적 동기와 달리 초기 젠더고고학의 지적 내용은 다른 학문에서 빌려온 것들이었다.

위에서 젠더고고학의 등장 시점에 대해 거론한 이유는 기존 역사의 '수정'을 위해서가 아니다 – 아마도 다른 여러 수정될 사항이 있을 것이다. 그보다는 젠더고고학 및 그 기원과 수용에 대한 우리의 주요 진술들 중 일부가 어떻게 쉽게 영속화되거나 새로운 기반을 생성하여 학문적·정치적 폐쇄화에 관여될 수 있는지를 드러내기 위한 것이다. 이러한 진술들에는 젠더고고학을 한정하는 전제들이 숨어 있어, 학문적·정치적인 포함과 배제를 낳는다. 그와 같은 진술들은 또한 고고학의 특성 및 그 한계와 가능성에 대해 적절한 주의를 기울이는데 장애요소로 작용한다. 젠더고고학의 역사와 기원에 대한 선택적 시각에 기반하여 자기 이미지가 만들어지고, 그러한 과정에서 특정 집단과 전통이 비가시적이 될 위험이 생긴다. 고고학이 젠더 연구를 늦게 시작하였다는 주장은 기본적으로 진취적인 자세와 더불어 심사숙고하는 자세를 고취하기 위한 것이지만, 그러한 주장은 보다 넓은 범위에 걸쳐 영향을 미칠 수 있으므로, 그러한 주장의 기반을 보다 명확히 할 필요가 있다.

고고학과 선사시대에서의 여성의 제시

또 다른 현저한 신화는 직업과 과거에서 여성의 현존 문제와 관련된다. 젠더 문제와 여성주의와의 관계에 대해 최근 뚜렷해진 관심 덕분으로 젠더고고학과 그 성과물이 나타났는데, 과거나 그 물질적 기록에 대한 해석은 젠더화되지 않거나 완전히 남성 중심적으로 제시되어 성차별주의적인 색채를 강하게 띤다. 전자의 경우는 여성과 남성이 항상 서로의 부분이었던 방식에 이상하게도 '눈을 뜨지 못하고' 있다. 이는 중요한 문제인데, 고고학을 특정한 방식으로 틀 지우는 전유 정책으로 인해, 여성주의와 젠더 비판 자체가 지배자의 무지몽매함이 어떻게 특정 집단의 침묵을 낳는가에 대한, 즉 젠더고고학이 거부하는 지배 관계에 대한 예가 될 위험이 있기 때문이다(Kehoe 1992: 23). 후자의 경우는 부분적으로는 옳을 수도 있지만, 그럼에도 불구하고 젠더 문제가 전통적인 학문적 구조와 지식 생성에 깊이 내재되어 있어 젠더 문제의 성격을 지나치게 단순하게 본다는 문제를 안고 있다. 이로 인해 분석적 개념으로 그리고 변화의 도구로 젠더고고학을 발전시키는 것에 주력하기 보다는, 마치 우리 세대가 젠더를 발명했던 것처럼 보이게 하는 결과를 낳는데 그칠 수 있다.

젠더고고학이 비판적으로 발전하기 위해, 그리고 고고학적인 젠더 문제에 대한 보다 탄탄한 계보를 세우기 위해서는 고고학의 전통적 관행에 대한 위와 같은 주장에 대해 더욱 깊이 고찰해 볼 필요가 있다. 다시 강조하지만 이러한 성찰은 노골적인 편견이나 지적·정치적 어젠다의 영향을 어느 정도 받는다. 특정하게 정의된 집단의 관심과 지식의 제도화된 생산을 조명함으로써 고고학을 젠더화하고 이를 전문적인 지식과 관여의 영역으로 발전시키기 위한 프로젝트에 내재되어 있는 제약의 일부를 평가할 수 있다(이에 관해서는 Kehoe 1992: 26-7 참조). 정체성과 지식 그리고 지식 생산 작업 사이의 관계는 이해하기 쉽지 않고, 그러한 과정에 여러 요인이 개입됨을 처음부터 명시해둘 필요가 있다. 예를 들어서, 남성주의에 대한 우리의 지속적인 거부에도 불구하고, 무엇을 남성 중심적이지 않은 지식으로 볼 것인지는 아직 불명확한데, 여성중심주의로의 대체는 그다지 실질적인 대안이 되지 못한다. 또 남성주의라고 하여 남성에 의해서만 생산되는 것은 아닌데, 남성주의에 따르는 여러 혜택으로 인해 여성이 남성주의를 배워 '숙달'한 경우도 자주 있기 때문이다. 남성은 항상 남성 중심적으로 해석하는가와 같은 경우에서 볼 수 있듯이, 개인적인 프로젝트로서 지식이 젠더화되는 정도와 이것이 남성 주관성의 일부를 이루는가의 여부는 현재로서는 답하기 어려운 문제로 보인다.

고고학사에 대한 젠더화된 작업에서, 단순히 고고학을 남성에 기반을 둔 학문으로 받아들이기 보다는 여성이 고고학에 통합되었는지 아니었는지, 어떻게 그러하였는지를 연구하는 것이 보다 생산적일 것이다. 젠더 정치와 정형화는 고고학이 실행되는 사회·정치적 맥락에서 나타난다고 보는 것이 남성 고고학자들이 과거와 여성을 의도적으로 통제하려 한다고 보는 것보다 실제에 가깝다. 그렇다면 이러한 가정에 문제를 제기하는 개별적 예들에 대한 적절한 고려가 가능해진다. 여성에 대한 억압과 차별은 공공연하게 보다는 암암리에 일어나서, 이 문제가 논의된 경우가 드물고, 여성이 그에 참여하기도 하였다. 이처럼 성별의 사회적·역사적 역할과 공헌에 대한 불균등한 평가는 과거에 대한 해석과 여성 고고학자의 역할에 영향을 미쳤고, 또 자연화되어 남성과 여성 모두를 통해 나타난다. 지식이 구성되는 복합적인 방식, 특히 우리가 누구인가에 대한 우리의 개념에 중심적인 역할을 할 지식을 남성이 여성의 과거와 역사를 의도적으로 훔쳤다라는 사고와 함께 뭉뜽그리기 보다는, 이러한 관점이 생성되고 그에 대한 합의가 이루어지게 되는 기제가 추적되고 분석되어야 한다. 특히 과거의 젠더 정형화 과정에 깔린 가정들이 분석되고, 그러한 가정들이 물적 증거에 대한 해석과 어떠한 영향을 주고받았는지를 연구한다면, 젠더에 대한 이러한 자연화된 관점이 고고학에서 어떠한 작용을 하는지에 대한 비판적 검토에 크게 도움이 될 것이다. 여러 편의 논문을 통해 회화적 표상에서의 젠더화된 해석 구성과 재생산을 연구한 모서(Moser 1992, 1998)의 예처럼, 고고학의 역사와 발전의 일부로서 젠더에 대한 비판적 연구가 이루어진 경우도 있다. 호룽달(Hjørungdal 1994)의 연구 역시 중요한데, 호룽달은 북부 유럽의 선사시대 무덤 부장품으로 일반적으로 사용된 일련의 사물에 대한 19세기 젠더-코드화 논의를 조사하였다.

이미 언급하였던 것처럼, 고고학에서 처음으로 나타난 여성주의와 여성들의 관심은 직업에서나 구성된 과거에서 여성이 부재함에 대한 비판의 형태를 띠었다. 여성의 가시성에 관한 문제는 곧 여러 수준에서 고고학 실전에 적용되었는데, 이는 (1) 과거 해석에서의 여성의 가시성, (2) 학문적 역사에서의 여성의 가시성, (3) 직업 시장에서의 여성의 가시성 또는 공정성, (4) 박물관 표상에서의 여성의 가시성 문제로 구분될 수 있다. 아래에서는 이에 기반하여 젠더와 고고학의 얽히고 설킨 역사, 그리고 권력과 권력 부여에 대해 고찰해 볼 것이다.

선사시대 해석에서 여성의 배제

여성주의/젠더고고학이 고고학에 상대적으로 늦게 등장하였다고 보는 입장에서는 그 이전의 모든 고고학적 연구에서 젠더 문제가 간과된 것으로 간주하는 경향이 있는데, 물론 이는 사실이 아니다. 이전 세대 고고학자들, 그 중에서도 특히 여성 고고학자들이 여러 가지 방식으로 고고학적 기록에서의 젠더 문제를 다루었다.

여기서 고고학사에서의 여성과 젠더의 역할에 대해 폭넓은 검토를 해보기는 어려우므로, 몇몇 예를 통해 여성은 언제나 과거의 일부를 구성하였다는 점을 살펴보고자 한다. 젠더고고학사에서 변한 것은 여성의 현존에 대한 이해이지, 여성의 존재에 대한 인정이 아니다. 예를 들어, 19세기에 생성된 거대 서사 중 일부는 친족 및 결혼과 같은 사회 구조에 많은 주의를 기울였다(Arwill-Nordbladh 1998: 5). 이들 중에서도 고고학적으로 주목해 볼 만한 것이 바소펜, 프레드리히 엥겔스, 루이스 헨리 모르간의 연구인데, 이들은 과거에 대한 고고학적 해석에 직접적인 영향을 미칠 수 있는 방식으로 오래 전 과거에서의 사회 조직의 특성과 변화에 대해 다루었기 때문이다. 고고학적 사고에 이들의 연구가 미친 영향, 특히 젠더 관계 연구에 미친 영향에 대해서는 별다른 논의가 이루어지지 않았다. 그러한 가운데 예외적인 연구 중 하나가 몬텔리우스에 대한 아륄-노드블라드(Arwill-Nordbladh 1989; 1998: 4-16)의 분석인데, 여기에서는 역사적 제도로서의 결혼 문제가 다루어졌다. 그녀는 또한 이러한 연구와 가정, 그리고 존 러복과 같이 저명한 19세기 고고학자들 중 일부를 통해 제기되었던 주제 사이에 명백한 유사성이 있음을 제시하였다(Arwill-Nordbladh 1998: 6-8).

위와 같은 연구의 영향을 받아 젠더 역할은 생물학적으로 결정되기 보다는 사회적 문제와 관련될 수 있다는 사고가 일부 나타나기 시작하였다. 그러나 이는 사회적 구성물로서의 젠더에 관한 문제가 아니라 사회 조직의 한 측면으로서의 젠더 문제와 가까운 것이었다. 엥겔스로부터 직·간접적인 영향을 받은 연구는 사회 조직, 특히 생산 방식의 총체적 형식의 상관물로서 젠더 관계에 접근하는 경향이 있다. 이러한 초기의 논의와 현재의 논쟁 사이에서는 분명한 차이가 나타나는데, 정통 맑시즘과 탈근대주의 사이, 계급이나 집단의 관점에서의 사회 분석과 행위와 개인성의 관점에서의 사회 분석 사이, 또는 노동 분업의 한 측면으로서의 젠더와 담론적 존재에 대한 문제로서의 젠더 사이에서 발견되는 차이가 그러하다. 이러한 예들은 젠더가 어떻게 지각되고 접근되었는가에 있어서의 급진적인 변화와 분열을 나타내기는 하지만, 과거가 젠더 없이 제시된 적은 없음을 증명한다. 케호(Kehoe 1992: 26)는 구석기시대 남성과 여성에 대한 아베 브뢸의 그림을 통해 이와 유사한 주장을 한 바 있다.

매우 소수의 학자들만이 흥미를 가졌을 시간에 따른 젠더 역할 변화 문제와 함께, 고고학은 또한 역할 분담 일반과 그러한 역할 분담에서의 젠더 식별 문제에 특히 관심을 가져왔다. 그러나 이러한 관심이 명시적으로 문제화되지는 않았고, 젠더 관계의 성격은 종종 자연적이거나 예측 가능한 것으로 간주되었다. 그럼에도 불구하고 고고학자들은 19세기부터 여성과 남성이라는 개념을 사용하여 자료를 분류해 왔다(Hjørungdal 1994: 143-4). 실로 남성 중심적이고 종족 중심적인 이러한 관행이 이론적으로 구체화된 적은 없지만, 그럼에도 불구하고 이러한 접근에는 낯설은 물적 사물이 가공되어 젠더화된 의미가 부여됨에 따라 담론적인 요소가 포함되었고, 때로는 특정한 형태의 젠더 연합이 지니는 의미가 논의되기도 하였다(e.g. Mestorf 1889, Müller 1876; 양자 모두 Hjørungdal 1994에서 논의됨). 그리고 '시간이 흐름에 따라 남성과 여성을 구분하기 위해 가장 빈번히 사용된 기준은 무기와 보석이었다(e.g. Lisch 1840). 이 특정한 물적 사물들은 고고학에서 "남성다움"과 "여성다움"에 대한 탁월한 은유의 지위를 얻었다' (Hjørungdal 1994: 144).

이른 세대 고고학자들은 과거 사회의 물적 기록에 위와 같은 방식으로 질서를 부여하면서 과거를 젠더화하였다. 그러나 그들의 젠더화는 자신들의 친근한 젠더 경험을 과거에 적용하는 형태를 띠었다. 또 그들은 이를 자연적인 것이자 성별 사이의 정신적·물리적 차이의 필연적인 결과로 해석하였다.

전통고고학을 남성 중심적이고 종족 중심적인 것으로 치부해버리고 만다면 당시의 고고학적 관행에 깊이 침투되어 있어 과거 해석과 과거의 자료 분류에 영향을 미쳤던 젠더에 관한 일련의 가정이 간과되기 쉽다. 기존의 고고학에서 여성이나 젠더에 대해 주의를 기울이지 않았다는 견해는 이 문제를 너무 단순하게 이해한 데서 비롯된 오류이다. 과거 십 년간 고고학에서 급진적으로 달라진 부분은 여성의 삽입이나 젠더 도입이 아니라 이론과 그 적용에 있어서 젠더에 대한 의미 변화이다.

고고학사에서 여성*

과거는 남성에 의해 배타적으로 만들어졌다, 또는 고고학사에 여성의 참여는 없었다는 주장이 제기된 적도 있다. 이러한 주장의 기저를 이루는 함의 중 하나는 여성들은 남성들의 그것과 다른 학문과 선사시대를 일구었고, 따라서 고고학사에서 여성들의 부재는 유감스럽다는 것이다. 이는 또한 젠더고고학에 대한 학문적 정당화의 일부가 된다. 이로 인해 제기되는 평등성에 대한 문제는 극히 중요하고 타당하지만, 그 기반이 보다 철저히 탐구될 때 이 문제에 대한 보다 도전적인 접근이 가능해질 것이다. 전략적인 목적을 위해 학문의 특성이 단순화되어 제시될 수도 있지만, 고고학에서의 여성의 역할을 이해하여 이를 건설적으로 사용하고자 할 때는 단순화된 설명을 지양해야 한다. 학문적 역사가 지니는 선별적 특성이 인지되고, 그처럼 선별적인 역사가 진실로 취급되어서는 안 된다는 점이 특히 중요하다. 여성과 젠더 정치를 배제한 고고학의 역사는 선별과 잊기라는 기제를 통해 생산되었는데, 이는 그 자체로 권력과 권력 부여에 대해 극히 흥미로운 시사점을 제공한다(Díaz-Andreu and Sørensen 1998b, Sørensen 1998). 여성주의적인 목적으로 여성의 직업적 통합 결여 문제를 주장하기 위해 위와 같은 버전이 무비판적으로 수용되었다. 그로 인해 최근까지 어떻게 학문적 역사

---

* 이 절의 내용은 마가리타 디아스-안드로와 필자가 편집한 여성 발굴하기: 유럽고고학에서 여성의 역사(Díaz-Andreu and Sørensen 1988)에 기초한 것이다.

가 생산되고 이에 일련의 편견이 끼어들게 되는가에 대해 별다른 주의가 기울여지지 않았다. 여성의 직업적인 역할에 대한 기존 설명에 틀림이 없다고 봄으로써 여성에 대한 위와 같은 견해가 무비판적으로 재생산되었다.

이른 시기의 여성 세대를 '발굴'하고자 하는 여러 저서가 현재 존재한다(e.g. Claassen 1994, Du Cros and Smith 1993, Díaz-Andreu and Sørensen 1998a). 이 저서들은 고고학에 대한 여성의 공헌과 참여가 학문적 기억에서 어떻게 체계적으로 간과되고 삭제되었는지를 여실히 보여준다.

학문적 역사에서 여성의 부재는 흔한 현상이다. 여성의 학계 참여가 분석된 경우는 드물고, 젠더 정치가 독립적인 문제로 다루어진 경우도 거의 없다. 그렇지 않을 경우, 여성의 현존은 특출하고 비범한 존재에게만 허용된 것으로 한정됨으로써 개별화되고 고립되어, 고고학적인 젠더 개념의 기조를 이루는 틀에서 벗어난 것으로 취급된다. 젠더 문제는 과거와 현재의 담론 모두에서 가려진 채로 남겨진다. 여성을 여성이 속한 집단에서 분리하는 것은 여성의 사회적 능력, 지성, 역할을 부인하여 여성에 대한 틀에 박힌 사고를 강화시키는 역할을 한다. 최근까지 여성의 역할에 대한 고고학적 진술은 이러한 역할을 하였다. 따라서 이렇게 침묵하게 된 집단을 고고학의 학문적 계보에 다시 삽입하기 위한 프로젝트는 학문과 지식에 관해 보다 일반적인 수준에서 젠더 비판적인 관점을 제공할 뿐만이 아니라 모범적인 모델과 사례 연구 역할을 할 수도 있다. 이러한 연구들은 어떻게 기존 고고학의 학문적 역사가 잘 기록된 설명과 신화에 기반하는지를 드러내어, 동일성과 폐쇄에 대한 서사가 그 기저를 이루고 있음을 증명한다(Díaz-Andreu and

Sørensen 1998b). 이러한 연구들은 또한 특정의 학문적 연구와 학자에게 중요성을 부여할 때 개입되는 특정한 기대와 가치를 투명하게 만들기 시작하였다. 따라서 젠더 문제를 고고학사에 포함함으로써 고고학이라는 학문과, 그 기원, 지적 발전, 사회적 맥락, 지식 주장의 기반에 대한 논쟁과 분석에 중요한 공헌을 할 수 있다.

개별 여성에게서 발견되는 독특하고 고유한 역사에도 불구하고, 여성들이 수행한 역할에서 공통되는 특징을 찾아볼 수 있다. 이는 고고학에 대한 보다 폭 넓은 사회적·정치적 역사가 등장할 수 있는 중요 지점이 된다. 예를 들어, 여성이 학문에 수용되고 통합되는 방식 및 이유에 있어 몇 가지 유사성을 찾아볼 수 있다. 또 다른 공통적인 문제는 겉으로 나타나는 가능성과 여성들의 선택에 가해지는 실질적인 제약 사이의 괴리이다. 이러한 괴리는 개인의 직업 선택 및 구성원에 대한 제도적 규칙과 규제에서 찾아볼 수 있다. 그러나 가장 만연해 있는 긴장은 아마도 직업적 삶에 대한 요구와 어머니 역할에 대한 기대 사이에서 찾아볼 수 있을 것이다(Díaz-Andreu and Sørensen 1998b). 그러한 긴장에도 불구하고, 여성은 처음부터 고고학에 관여해왔고, 교수나 학예사와 같이 높은 지위에 오르기도 하였다. 그렇다고 하여 여성이 반드시 남성과 동등한 것으로 간주된 것은 아니다. 유럽(Díaz-Andreu and Sørensen 1998a)과 미국(Claassen 1994)에서의 상황에 대한 연구는 고고학에서의 '노동 분업' 관행이 반복적으로 나타남을 드러낸다. 예를 들어, 여성은 명망 있는 학문적 위치보다는 박물관 학예직이나 관리직을 얻기가 쉬웠다. 따라서 실제에 있어 여성이 고고학에 관여하는 방식은 남성과 달랐다. 또한 여성은 직업에서 자신들만의 특정한 '적소'를 찾아 그를 발전시켰다. 예를 들자면, 일찍부터 여성 고고학자들이 주로 연구해 온 특정 시대가 있었으니, 노르웨이에서는 철기시대와 중세시대가 그렇고, 영국에서는 앵글로-색슨 연구가 그러한데, 그렇지 않으면 이집트, 근동, 크레타와 같은 해외 지역의 사례를 다루었다. 여성 고고학자는 전통적으로 여성적인 것으로 간주되어 남성 고고학자들이 다루지 않은 연구 주제를 다루도록 조장되어, 오래 전부터 여성 고고학자들은 직물, 보석, 토기, 예술에 관해 선구적인 연구를 수행하여 왔다.

이처럼 남성 고고학자와 여성 고고학자가 고고학에 상이한 방식으로 관여함에 따라 이들은 마치 별개의 직업에 종사하는 것처럼 되었다. 여성의 참여에 여러 제약이 가해짐에 따라 위와 같은 차이는 불평등의 문제가 되었다. 사실 고고학 현장에 대한 접근성 측면에서 남녀 고고학자 사이에 나타나는 불평등은 고고학에서 특징적으로 나타나는 젠더 불평등의 한 형태라 할 수 있다. 특히 어떠한 공식적 학위도 없는 이에게 고고학 현장 작업은 필수적으로 요구되는 부분이었고, 고고학자가 되는 과정에서 꼭 거쳐야 하는 단계였다. 마찬가지로 위원회와 학회의 주요 활동에서 배제됨으로써 여성은 정보 교환과 담론 생성을 위한 중요한 관계망에서 제외되었다. 최근의 연구에서 발견되는 흥미로운 결과는 여성은 때로 비록 비공식적이고 개인적인 것이기는 하지만 자신들만의 관계망과 연구팀을 만들었다는 점이다. 그 사적인 특성으로 인해 이러한 대안적인 지지 체계와 그 안에서 활동한 소수 남성의 역할이 기존에는 단순히 친목관계로 치부되었다(Beard 1994, Sørensen 1998).

위와 같은 연구는 어떻게 상이한 초점, 관점, 전공이 남성과 여성에게 체계적으로 연합되었는지를 드러낸다. 이전 시기에는 이러한 일이 자주 있었다는 것은 놀랄 만한 일이 아니다. 당시에는 젠더 역할이 엄격한 이분법적 틀을 통해 사고되었고, 여성은 남성과 매우 다른 방식으로 양육되고 교육되었기 때문이다. 당시는 또한 여성들이 자신들의 공간을 만들기 위한 수단으로서 전통적으로 여성적인 것이라고 간주된 주제와 행동을 통해 그러한 젠더 전형을 연구하였던 때이다. 사회 전반에 있어서의 변화에도 불구하고 어떻게 이러한 차이들이 고고학의 학문적 관행과 기대에 스며들어 학문적 사고 방식과 자아 정체성에 영향을 미쳤는가를 파악하는 것이 중요하다(Díaz-Andreu and Sørensen 1998b).

고고학에서의 여성에 대한 이러한 연구를 통해 보다 넓은 사회적 · 역사적 맥락 속에서 고고학이 어떻게 학문으로 '형성'되었는지를 이해하고 받아들일 필요가 있음을 분명히 알 수 있다. 여성의 가시성은 단순한 방식으로 부여되어서는 안 되고, 포함과 배제에 대한 문제는 가시성에 대한 우리의 관심에 심각한 도전을 제기한다. 학문적 문화의 권위적 특성으로 인해 당연한 것으로 여겨지는 역할과 중요성을 비판적으로 재평가하여 그 너머로 나아가는 것은 지극히 어려운 일이다(Díaz-Andreu and Sørensen 1998b). 침묵이 강요된 집단에게 그 목소리를 되돌려 주기 위한 노력에서 나타나는 그러한 도전은 고고학의 젠더 정치를 넘어 고고학 전반에 대한 재평가에도 영향을 미칠 것이다.

직업 시장에서의 여성 – 공정성 문제

또 다른 중요한 문제는 고고학 직업에서의 여성의 현존이다. 젠더 고고학의 뿌리 중 하나는 '개인적인 것이 정치적이다'와 그에 따라 여성의 공적 삶에 대한 관점의 변화를 강조하는 1960년대 이후의 여성 운동이다. 이는 고고학에서 고용의 여러 사닥다리에 대한 여성의 접근에 초점을 두었다. 여성과 고고학에 대한 1970년대 전반 글들 중의 다수가 여성과 직업 시장에 관한 것이다. 이는 고위직으로 갈수록 여성의 수가 줄어든다는 이제는 잘 알려진 사실을 나타낸다(e.g. Fonnes-beck-Sandberg 1972, Holm-Olsen and Mandt-Larsen 1974). 태도와 행동 양상 그리고 학문적 전략 선택에 대한 이러한 종류의 조사 및 관련 연구는 영국, 노르웨이, 스페인, 스웨덴을 중심으로 이루어졌고, 북미와 호주에서도 성행하였다. 그러한 연구의 목적은 부분적으로는 현재의 상황이 얼마나 대표적이지 않고 따라서 불공정한지를 기록함으로써 고용 양상을 바꾸기 위한 명분을 만드는 것, 부분적으로는 남성과 여성이 상이하게 보상을 받는 상이한 행동 전략에 어떻게 참여하는지를 드러내는 것이었다. 대부분의 직업에서 여성의 위치는 최근 서서히 변하고 있다. 한편 미국과 노르웨이에서 행해진 연구에 의하면 여성에게는 '보이지 않는' 벽이 남아 있고 여성과 여성의 학문적 성과는 위계의 정상에 공식적으로 놓여지더라도 낮은 지위와 위신이 부여되는 경향이 있다고 한다(e.g. Engelstad et al. 1992). 여성이 높은 학문적 위치에 오를 수 있는 상이한 근거와 수단은 노르웨이와 포르투갈의 사례 비교를 통해 살펴볼 수 있다((Díaz-Andreu and Sørensen 1998b). 두 나라 모두 남성과 여성의 고용률이 수적으로는 균등하다. 그러나 노르웨이에서는 직업 만족도에 있어 불균형이 여전히 존재하고, 포르투갈에서는 이런 문제가 없거나 직업 만족도가 매우 다른 방식으로 평가된다. 이에 대한 원인은 아마도 다음과 같은 차이에서 찾아볼 수 있을 것이다. 노르웨이에서는 고용률 문제가 법률 제정을 통해 다루어지지만 법률상의 내용이 문화적 기대와 행동에서의 변화와 일치하는 것은 아니다. 이에 반해 포르투갈에서의 고용 상황은 전통적인 후원 체계의 영향을 받는데, 여기에서는 사회 계급과 소속이 젠더보다 훨씬 더 중요하게 여겨진다(Díaz-Andreu and Sørensen 1998b, S. and V. Jorge와의 사적 대화). 이는 젠더 이데올로기가 정치에 의해 얼마나 밀접한 영향을 받는지를 보여준다.

여성을 가시화하고자 하는 욕구가 정당하고 중요한 것이기는 하지만 가시성에 대한 지나친 강조는 우리의 기대를 한정하는 결과를 낳는다. 그로 인해 무엇보다도 젠더에 대한 문제가 여성의 현존에 대한 문제로 환원되고, 양적인 측면에서의 평등성이 중요하게 여겨지며, 그 결과 '고고학에의 참여와 포함 문제가 양과 위계의 문제로 환원된다'(Sørensen 1998: 36).

표상에서 여성의 가시성

공정성 문제는 여성의 제시 문제와 관련하여 일찍부터 제기되었다. 이러한 논쟁에서는 여성에 대한 회화적 표상과 박물관이 젠더에 대한 의미를 만드는 방식에 초점이 주어졌다. 박물관과 관련하여 표현된 문제는 1984년 런던에 설립된 역사와 박물관에서의 여성(WHAM: Women in History and Museums)과 같은 조직의 어젠다를 통해 잘 나타난다. 이 박물관의 설립 목적은 수집과 전시를 통해 여성에 대한 긍정적인 이미지를 장려하고 차별을 없애며, 박물관 및 관련 분야에서의 평등 고용을 위한 캠페인과 같은 바람직한 박물관 관행을 고무하기 위한 것이었다(Pirie 1985). 박물관에서 여성의 역할에 대한 대부분의 연구는 따라서 공정성 문제(e.g. Anderson and Reeves 1994, Grab 1991,

Høgsbro 1994, Texeira 1991)와 함께 정형화 및 편견(Butler 1996 참조)
과 관련된 문제에 초점을 두어 왔다. 전통적인 박물관 전시에서 나타
나는 여성의 비가시성, 어머니나 주부로서 요리하고 가족을 돌보는 모
습으로 표현된 여성에 대한 전형적인 묘사, 그리고 이러한 활동에 대
한 낮은 평가와 관련된 문제는 오랫동안 지적되어 왔다(초기 연구로
는 Chabot 1990, Horne 1984, Jones and Pay 1990, Jones 1991, Mandt
1994, Moser 1992, Webb Mason 1995, Wood 1996 참조).

남성 중심적인 편견에 초점을 두면서, 여성은 과거에 대한 해석에
서 부재하고 현재적인 재현에서 비가시적이라는 문제를 제기한 연구
들도 있다(Horne 1984, Jones and Pay 1990, Webb Mason 1995). 이러
한 연구들이 지니는 중요성에도 불구하고, 여성의 가시성이나 현존 문
제에만 초점을 두는 것은 젠더 문제에 대한 이해를 제한하는 결과를 낳
을 수 있다. 이러한 시각은 젠더가 무엇을 의미하는가에 대한 불명확
성에서 비롯되고, 그로 인해 젠더에 대한 문제가 위 공정성 연구의 경
우에서처럼 여성의 현존 문제로 환원된다. 또 여성의 가시성 여부는
대개 양적인 측면에서 평가되지만, 표상이나 해석에서 여성이 비가시
적이게 되는 것은 단순히 여성의 현존 문제로 인한 것만은 아니다. 보
다 근본적으로 여성의 비가시성은 전시에 대한 해석 작업에서 여성의
역할과 의미가 사소한 것으로 평가되는 데에서, 다시 말해 과거를 이
해하기 위해 반드시 여성을 이해할 필요는 없다는 시각에서 비롯된다
(Sørensen 1999).

포터(Porter 1996: 112-13)는 이러한 효과를 낳는데 개입되는 요소
들 중 일부에 대해 아래와 같이 썼다:

전시에서 … 여성과 여성성은 문자 그대로 공간과 지식이 정의되는 경계가 된다: 여성들은 저 멀리 떨어져 있는 모호한 요소들로서 그림의 배경을 이루거나 그림의 가장자리를 차지한다. 반면 남성과 남성적 속성들은 훨씬 더 일관되게 잘 표현되어 전면에 부각된다. … 여성에 대한 표상은 서로 일관적으로 '들어맞지' 않는 반면, 남성에 대한 표상은 상대적으로 잘 들어맞는다.

남성은 전시 공간을 통해 과거에 대한 서사를 '전달'하기 위해 사용된다. 역사가 말해지는 것은 남성을 통해서이고 따라서 남성은 역사가 된다. 박물관의 맥락에서 의미가 어떻게 생산되는지를 이해하기 위해서는 위와 같은 관련성이 두서 없이 만들어지는 것이 아니라 '서사'의 구조를 통해 생성됨을 인지하는 것이 중요하다. 또한 의미는 진술들 사이에서뿐만이 아니라 대상들 사이에 연관을 만듦으로써 그리고 차이와 중요성을 만듦으로써 구성된다. 따라서 그러한 구성 과정에 연결되지 않은 여성을 추가적으로 더한다고 해서 남성 중심적인 메시지가 도전을 받거나 변경되는 것은 아닌데, 이때 여성은 과거 이해에 필수적이지 않은 단순한 장식에 지나지 않는다(Sørensen 1999). 역사의 흐름에서 수동적 방관자이기 보다는 역사의 일부를 구성하는 적극적 실천자가 되기 위해, 여성은 서사의 구성 과정에 연결되어야 하고, 과거 사회에서 여성이 한 공헌과 그들의 삶에 대한 제시가 전시 관행에서 필수적인 요소로 포함되어야 한다.

여성에 대한 가시성 증대, 특히 전통적으로 남성과 연관된 것으로 간주된 활동에서의 가시성 증대가 요구된 바 있다. 그러나 가시성 자체를 지나치게 중시한 나머지 가시성이 획득되는 방식을 간과해서는 안 된다. 우리는 종종 과거가 우리에게 특정한 서사를 제공하기를 원하는데, 이로 인해 여성의 실제 삶이 간과될 위험이 있다. 여성을 역사 구성 과정에 연결하는 것이 아니라 주어진 역사에 부가적으로 삽입한다면, 기껏해봤자 여성은 역사에 부수적인 것, 보조적인 것이 되기 때문이다. 또 여전히 여성들 사이에 나타나는 변이에 대한 이해보다 여성에 초점 이 맞추어져 있다. 박물관에서의 젠더 표상에 대한 분석은 몇몇 예를 제외하고는 가시성 및 그것이 지니는 중요성에 초점 두기를 계속하고 있다. 린드(Lind 1993: 6)는 박물관과 관련된 여성 연구를 여성의 불행 에 대한 연구와 존엄에 대한 연구로 양분되는 특징을 지니는 것으로 파 악하였다. 이러한 고고학적 전시의 젠더화가 비록 당시에는 나름의 중 요성을 지녔지만, 이제는 그를 넘어서 젠더 차이에 대해 생각하는 방식 과 젠더 차이를 띠게 되는 방식에 관해 훨씬 더 흥미롭고 건설적인 도 전을 제공할 수 있을 것이라고 본다. 이를 위해서는 전시가 중요성을 띠게 되는 방식에 대한 보다 정교한 이해와, 젠더가 문제시되어 변화와 발전에 관한 서사에 연결되는 방식에 관한 보다 큰 깨달음이 필요하다.

인식론, 젠더, 고고학

고고학이 연구하는 사회로부터의 거리와 고고학 자료의 파편적 성 격으로 인해, 고고학은 언제나 고고학 지식이 어떻게 생산되는가에 대 한 질문에 취약하다. 그러한 만큼 고고학의 지식 주장에 대한 불안정 성과 그 분석적·해석적 능력에 대한 방어는 19세기 전반 고고학의 학 문적 기반이 잡힌 이후 고고학의 학문적 자기 인식의 일부를 이루었다 (e.g. Müller 1884). 이러한 고고학적 지식 주장의 상태는 후기과정고고학의 발달, 다원성과 지식/의미의 불안정성에 대한 개념을 도입한 비판이론, 후기구조주의, 탈근대 철학의 영향력 증대와 함께 더욱 문제가 되었다. 과학에 대한 여성주의 비판(e.g. Harding 1986)은 고고학에서 흥미롭고도 복잡한 역할을 하였다. 그러나 여성주의가 고고학 일반 및 젠더고고학에 미친 영향은 아래에서 간략하게 살펴볼 이유로 인해 한정적이다. 동시에 고고학의 인식론적 불안정성이 여성주의적 비판에서도 문제가 되었고, 이를 통해 고고학적 과거 및 그에 대한 증거, 그리고 남성에 의해 이루어지는 과거에 대한 해석을 구분해 볼 수 있는 적소가 생성되었다. 이러한 과정에서 제기된 과학에 대한 여성주의적 비판은 다원성에 대한 후기과정주의적 주장을 복잡한 방식으로 틀어 놓았다. 왜냐하면 한편으로 여성주의는 자료를 중성적이거나 온순한 것으로 보이게 하고, 또 다른 한편으로 여러 해석들 중에서도 특정의 여성주의적 해석이 보다 진실에 가깝다는 주장을 하기 때문이다. 이처럼 여성주의의 영향을 받은 고고학의 인식론적 비판은 다원성에 대한 개념과 지식의 건설적인 성격을 강력히 지지하지만, 동시에 해석이 중립적 또는 심지어 객관적인 것처럼 보이게 제시될 수 있는 방식으로 대상을 해석에서 분리시킨다. 이로 인해 마치 과거에 대한 여성주의적 버전의 해석은 편향되지 않은 것처럼, 과거에 대한 기존의 편견, 고정 관념, 비대표적 설명을 수정하기 위해 선사시대를 다시 써야 한다는 부조리한 주장이 나타나게 되었다. 이처럼 고고학적 작업을 정치화하는 것과 자신의 해석에 권위를 부여하고자 하는 욕구 사이에 매우 흥미로운 충돌이 발견되는데, 젠더고고학에서 보다 철저히 주관적인 접근이 나타난 것은 아주 최근의 일이다(e.g. Conkey 1989, Spector 1993).

　　남성 중심적 지식 생산에 대한 문제는 지식과 인식론적 권위에 대한 통제의 정치를 분석하고 그러한 정치에 도전하는 프로젝트에 어느 정도도 달려 있다(Wylie et al. 1989). 그러나 유럽고고학에서 고고학에 대한 비판은 주로 남성에 의해 이루어졌고, 비판이론과 후기구조주의 로부터 많은 영향을 받은 후기과정주의 어젠다 내에서 정형화되었음 에 주목할 필요가 있다(e.g. Bapty and Yates 1990; Tilley 1990, 1991). 이러한 비판에서는 남성중심주의가 특별히 중요한 문제로 여겨지지 는 않았는데, 그로 인해 남성중심주의가 지속적으로 재생산 되었다고 보는 이도 있다. 그리고 지식 생산 과정에서 나타나는 젠더 편향 문제 는 대개 간과되거나 형식적으로 언급되었을 뿐이다(Engelstad 1991a, 1991b 참조; 그리니 부분저 응답에 대해서는 Tilley 1993: 22와 Thomas 1995: 352 참조). 지식이 사회적으로 구성된다는 점은 현재 고고학 내 에서 널리 받아들여지지만, 젠더가 그러한 사회적 영향의 일부를 이룬 다는 점은 여전히 충분히 고려되지 않고 있다. 비판적인 젠더 관점에서 봤을 때 지식이 지니는 정치적 성격에 관한 최근의 관심(Wylie et al. 1989)은 기존 권력 구조의 성격에 도전하기 보다는 그를 대체하기 위한 목적으로 사용되었다고 할 수 있다.

　　젠더고고학에서 발견되는 한정된 인식론적 논쟁은 최근까지 상대 주의를 피하는 것과 주로 관련되었다(Engelstad 1991a: 505; Wylie et al. 1989; Wylie 1992a, 1992b). 그러나 그렇게 할 수 있는 능력은 무엇이 여성적 지식을 구성하는 것으로 고려되고 무엇이 여성의 관행을 특징 짓는가에 의해 영향을 받는다. 만일 문제가 단순히 기존의 편견을 바로 잡고, 고정 관념을 없애며, 간과된 자료를 포함하여 과거의 여성을 가 시화하는 것이라면, 기존 인식론 안에서 이를 성취하는 것이 가능할 수 도 있다. 돔마스네스(Dommasnes 1992: 6)가 주장하듯, 이는 주로 젠더

고고학의 첫 번째 단계에서 일어났던 일이라 할 수 있는데, 이는 제기될 수 있는 주제를 한정한다는 문제를 안고 있다. 한편 편견이 객관성과 과학성에 대한 관념에도 영향을 미친다는 점을 고려할 때, 지식 주장이 평가되는 방식에 대한 보다 급진적인 수정이 필요하다. 와일리는 고고학과 관련하여 이러한 문제를 고려한 몇 안 되는 학자들 중 한 명이다. 과학을 남성 중심적인 것으로 비판하는 입장, 특히 하딩의 연구(Harding 1986)에 기반하여, 와일리는 가부장적 과학에 대한 효과적인 비판은 전통적인 이론과 방법론이 젠더를 간과하고 여성을 가치절하할 때 그 이론과 방법론이 놓치는 것이 대체 무엇인가에 관해 건설적으로 통찰할 수 있는 능력에 달려있다고 주장한다(Wylie et al. 1989).

와일리 등(Wylie et al. 1989)에 따르면, 이는 여성 과학자들은 젠더 문제를 고려할 수 있는 과학적으로 합리적인 모델을 개발하고, 여성주의적 가치를 통합할 수 있도록 연구 관행과 관련된 규범적 이상을 명시하여야 함을 의미한다. 또 와일리는 여성이 남성의 그것과 구분되는 별개의 인지 능력 세트를 소유한다고 볼 수 없기 때문에, '여성적인 가치'라는 것은 남성과 다른 방식으로 사고하기가 아니라 '여성주의자로서 과학하기'를 의미한다고 주장한다. 다시 말해 이는 인지의 문제이기보다는 정치의 문제이다. 그러나 이것이 어떻게 상대주의를 피할 수 있을지는 알 수 없다. 그러한 성격의 여성주의가 어떻게 과학적으로 합리적인 모델 개발을 위한 출발점을 제공할 수 있을지도 불분명하다. 사실 이러한 문제들은 와일리가 생각하는 것보다 서로 매우 다른 영역에 속한 것일 수 있다. 스트라던(Strathern 1987)과 같은 학자들은 여성주의의 목적은 사회에 대한 객관적인 연구와 양립할 수 없다고 본다. 또 다른 문제는 주변화의 위험에서 발생한다. 여성의 지식이 여성주의적 관행만을 통해 생성된다면, 이는 여러 다른 주변적 목소리 또는 소수자들의 목소리 중 또 다른 하나의 '목소리'로서, 오직 여성주의자들에게만 관련된 목소리로 환원될 수 있다. 또 고고학의 목적 중 하나가 - 여러 현재적 목적과 함께 또 그러한 목적과 무관하지 않게 - 시공간에 걸친 젠더 관계의 변이성과 역동성을 이해하는 것이라면, 여성주의 어젠다 단독으로는 여성주의 발전을 위해 요구되는 충분한 방침을 제공하지 못할 수도 있다.

지식 주장과 과학적 관행의 기반으로서 여성주의와 비-상대주의적 합리성을 통합하려 시도하는 와일리의 입장과 대조적으로, 다른 연구자들은 차이라는 개념을 여성이 공헌할 수 있는 장소를 만들어 내기 위한 수단으로서 탐구하였다. 이는 여성이 남성보다 감수성이 풍부하다거나 더 직관적이라거나, 남성과 다른 방식으로 감정이입을 한다거나 등등, 남성의 경험과 다른 여성의 경험 일반을 강조하여, 여성은 남성과 다른 지적 능력을 지녔다고 주장하는 입장에서 자주 발견된다 (e.g. Gero 1996). 이러한 접근은 또한 여성의 사고 방식은 객관성과 과학적 엄정성에 대한 관념과 양립 불가능하고 따라서 그에 의해 억압된다는 주장을 위해 사용되기도 하였다. 이러한 주장에서는 기본적으로 여성은 다르게 '알 수 있는' 능력을 갖추어 남성의 이해에 대안적이고 보완적인 이해에 도달하는 것으로 상정된다. 이러한 차이가 나타나는 이유 또한 논쟁이 되는데, 대개 그 이유들은 생물학적으로 결정되거나 사회적으로 구성되는 것으로 설명된다. 그 이유가 어찌되었든, 이들은 우리가 사고하는 방식에 영향을 미치는 것으로 파악된다. 이러한 차이들이 얼마나 엄격하게 유지되고 어느 정도로 인지 능력을 표현한다고 보는가에 따라, 이들은 남성과 여성의 지식 주장이 비교되는 방식에 영향을 미칠 것이다. 남성과 여성의 인지 능력과 방식이 뚜렷하게 구분된다고 보는 연구자들은 지식 주장을 평가하기 위한 전통적 기준이 반드시 잘못되었다는 것이 아니라, 단지 그러한 기준이 오직 남성들의 사고에 대해서만 적용된다는 것을 문제 삼는다. 따라서 여성에 의해서 이루어지는 지식 주장은 남성에 의한 것과 상이한 인식론적 틀에서 평가되어야 한다고 주장될 수 있고, 실제로 그렇게 주장되기도 하지만, 이는 합리적이고 논리적인 남성 대 비합리적이고 감정적인 여성이라는 이분법적 사고를 재생산할 뿐이다.

또 다른 류의 주장은 언어 자체에 대한 문제, 어떻게 기존의 학문적 전문 용어가 특정한 관심사와 발화 방식을 유도하고 그와 다른 것들을 억압하거나 침묵하게 하는가에 관한 것인데, 유사한 문제가 인류학에서도 제기된 바 있다(Caplan 1992: 83). 이는 남성 언어를 사용함으로써 남성 언어가 지니는 의미와 권력을 함께 사용하는 여성의 경우와 같이, 언어 사용에서 나타나는 긴장과 전략을 드러낸다. 이는 또한 학습된 언어를 통해 그리고 담론에 대한 학문적 규칙 내에서 표현된 지식을 우리의 다른 목소리로 표현된 지식과 비교하는 문제를 다룬다. 아윌-노드블라드 역시 우리의 분석적·해석적 개념이 현재의 젠더 불균형을 영속화하고 특정 주제에 주목하기 어렵게 하거나 특정 주제를 은폐하는 방식으로 정형화되는지 여부를 문제시 했다(Arwill-Nordbladh 1994: 35, 45). 이는 자동적으로 여성을 비가시적 존재 또는 중심에서 벗어난 존재로 만들 수 있다(Arwill-Nordbladh와의 사적 대화).

젠더고고학의 특성: 맥락화

물론 선사시대 과거는 남자, 여자, 아이를 포함한 사람의 관점에서 항상 제시되었다. 따라서 문제가 되는 것은 이러한 집단들의 현존이 아니라 이들에게 역할과 중요성을 부여하는데 우리가 사용해 왔던 가정들이다. 최근까지 이는 젠더 역할에 대한 남성 중심적인 관념에 기반하였다. 그로 인해 과거는 현재의 이미지 속에서 재구성되고, 성별 관계는 전혀 문제가 없고 주어진 것으로, 따라서 고고학적 연구 영역 밖에 있는 것으로 취급되었다. 젠더 관계와 그 뿌리는 현재적인 관점에서 이해되는 대로 접근되었다.

아주 처음부터 유럽고고학은 19세기 세계관에 의해 큰 영향을 받았다. 여러 면에서 과거 및 젠더에 대한 이해는 현재에 대한 이해의 연장이었다. 진화론과 함께 발전한 과거에 대한 견해는 모든 것이 사회에서 자연적으로 주어진 장소를 가지고 있는 것으로 보았다. 이러한 틀 안에서 과거에 대한 다른 견해는 억압되었다기 보다는 아예 생각되는 것 자체가 불가능했다. 예를 들어서, 프리드리히 엥겔스(Friedrich Engels 1884[1970])가 제시한 역사적 변화에 따라 변한 여성의 역할에 대한 해석도, 몬텔리우스의 선사시대 결혼 협정에 대한 '형식학적' 시리즈(Arwill-Nordbladh 1998: 8f)도 그 해석의 기반이 된 세계관에 있어 크게 다르지 않았다. 양자 모두 앞으로 다가올 변화에 대해 주장하고 먼 과거의 여성이 남성과 동등하게 살았던 것으로 제시하고 있지만, 그러한 주장을 펴기 위해 사용된 이유나 가정은 전적으로 현대 이데올로기에 기반해 있고, 과거의 사회 조직에 대한 분석에 있어 아무런 실제적인 근거도 갖추어지지 않았다(Arwill-Nordbladh 1998: 8f).

여기서 중요한 차이는 여성이 개념화되는 방식, 즉 여성이 연구의 주체로서 어떻게 인지되고 그러한 인지와 관련된 일련의 문제가 어떻게 파악되는가에 있다. 기존 연구에서는 여성의 역할을 생물학적으로 결정된 것이 아니라 역사적 또는 문화적 매개를 통해 주어진 것으로 보았다. 당시에는 이러한 구분이 항상 인지되었던 것은 아니고, 따라서 '젠더고고학'이 기존의 접근과 근본적으로 다른 측면에 대해서는 충분한 평가가 이루어지지 않았다. 예를 들어, 콘키와 스펙터(Conkey and Spector 1984: 14)는 현재의 고고학을 초기 호미니드에서 현재에 이르는 젠더 협정에서 문화적 연속성에 대한 가정에 근거한 것으로 제시하는데, 이는 고고학에서 사용되고 논쟁이 되었던 상이한 진화론적 가정들을 간과한 견해이다. 당시 대부분의 연구는 생물학적 결정론의 영향을 받아 젠더 협정을 역사를 통해 불변하는 것으로 해석하였지만, 그 외 사회진화론적인 사고의 영향을 받은 연구들도 소수 있는데, 이들은 젠더 조직을 특정한 사회 조직 형식의 결과이자 역사적 전개의 일부로 보았다(Boye et al. 1988: 84 참조).

가족, 사유 재산, 국가의 기원(Engels 1884)이라는 엥겔스의 저서는 젠더에 대한 이러한 역사진화론적인 이해에 중요한 획을 그었다. 그에 따르면 남성과 여성 사이의 사회적 관계를 포함한 사회의 기본적 요소는 역사적 과정의 결과로 존재하게 된다. 이 저서는 또한 이후 원래의 모계제에 대한 여러 이야기에서 다소 왜곡되기는 하였지만 '여성의 성의 세계사적 패배'라는 사고, 다시 말해 여성의 원래 평등한 지위와 독립성이 남성 지배로 대체되는 사건을 소개한다. 이러한 남성 지배는 보편적인 진화론적 순서를 따라 제시되면서도, 자연적인 상황이기 보다는 특정한 역사적 과정의 결과로 나타난 것으로 설명된다. 이러한 사회진화론적인 사고는 유럽 선사시대 연구에서 공통적으로 발견되는데, 이는 젠더와 사회 조직 사이의 연관에 대한 단순한 사고와 대체적으로 잘 들어맞는다. 그래서 예를 들어 농경의 도입은 통상 젠더화된 노동 분업을 포함하여 사회 조직에 있어서의 변화와 연관된다.

선사시대 여성은 상이한 여성주의 버전을 포함한 여러 가지 방식으로 분석되고 제시될 수 있다는 것이 이제 분명해졌다. 몇 가지 견해와 상이한 어젠다가 있는데, 가시성 자체에 초점을 두는 것은 한계가 있는 어젠다로 인지되고, 젠더 관계의 맥락화에 대한 강조는 증대되고 있다. 필자는 청동기시대 여성과 금속공예에 관한 짧은 논문에서 이러한 접근 방식에 있어서의 변화를 보이려 시도한 적이 있다(Sørensen 1996). '전통적인' 여성주의 연구에서처럼 여성의 가시성을 강조하기 위한 접근이었다면 당시의 여성들은 금속공예자라고 주장하고 싶은 유혹에 빠졌을 수도 있다. 지금까지 묻혀왔던 고고학 기록의 일부에서 여성을 가시화하기 위한 목적에서 이루어질 수 있는 위와 같은 접근이 지니는 직접적인 매력에도 불구하고 이는 노동 조직에 대한 남성 중심적이자 종족 중심적인 관점에서 이루어진 분석이 될 수밖에 없다. 이러한 틀 안에서 이루어진 분석에서 금속 생산은 남성적이거나 여성적인 것으로 나타나겠지만, 사회 관계 안에서 맥락적으로 구성된 것으로 나타나지는 않을 것이다. 이보다 야심찬 접근을 여성 그리고 특정한 생산 영역 및 관련 행동들에 대해 검토한 연구에서 찾을 수 있다. 행동 맥락에 대한 콘키(Conkey 1991)의 주장이나, 오세버그 바이킹 시대 무덤에 대한 분석이 그러한 예가 된다. 이러한 접근에서는 그 특성상 첫 번째 접근에서와 같은 절대적인 결론을 내릴 수 없다. 그러나 이러한 접근에서 이루어지는 성찰은 장기적인 측면에서 봤을 때 과거에 대한 훨씬 더 건설적이고 도전적인 접근 방식이 될 수 있다. 필자의 여성과 금속공예 사이의 관계 연구와 같이 여성과 일련의 관행에 대한 여성의 관여라는 관점에서 접근한다는 것은 당시 양자 모두 존재했고 이들은 상호공존하면서 상이한 방식으로 서로에게 영향을 미쳤을 것임을 알고 연구를 시작함을 의미한다. 이러한 접근에서는 여성과 특정 관행 사이의 관계를 더 깊이 조사하는 것도 가능하고, 특히 어떻게 그리고 어떠한 방식으로 그 다양한 활동 및 그와 관련된 생산 순서가 당시인들의 삶에 영향을 미쳤는지를 탐구하는 것이 가능한데, 여기서 주요 문제는 여성이 어떻게 특정한 기술이 지니는 사회적·문화적 측면에 통합되었는가이다.

여성주의 고고학의 관점에서 이러한 연구가 지니는 분명한 강점은 선사시대 여성이 금속공예와 같은 특정한 활동에서 '중심적'이었는지 아니었는지 문제와 독립적으로 현재의 고고학 연구에서 그들에 대한 초점을 유지할 수 있다는 점이다. 이를 통해 처음부터 사회적 자격을 특정한 역할과 연합시킴으로써 나타나게 되는 절대주의를 피해갈 수 있다. 이들을 위계적이기 보다는 별개의 정체성으로 접근하면 양자를 찾는데 성공할 것이다. 이러한 방식으로 여성을 중심화하고, 과거에 대한 연구 어젠다와 해석에서 이들의 현존을 확보하기 위해서는 대가를 치러야 한다. 우선 이러한 접근은 과거를 접수한다거나 남성을 대체하는 것에 관한 문제가 아니다. 선사시대 여성들은 당시 남성들과 어떠한 의미로든 항상 동등하게 여겨지지는 않았을 것이지만, 여성들은 중심 무대에서는 아니라 하더라도 나름의 몫을 했을 것이다. 다시 말해, 매우 효과적으로 정치화된 해석으로 이어질 수 있는 여성이 아예 '있거나' '없는' 극단적인 선사시대상이, 여성이 정의상으로는 참여하지만 여성에게 모든 역할과 가치에 대한 접근이 보장되지는 않은 다원적인 과거상으로 대체될 것이다. 필자는 여성의 가시성 또는 현존에 대한 강조를 여성 포괄적인 접근과 대조되는 여성을 식별하는 접근으로 보았는데, 여성 포괄적인 접근이 점점 더 고고학에서 필요하게 될 것이다.

고고학의 전통적 관행과 정치에 대한 다양한 응답과 반응이 있을 수 있기 때문에, 폐쇄의 위험과 함께, 얼마나 쉽게 그리고 부지불식간에 전략적 행동과 진술을 통해 폐쇄가 이루어질 수 있는지를 염두에 두어야 한다. 우리가 해야 할 일은 여성이 선사 또는 역사 시대에 존재했음을 증명하는 것이 아니다. 왜냐하면 그들은 당연히 거기에 있었기 때문이다. 남성의 것과 구분되는 여성을 위한 특정 관행이나 기술이 따로 있었는지 찾으려 애쓸 필요도 없다. 그보다는 과거에 여성과 남성 모두 현존했다는 것을 염두에 두고, 그들이 어떻게 상호작용하였고, 사회 구조와 이데올로기가 어떻게 이러한 상호작용에 영향을 미쳤으며 그를 통해 형성되었는지를 탐구하여 이해하는 것을 목표로 해야 한다.

가시성, 통합, 인지에 대한 욕구와 요구는 기존의 여러 여성주의 주장에서 제기된 주제이다. 이로 인해 사회를 이해할 필요보다도 현재적인 이유가 젠더에 주목하는 주요 동기로 나타나게 된다. 변화를 강조하는 여성주의 주장이 지니는 중요성을 감소시키지 않고도, 과거에 대한 연구는 훨씬 더 넓은 범위에 걸쳐 이루어질 수 있는데, 이에는 다양한 젠더 형성 과정에 대한 연구 가능성도 포함된다. 동시에 이러한 측면에서 이루어진 지식 생산 및 그에 대한 승인 방식에 관한 매우 근본적인 문제들이 있다. 따라서 공정성, 가시성, 현존에 대한 논의는 결코 사소하지 않고, 학문 문화의 성격을 이해하고 젠더를 여러 관행 수준에서 뚜렷이 파악하기 위해 필수적으로 요구되는 부분이다.

3장

젠더 이론화 하기: 성별과 젠더

나는 우유를 좀 쏟았다. 당시 두 살이었던 킴 마이클이 나를 엄한 눈초리로 보더니 "말썽꾸러기 녀석!"이라고 한다.

처음부터 젠더고고학은 그 나름의 특정한 목적과 문제를 가지고 있었지만 그것이 고고학적 방법과 이론 일반의 발전에 기여하기 시작한 것은 매우 최근에 와서의 일이다. 고고학이 이처럼 학문적으로 성숙해졌음에도 불구하고 젠더고고학이 가장 취약하고 자율성이 부족한 것은 이론적 기반에 있어서이다. 따라서 이 장과 다음 장에서는 젠더고고학에 내재되어 있는 주요한 이론적 요소들, 젠더고고학의 미래의 방향과 관련된 젠더고고학의 위치와 중요성이 논의될 것이다. 이를 통해 그와 같은 주제들에 관한 우리의 이해가 어떻게 사회과학 일반에서의 논의의 일부를 이루면서 그러한 논의에 의해 깊이 영향을 받는지를 알게 되고, 고고학이 어떻게 이러한 논쟁 내에서 나름의 위치를 찾을 것인가에 대해 고찰해 볼 수 있을 것이다. 이러한 접근의 전제를 이루는 것은 젠더는 고정적이고 객관적인 정체성이나 구조가 아니라는 점이다. 젠더는 각 학문 분야에 따라 다양한 능력과 기술을 통해 다양한 방식으로 연구될 수 있는 여러 측면과 차원을 지니고 있다. 따라서 고고학은 인류학이나 심리학과 같은 타 학문에서 이루어진 젠더에 대한 이해를 단순히 빌려오는 것에 만족하는 것이 아니라, 나름의 방식으로 관찰과 해석을 진행하는 고유한 학문으로서 어떻게 젠더를 이해할 수 있는지에 대해 고민하여야 한다.

심리적 존재 상태에서부터 일련의 물적 효과에 이르기까지 젠더는 해석 맥락에 따라 다르게 이해되고 정의될 수 있다. 이러한 차이는 대안의 문제이거나 상이한 정의의 문제가 아니라, 관행에 따라 젠더는 여러 상이한 방식으로 표현되고 영향을 받는다는 사실에 어떻게 응답할 것인가에 관한 것이다. 젠더 차이가 자원 분포에 영향을 미치는 방식을 강조한다고 하여 젠더 담론에서 성애가 지니는 중요성을 부인하는 것은 아닌 것처럼, 젠더의 한 측면을 강조한다고 하여 다른 측면을 부인하는 것은 아니다. 다만 사회적 구성물로서 이러한 상이한 차원 간 관계와 의존성이 상이한 방식으로 이용되고 인지될 수는 있다. 따라서 사회과학은 어느 한 차원에서 젠더 집합체를 찾으려 하기 보다는 젠더의 상이한 표현을 인지하고 조사해야 한다. 이러한 이유로 아래에서는 젠더를 학문적 맥락 밖에 존재하는 실체로서 접근하기 보다는 젠더 연구에 대한 특정한 학문적 담론을 수립해 보고자 한다.

성별-젠더 논의

성별-젠더 구분은 사회과학에서 상대적으로 최근에 나타난 현상이다. 이는 여성 운동의 영향과 함께 나타났고, 1960년대부터 학문적 자기 성찰과 새롭고 보다 '적절한' 분석적 틀 발달을 고무하고 자극했다. 이는 여성주의와 민족지적인 젠더 연구의 보다 많은 영향을 받아 그 논의가 확장되었다. 1970년대와 1980년대 사회인류학은 민족지 기록에 나타나는 젠더 협정의 다양성에 점점 더 관심을 갖게 되었다. 이를 통해 어떤 사회에서의 젠더 협정은 성적 구분과 일치하지 않는다는 점을 알게 되었다. 사회학 등의 학문에서는 젠더 이데올로기와 정치를 통해 개인에게 부여된 사회적으로 구성된 가치와 의미를 탐구하기 시작하였다. 이를 통해 성별과 젠더가 반드시 같은 것도 아니고 절대적으로 중복되는 정체성도 아니라는 결론에 이르렀다. 이는 성별과 젠더 정체성의 개별성에 관한 주장을 포함하여 양자의 차이에 대한 많은 논쟁을 촉진시켰다.

스콧(Scott 1986)은 이러한 학사적 전개의 개요를 제시하면서 여성주의 정치 어젠다와 다양하게 결합되거나 분리된 상이한 이유들이 '젠더'라는 용어의 도입에서 사실상 맥락적으로 추적될 수 있다고 주장한다. 이러한 구분과 그에 수반되는 개념에 대한 전유로 이르는 다양한 경로에도 불구하고, 그 결과는 대체로 유사하였다. '성별'은 생물학적 특징, 특히 재생산 능력과 외적 생식기를 기준으로 구분되었고, '젠더'는 사회/문화적 구성을 지칭하고 강조하기 위해 도입되었다. 이때의 목적은 젠더가 지니는 궁극적인 사회적 특성을 주장하고, 한 사람이 지니는 사회적 측면과 생물학적 측면에 대한 구분을 유지하는 것이었다.

젠더라는 용어와 함께 여성들의 연구에 새로운 의미, 이유, 가능성을 부여한 분석적 개념이 도입되었다. 이러한 개념에서는 여성(들)보다 사회가 강조되어, 이 개념의 도입은 정치적 함의를 지니고 있었다. 예를 들어, 스콧에 따르면, 젠더는 한편으로 기존의 논쟁에 스며들어 성별과 사회적 행동에 관해 당연하게 여겨졌던 가정들에 도전할 수 있는 강력한 분석적 개념이었지만, 다른 한편으로 여성들을 때로는 정치적 압력 때문에 의도적으로 어휘와 분석에서 제외하여 그 자리를 문자 그대로 중성으로 대체하였다(Scott 1986). 이러한 대체는 단순히 외양적인 것이 아니라, 여성들 자체에 연구의 초점을 둔 기존 경향에서 벗어나 여성과 남성 사이의 관계를 사회적 분석에 필수적인 부분으로 여기는 인식이 증대되었음을 의미한다. 이러한 발전 과정에서 젠더 연구는 여성 운동과 맺었던 관계를 끊고 때로는 여성주의 정치와 충돌하기도 하였지만, 여성주의 정치를 통해 젠더고고학의 주요 담론에 강력하고, 분석적으로 틀이 잘 잡힌 개념 및 관련 주제가 도입되기도 하였다.

처음에는 성별을 생물학적으로 주어진 것으로, 젠더를 사회적 또는 문화적으로 구성된 것으로 구분하였다. 이러한 구분에서 전자는 비-문화적이고, 고정된 것이며, 과학적으로 측정 가능하고 문제될 것이 없는 것이었고, 후자는 특정 맥락에 따라 구성되는 것으로 여겨졌다. 이러한 구분이 지니는 실질적으로 도전적이고, 그리고 어느 정도 혁명적이기도 한 함의는 젠더는 문화로서 분석과 연구를 통해서만 명확히 이해될 수 있다는 것이다. 이는 분석적으로 유용한 진술이었으므로 상대적으로 쉽게 과학적으로 수용 가능한 것으로 보여지게 되었고(실증주의와의 관계에 대해서는 2장 참조), 성별과 사회적 행동에 대한 자연화된 가정에 도전하는 논쟁에 스며들 수 있게 되었다. 이를 통해 이전에는 당연한 것으로 여겨졌던 개인적·사회적 행동의 한 측면이 문제시 되어 현재는 연구의 대상으로 포함되었다. 또 주로 인접 학문의 영향을 받아 젠더는 사회의 구조화 원리이고 사회 조직과 변동의 근본적인 요소임이 인정되었다(Claassen 1992a, Conkey and Spector 1984, Sørensen 1992). 이것이 의미하는 바에 대한 실질적인 논의가 이루어진 적은 거의 없지만, 이러한 두 '획기적 발전'은 고고학에 큰 영향을 미쳤다.

성별과 젠더 사이의 관계의 정확한 성격에 대해서는 일치된 의견이 없지만, 젠더고고학에서는 거의 보편적으로 이러한 구분이 당연한 것으로 여겨졌다. 젠더고고학은 성별과 젠더는 별개의 범주이고 이러한 분리가 과거 분석에서 유지되어 과거에 대한 정보를 제공해야 한다고 주장함으로써 어느 정도 스스로를 정의한다. 이는 젠더 연구에 대한 가장 중심적인 이론적 진술 중 하나였다. 최근에는 이러한 구분의 실제적 적용과 정치적 결과에 관한 관심이 뚜렷해졌는데, 특히 성별이 지니는 문화적 차원으로 인해 성별의 존재론적 위치가 의문시되었다. 젠더고고학의 가장 중심적인 전제 중 하나였던 성별과 젠더 사이의 구분은 현재 성별의 특성 및 사회적 구성에서 성별이 담당하는 역할에 대한 인식에 급격한 영향을 줄 수 있는 방식으로 재평가되고 있다. 이러한 구분에 대한 그리고 선사시대 사회 연구에 어떻게 이를 건설적이고 분석적으로 적용할 것인가에 대한 본격적인 관심이 시급히 요구된다.

이에 대한 본격적인 논의에 앞서 이러한 구분은 몸과 마음에 대한 이원적인 개념을 통해 표현되고 그러한 개념을 표상하는 것으로 분석되고 있음을 인지할 필요가 있다. 예를 들어 게튼스(Gatens 1996: xii)의 논의는 두 가지 측면에서 젠더고고학에 중요하다. 첫째, 성별, 성애,

젠더가 공통적으로 같은 이원성 안에 내재되어 있거나 적어도 그로 인해 영향을 받는 만큼 이에 관한 현재의 논의의 특성 이해에 도움이 되는 배경적 지식을 제공한다. 이러한 세계관의 만연에 관해 그리고 그 자체도 구성된 것임을 인지하는 것은 이원성에 관한 관념으로부터 비판적인 거리를 유지하는 데 도움이 될 것이다. 특히 이는 차이의 구성에 초점을 두는 여성주의를 구하고 그러한 구성에 대해 생각하고 분석하는 방식을 해체하는데 유용하다(Scott 1990). 마음과 몸에 대한 이원적인 관념이 젠더 연구에 내재되어 있음을 인지함으로서, 어떻게 젠더와 성별 정체성이 편의적인 범주화에 노출되어 개인적으로 그리고 사회적 규범으로서 변화하는 삶에 지속적인 요소로서 지니는 의미를 상실하게 되는지가 명확해진다(Meskell 1996, Sofaer-Derevenski 1998 참조). 둘째, 우리 자신의 사회가 아닌 다른 이들의 사회를 연구하는 고고학은 기본적으로 남성 중심적 존재론뿐만이 아니라 종족 중심적 존재론에 특히 유의해야 한다. 본질적으로 데카르트적인 심신 이원론으로서 통상 제시되는 것이 서구 철학자들이 차이를 다루어 온 방식의 결과 나타난 것이라면, 그리고 명확한 철학적 구분을 위해 몸과 마음에 대한 관념이 대립적으로* 제시되어야 할 필요성에서 심신 이원론이 여성주의에 의해 더욱 과장되었다면, 그와 같은 이원론이 보편적으로 타

---

* 철학자 제임스(S. James)는 본질적으로 데카르트적인 마음과 몸의 분열에 대한 연장으로서 성별과 젠더 구분을 반복적으로 참조하는 것은 데카르트 주장의 일부를 왜곡한다고 주장하였다(1998년 3월 7일 '케임브리지 젠더 연구에 관한 심포지움'에서 발표된 S. James의 출판되지 않은 논문). 따라서 왜 페미니즘이 그렇게 지속적으로 데카르트를 참조해왔는지(e.g. Gatens 1996, Grosz 1994, Meskell 1996) 숙고해 볼 필요가 있다. 또 데카르트로부터의 이 '상속'을 해석함에 있어 왜 지금까지 그의 주장이 마음과 몸 사이의 관계에 대한 보다 미묘한 이해를 구성하였을 가능성을 간과해 왔는지를 생각해 보는 것도 흥미로울 것이다. 이전의 그리고 근본적인 관점에 대한 대립으로 위치할 새로운 접근의 필요라는 측면에서 철학적 '아버지'에 대한 참조와 그에 대한 반작용을 이해해 볼 수 있다.

당하다고 가정하는 것이 아니라 다른 사회들에서 어떻게 사고가 이루어지고 차이가 구성되는지를 의문시해야 한다.

성별과 젠더 사이의 구분이 고고학 모든 분야에 영향을 미친 것은 아니다. 여전히 이 두 용어는 서로 대체적으로 사용되기도 하고 잘못 사용되기도 한다. 이러한 가운데 성별과 젠더 사이의 차이에 대한 흔하고 일반화된 관념이 있다. '젠더'라는 단어의 사용 증대는 젠더고고학에 적극적으로 관여하지 않는 고고학자들에게까지 이 논쟁이 미친 미묘하지만 폭넓은 영향을 증명한다. 이에 젠더고고학에서 이 용어들이 어떻게 이해되고 있고, 이들에 대한 인지와 이들간의 상호관계가 어떻게 고려되어야 하는지를 명확히 할 필요가 있다. 분석적 틀의 담론적 발전에 참여하여 이를 고고학의 특정한 담론적 환경에 적응시키는 작업 또한 필수적으로 요구된다. 고고학이 일반적인 젠더 문제를 특정한 고고학적 주제로 '번역'하는 것에 비판적·건설적으로 관여하기 시작한다면, 이는 여러 젠더 협정의 특성과 기제에 관한 우리의 지식에 문제를 제기하여 그를 명확히 하기 위한 연구가 이루어지도록 자극할 것이다. 이를 통해 고고학은 현재적 상황과 직접적으로 관련된 영역 너머를 볼 수 있게 될 것이고, 낯설거나 예측하지 못한 특성들을 포함한 다양성에 대한 연구가 촉진되어 일반적인 사회적 현상으로서의 젠더에 대한 심층적인 이해가 가능해질 것이다.

성별이란 무엇인가? – 고고학에서 현재 진행되고 있는 논의들

'성별'이라는 용어는 주로 생물학적 특성을 지칭하기 위해 사용되어

왔는데, 일반적으로는 사람들의 재생산 능력에 관계된다. 이러한 측면
에서 성별은 DNA, 염색체, 또는 외부 생식기를 통해 정의될 수 있다.
이 중 염색체나 외부 생식기는 무엇이 성별, 성적 분화, 성적 정체성을
구성하는가에 대한 논의에서 현재 다양한 방식으로 강조되거나 의문
시되고 있다.

고고학에서 생물학적으로 주어진 것으로서의 성별은 가장 근본적
인 수준에서 신체의 물리적 특성의 관찰에 전적으로 기반한다. 이러한
관찰에서 선택된 특성은 모양, 신장, 체격 및 신체의 특정한 부분의 단
단함에서 나타나는 성적 차이에 대한 가정과 이원적인 성 범주에 대한
관념에 기반한다. 또 선사시대 인골의 성별 감정은 이들이 현대인과 유
사한 방식으로 성적으로 이분화된다는 가정에 기반하는데, 이는 가장
오래된 화석 기록에 대해 가정되기도 하였다(e.g. Hager 1997a: 10-15).
성별 결정에 사용되는 기준이 확장되어 출산의 증거라고 여겨지기도
하는 인골 마모 양상(e.g. Gejvall 1970) 등이 그러한 기준 중 하나로 쓰
일 수도 있는데, DNA 분석은 고고학 현장에서 아직 제한적으로 쓰이
고 있다.

성별 구분에 대한 위와 같이 안정적이고 명백히 과학적이며 객관
적인 관념은 최근 여러 학문 분야에서 비판되고 의문시되고 있다(그러
한 논의의 한 예로 Laqueur 1990 참조). 이러한 논의에서 나타나는 이
론적 주장은 고고학에서 성별과 젠더 사이의 구분이 유지되어야 하고
유지될 수 있는가, 그리고 이는 무엇에 관한 것인가에 대한 문제와 특
정한 관계를 가지고 있다. 특히 성별 자체가 문화적 구성물인지 아닌지
에 대한 문제가 비판의 초점이 되었다. 정신 분석, 여성주의, 탈근대주
의, 퀴어 이론의 다양한 영향을 받아서, 성별과 젠더에 대한 이분법적

인 관념은 경험과 행동으로서의 성별의 실재를 간과하고 그로 인해 동성애자들, 그리고 제 삼 또는 제 사의 젠더나 여타 특수하게 구성된 집단들을 분석에서 제외하는 결과를 낳는다는 주장이 제기되었다. 실제 성별은 맥락적 문제라고 보기도 하는데(Laqueur 1990), 또 다른 수준에서 이는 사회적 연구가 이러한 다양성을 간과함으로써 어떻게 권력과 지배에 대한 기존 구조 내에서 틀 지워지게 되었는가에 대한 논의로 이어졌다.

성별 구분을 위해 생물학적 변수를 사용하는 것에 대한 첫 번째 실질적인 비판은 노드블라드와 예이츠(Nordbladh and Yates 1990)에 의해 제기되었다. 이들은 생물학적 관점에서 보았을 때 단지 두 성별이 있는 것이 아니라 실제로는 두 양극 사이에 일련의 차이가 있다고 주장한다. 이는 '남성'과 '여성'으로 양극화한 분류는 관련 변이를 충분히 고려하지 않은 상태에서 임의적으로 이루어진 것임을 의미한다. 여기서 중요한 것은 성별은 이원적이거나 서로 겹치지 않는 별개의 범주라기 보다는 경험되고 학습되는 것이고, 각각의 문화는 나름의 성별 범주를 구성하여 개인의 인생 주기에 상이하게 관련시킨다는 점이다. 노드블라드와 예이츠는 이원적인 대립은 연속체 개념으로 대체되어야 한다고 주장하는데(ibid.: 222), 여기에서는 생물학적 차이가 사회적 인지 및 그에 대한 반응과 뒤섞여 개념화된다. 연속체라는 개념은 염색체 구성과 관련해서는 매우 적절할지 모르나 사회적 분석에는 적절하지 않은데, 성별에 대한 인지는 분화된 방식으로 구조 지어질 수 있기 때문이다. 어떤 사회가 생물학적 차이에 있어 세네 개의 성별 범주를 만들어 낸다 하더라도 구성 변수들과 관련된 연속체 개념은 그 사회가 부인, 억압 또는 인식하지 못하고 있는 것, 즉 그 사회가 어떻게 연속체에서 범주를 만들어 내는가에 관한 측면에서만 적절하다. 따라서 이들이 제시하는 접근은 사회적 관행과 문화적 실재라는 측면에서 만일 적절하다 하더라도 드물게 그러할 것이다. 이것이 바로 성별과의 관계에서 젠더가 지니는 요점인데, 젠더 구조나 범주는 어느 특정한 생물학적 실재에 따라서가 아니라 생물학이 무엇에 관한 것이고 어떻게 분류되어야 하는가에 대한 사회적 개념에 기반하여 만들어진다. 노드블라드와 예이츠의 주장은 문화적 관행에서의 변이라는 측면에서 성별에 관한 반성적인 개념을 도입하기 보다는 성별은 연속체로 구성되는 것이다라고 보는 듯하다. 이는 성별이 관찰되거나 경험되지 않은 생물학적 차이들에 의해 구성된다는 주장으로서, 그들 주장의 일부에서 그들은 세부적인 생물학적 변이를 통해 직접적으로 알 수 있는 성별 개념을 지칭하는 것처럼 보인다. 이러한 주장에서 문제가 되는 것은 성별의 존재가 아니라 성별을 분류할 수 있는 우리의 능력이다. 이들의 접근은 동시에 성별과 성적 정체성의 존재론적 단계를 의문시하고 존재론적 수준에서 그 구성을 문제시하는 라깡류의 정신 분석에 의해 뚜렷한 영향을 받았다. 여기서 문제가 되는 것은 성별의 독립적인 존재와 존재론적 상태이다. 위와 같은 영향이 스칸디나비아 암각화에 대한 예이츠(Yates 1991, 1993)의 해석에서도 발견되는데, 여기서 예이츠는 언어 습득을 통해 아이의 자아가 어떻게 구성되는가에 대한 개요를 제시한다. 그러면서 예이츠는 자아가 경험을 통해 인식한 성별은 젠더와 마찬가지로 문화적 구성물이라고 주장한다. 그에 따르면 성별을 표현하는 언어 습득은 성별에 대한 학습과 무관하지 않다(Yates 1993: 53ff).

성별에 대한 이해는 성별 담론에 의해 형성된다는 푸코 연구(Foucault 1978)의 영향을 받아, 성별을 경험으로 파악하는 보다 일반적인 경향과, 그에 따라 젠더보다는 몸과 성애에 초점을 두는 경향이 최근 고고학에서 나타났다(e.g. Knapp and Meskell 1997, Meskell 1996, Thomas 1996). 여러 논쟁에서 반복적으로 나타나듯, 요점은 '성별'이라는 범주 자체는 규율적 이상(Foucault 1978)이기 때문에 이는 허위적인 개념처럼 보인다는 점이다. 이는 규율적 이상에 관한 관찰에서 나타난 점에 대한 문제가 있는 해석인데, 특히 상이한 수준의 분석에 대해 혼동하고 있는 것으로 파악된다. 사회가 통상적으로 규율하고 규범화하는 인간 정체성 형성의 한 측면을 이해하기 위해 사용되는 분석적 범주로서 성별이라는 용어를 사용하는 것과, 그 용어는 성별에 대한 경험을 기술한다거나 무엇이 성별인지에 대한 설명의 영향을 받지 않은 객관적인 것이 될 수 있다는 가정 사이에는 분명한 차이가 있다. 성별과 성애에 대한 규제는 우리가 분석과 연구를 통해 명확히 하고자 하는 사회적 실재이다. 성별이 단지 생물학적이기 보다는 사회적이라면, 사회 분석에서 사용되는 용어로서 성별은 규정에 대한 함의를 포함할 것이다. 성별의 사회적 차원이 드러난 이상 성별이 규제와 관련된 정도가 부인되거나 간과될 수는 없다. 분석적 개념으로서 성별은 그 자체로서 성별에 대한 사회적 개념이 억압하는 변이를 어떻게 드러내야 하는지를 규정하는 용어가 아니라, 신체가 어떻게 이해되는가의 측면에서 규정적인 사회적 범주화 및 관행을 이해하기 위해 사용되는 용어이다. 성별의 다른 차원에 대한 논의에는, 예를 들어 성애에 대한 개인적 경험과 그에 대한 사회적 인가 사이의 긴장이 어떻게 표현되는가를 분석하기 위해 필요한 바와 같은, 관점의 전환이 수반된다. 성별이 규율적인 관행과 범주화 형태를 띠는 만큼, 규범적 이상을 지칭하는 '성별'이라는 용어에 대한 개념과 그 사용에 대한 비판은 오해를 낳을 소지가 많다. 그러한 비판에서 성별은 성별과 성애에 대한 개인적 이해와 경험에 관한 것이어야 한다고 보는데, 이는 별개의 문제라고 할 수 있다. 규율적 이상으로서의 성별이라는 관점에서 나타나는 문제는 또 다른 수준의 문제와 연관되는데, 이러한 규정이 이미 내재되어 있는 개념을 통해 규범적이고 규율적인 관행을 비판적으로 분석할 수 있는지 아닌지를 문제시해야 하기 때문이다. 그러나 이는 지식의 가능성에 대한 보다 일반적인 인식론적 문제와 관련된다. 특정한 의미와 기대가 분석을 위해 사용되는 언어와 용어에 이미 내재되어 있다는 문제는 단순히 성별 범주를 해체하여 해결될 수 있는 것이 아니다. 성별 범주 해체는 규범적 기제와 이상 구성에 대한 보다 복합적인 이해를 제공하기 보다는 특정한 언어와 용어 사용으로 인해 억압되는 것으로 분석의 초점을 옮기기 때문이다.

강조점에 있어서의 이러한 변화는 현재 일어나고 있다. 젠더나 성별보다는 성애에 대해 증대되는 관심으로 인해 성애의 사회적 측면보다는 개인적 경험으로서의 측면이 선험적으로 우선시 될 위험이 있다. 이러한 과정에서 사회적으로 승인된 '규범성'이 어떻게 생성되는지에 대한 핵심적 질문뿐만이 아니라, 관습은 생성되는 것이고, 관습이 기대와 행동에 얼마나 강한 영향을 미치는가라는 점이 간과된다. 다시 말해 이에는 모든 성적 감정과 경험이 사회적으로 동등한 것으로 제시될 위험이 따른다. 성별, 성애, 폭력, 억압, 지배 사이에 형성되어 있는 사회적으로 실재적이며 밀접하면서도 복합적인 관련성에도 불구하고, 현재의 정치적 이데올로기의 영향을 받아 욕구되는 동일성이라는 관점에서 모든 성적 감정과 경험이 조망된다. 이로 인해 성애, 즉 성적인 감각과 관행은 성적 정체성 부여에 있어 물리적 특성에 우선한다고 쉽게 가정된다. 이는 개인과 사회 사이에서 나타나는 역동적인 성질에 관한 것이면서도, 기본적으로 사회적이고 문화적으로 구성되는 젠더라는 관점에서 자아 정체성과 관련된 개인적 구성으로서의 젠더로 주의를 옮긴다. 성적 정체성과 성별에 따른 구성에 있어서의 생물학적/신체적 그리고 심리적 변이에 대한 인지가 사람들에게 마찬가지로 강력한 영향을 미치는 사회적 요인과 규범적 경향에 대한 간과로 이어져서는 안 된다. 물론 개인과 사회는 무관한 것이 아니나, 이들은 상이한 이해 및 연구의 초점을 제공한다. 개인에 대한 현재의 거의 강박적인 관심은 현대인에게 자아 정체성이 지니는 의미에서 비롯된 것일 수 있다(Shilling 1993). 그러나 이는 사회 분석 일반과 역사 연구에서 그다지 건설적인 접근이 아닐 수도 있다. 특히 이는 일련의 증거에 대한 비판적 관여라는 측면에서 고고학자들이 다루는 과거와 같이 다른 문화와 장소에 대해 본질적으로 제한된 이해를 낳는다. 성애에 대한 현재의 논의와 주어진 생물학적 범주로서의 성별에 대한 비판이 매우 유용하고 중요한 것이기는 하지만, 이들은 또한 사회적 성 역할 부여를 성애에 대한 개인적 경험으로 대체하는 전적으로 바람직하지만은 않은 경향을 낳고 있음을 깨달아야 한다. 이러한 초점의 이동에서 두 가지 상이한 종류의 실재가 혼동될 위험이 있다.

성별은 사람들 사이의 구별이라는 측면에서 공통적으로 구성, 이해, 반응되고, 이들은 보통 몇몇 또는 단 둘의 성별이라는 관점에서 해석된다는 인식이 고고학에서 건설적으로 유지될 수 있다. 여기서 두 가지 또는 몇 가지가 되었든 상이한 범주의 성별에 대한 관념은 젠더와 권력에 대한 전투의 맥락 내에서만 설명 가능하다는 라퀴에(Laqueur 1990: 11) 주장의 함의를 고려해 볼 만하다. 성별의 구성과 성별에 대한 이해는 그 담론적 환경에서 분리될 수 없다는 푸코(Foucault 1978)의 주장에서 나타나는 사회적 강조 또한 흥미롭다. 이 두 글이 서로 다른 주장을 뒷받침하기 위해 사용되기는 하지만, 성의 사회적 · 담론적 측면에 대한 그들의 공통적인 강조는 생물학적으로 주어진 것으로서의 성별에 대한 비판이 유동적인 정체성이나 완전히 실존주의적인 문제로서의 성별이라는 결과로 나아갈 필요는 없음을 보여준다. 실제로 여러 논의들이 이러한 방식으로든 저러한 방식으로든 구성성의 개념으로 돌아오는 경향이 있다. 따라서 핵심적인 문제는 성별이 사회적 범주화에 종속되느냐 아니냐가 아니라, 그 구성이 무엇을 지칭하는가, 그래서 성별이 개인적 · 사회적으로 생성되고 인지됨에 따라 어떠한 사회적 기반에서 사람들 사이의 특정한 차이가 강조되는가이다. 그러므로 버틀러(Butler 1990)나 라퀘에(Laqueur 1990)의 견해처럼 성별과 젠더 모두 사회적으로 유사하게 구성된다는 주장이 반드시 성별과 젠더가 같음을 의미하는 것은 아니고, 양자의 의존성과 상호관련성을 직접적으로 나타내는 것도 아니다(Laqueur 1990). 예를 들어, 분홍색 주름 장식은 현재 여러 사회에서 여성성과 밀접히 연관되지만 이는 성적 정체성과 어떠한 필연적인 관계도 가지고 있지 않다. 두 정체성이 서로 엮여 있으면서도 서로 다른 것이라는 점은 누군가가 분홍색 주름 장식 옷을 입으면 더욱 명확해진다. 이 사람의 사회적으로 인지되는 성별에 따라, 여성적인 옷을 입은 여성 또는 남성이라는 두 가지 상이한 해석이 제기될 수 있지만, 남성의 옷을 입은 남성으로 보여지지는 않을 것이다. 이처럼 젠더와 성별은 서로 연관되어 있으면서도 서로 다르고, 인간 행동의 상이한 측면과 관련되고 그에 영향을 미친다.

위와 같은 비판은 흥미로운 발전이고 종종 급진적인 정치적 어젠다와 연관되지만, 동시에 사회적인 젠더 연구의 핵심 주제와 근거에 잠정적인 위협이 된다. 또 다른 문제는 최근에 사회과학에 알려진 형태로서의 성애에 대한 연구가 이성애든 동성애든 남성 중심적인 성격을 띠고 남성 중심적인 경험을 담론과 해석에서 우선시한다는 점이다. 예를 들어, 라깡의 영향을 받은 연구와 같은 어떤 접근들에서는 여성을 '결핍'으로 보는 아리스토텔레스적인 관념이 다시 도입된다(Gatens 1996: vii). 이에 성애에 대한 현재의 비판은 젠더 연구에 대한 관심을 중대시키면서도, 동시에 개별화된 남성의 경험을 세계에 대한 중심적인 관점으로 재도입함으로써 젠더 연구에 잠정적인 위협을 제기한다. 여성주의적 관심과 성애의 이해에 대한 남성적 '전유' 사이의 이러한 충돌에 대한 대응으로서, 젠더 연구와 여성주의에서는 여러 대안적 경로가 모색되고 있다. 예를 들어, 게튼스 등은 집단적 신체라는 개념을 도입하였는데, 이러한 집단적 신체는 정신 분석 이론의 개인주의를 통해서는 건설적으로 분석될 수 없어 사회적인 측면이 그 분석 기반으로 유지된다(Gatens 1996: xii).

탈근대성에 대한 심리적 경험에 내재되어 있는, 사회와 분리되어 현저하게 개인주의적이고 파편적인 성애에 대한 관념이 과연 선사시대 사회에 적절한 것인가 하는 점 역시 고고학적으로 문제가 된다. 성별과 성애에 대한 논의의 문화적 차원을 평가하기 위해 성별화된 사람보다 성애화된 개인에게 보이는 지나친 고고학적 관심은 선사시대 삶에 적용하기에 부적절한 것일 수 있다는 점을 고려해야 한다. 성애에 대한 현재 관심의 남성 중심적이고 종족 중심적인 차원은 현재의 사회적인 것보다는 개인적인 것에 대한 관심과 결합하여 이러한 문제가 오직 주변적인 측면에서만 젠더고고학에 관련된 것으로 만든다. 이러한 논의들이 간과되거나 완전히 거부되어서는 안되더라도 '신중하게 다루어질' 필요는 있다.

따라서 성별과 그 사회적 중요성은 정신 분석의 영향을 받은 것과 다른 방식으로 다시 고려될 수 있고, 이때 사회적 구성물로서 젠더에 대한 초점을 유지하는 사회과학 논의 중 일부는 젠더 연구의 발전을 위해 유익할 것이다. 예를 들어 사회적 또는 집단적 몸에 대한 게튼스(Gatens 1996)의 논의는 흥미로운 대안적 관점을 제공한다. 게튼스는 각 개인이 자신의 몸과 맺는 특권적인 관계에는 그 구성에 대한 특권이 포함되지 않는다' 는 점을 지적하였다(ibid.: 35, 강조는 원저자에 의함). 이는 신체는 성별화되고, 사회는 '그것의' 신체를 상이하게 성별화된 것으로 인지함을 의미한다. 또 게튼스는 그에 반하는 경우가 있고 개인적 경험과 일치하지 않을 수도 있지만, 사회는 신체를 일반적으로 여성과 남성의 변이로 본다는 점을 고려하는 것이 중요함을 지적하였다. 이는 염색체나 개인적 심리와 같은 변수에 의해 제시되는 다양성은 젠더 차이의 유지에 대한 연구와 같이 사회에 대한 고고학적 분석의 대부분에 본질적으로 무관함을 나타낸다. 성별화된 사회적 몸이라는 개념은 젠더 해석에서 유용하게 쓰일 수 있는데, 이렇게 이해된 성별은 중립적이지 않고 따라서 쉽게 분리되고 범주화될 수 있으며, 그렇다고 개인적이지도 않기 때문이다. 따라서 젠더는 성별화된 신체에 단단히 붙어있을 것이다. 비록 나중에 논의될 것처럼 젠더는 생물학을 훨씬 넘어서는 것이기는 하지만 말이다.

인골의 물리적인 성별 감정과 함께, 고고학자들은 통상적으로 성별과 문화적 관행이나 사물 사이의 상응에 대한 가정을 통해 선사시대인들에게 성별을 부여한다(e.g. Gibbs 1987). 이는 맥락적으로 결정된 성별 지표라고 불릴 수도 있다. 이러한 관행은 물론 성별과 행동 사이의 규범적 연관에 관한 가정에 기반한다. 이는 고고학의 새로운 측면이 아닌데, 2장에서 논의된 것처럼 여러 사물을 '성별'에 귀속시키는 것에 관한 열띤 논쟁이 19세기 고고학 문헌에서 이미 발견되고, 규범적인 범주화는 전시에서 사물의 식별에 이르기까지 고고학 전체에 영향을 미쳐왔다. 이처럼 성별과 사물 사이의 연관성에 대한 가정은 고고학 내에 깊이 자리잡고 있다. 실제로 고고학적인 방법을 통한 성별 결정이 생물학적인 방법을 이용한 것보다 신뢰할 만한 것으로 여겨지는 경우가 많다. 무덤 내 칼의 존재는 그 무덤을 남성의 무덤으로 만들고, 이러한 결정을 바꾸기 위해서는 매우 설득력 있는 생물학적 논의가 필요하다. 이에 대한 대표적인 예로 스웨덴 바룸의 유명한 중석기시대 무덤을 들 수 있다. 무덤에서 부싯돌날이 발견됨으로써 이 무덤은 남성의 무덤으로 해석되었는데, 이러한 해석은 피장자가 여러 번 임신하였다는 사실이 인골 자료에 기반하여 증명되었을 때까지 유지되었다(Gejvall 1970). 프랑스 빅스의 부장품이 풍부한 철기시대 무덤도 이와 유사한 경우에 해당한다. 전통적으로 여성과 결부되는 '여성의' 인골과 사물의 발견에도 불구하고 이 무덤을 여성의 무덤이라고 인정하는 것에 대해 상당한 거부감이 있었고, 이에 여성의 무덤이 아니라 복장 도착자인 사제의 무덤이라는 등의 해석이 제기되었다(이에 대해서는 Arnold 1991, 1996: 156 참조). 성별과 물질문화 사이의 연관에 대한 이러한 통상적인 가정은 한편으로는 관행과 규범을 통해 표현되는 정체성으로서의 젠더에 대한 관념이 고고학 관행에 적합한 것임을 나타내고, 또 다른 한편으로는 우리가 보고 있는 것이 젠더인지 성별인지에 관해 어느 정도 혼란을 야기한다.

마지막으로, 지금까지 제기된 문제의 범위와 복합성을 고려한다면, 이러한 상이한 주장에 대한 고고학의 반응은 위계적으로 지시되어서는 안 되고 지시될 수도 없음을 인정해야 한다. 성별은 기존에 가정되었던 것과 같이 우리의 생물학적 특성이나 정체성의 쉽고 명확한 측면이 아님을 이해해야 한다. 성별 그 자체는 적어도 어느 정도 담론의 영향을 받고 문화적으로 구성된다는 주장이 설득력 있게 받아들여지지만, 이러한 측면이 물리적인 생물학적 특성과 어떻게 관련되고, 성별과 젠더 사이의 구분에 어떠한 영향을 미치는가에 대해서는 커다란 불일치가 있다.

젠더란 무엇인가? – 현재의 논의와 고고학적 관행

젠더는 행동에 젠더화된 의미를 부여하여 그러한 행동에 영향을 미치는 일련의 가치로서 이해될 수 있다. 이러한 의미를 통해 여성성과 남성성, 여성 또는 남성이라는 것이 무엇을 의미하는가에 관한 문화적으로 구체적인 관념들과 그에 대한 여러 변이가 구성된다. 이러한 의미들은 규칙을 통해 생성되는데, 배제와 관련된 것들, 정상성과 가치에 관한 것들이 특히 그러하다. 이들은 의례화된 담론적 관행과 비-담론적 관행을 통해서뿐만이 아니라 사물을 통해 표현되고 유지된다. 전복의 주체이자 '일탈'에 관한 초점을 제공한다는 점 역시 젠더의 특징이다. 따라서 젠더는 결코 정적인 것이 아니고, 지속적으로 재협상, 승인, 유지되어야 하는 것이다. 젠더의 형태와 의미는 변형될 수 있으므로 전이적인 것으로 고려될 수 있다. 이는 젠더는 역동적임을 의미하고, 이를 통해 젠더 정체성, 역할, 관계, 이데올로기, 정치가 나타난다. 젠더는 행동과 이해에 영향을 미치고 사물을 사용하지만, 젠더 그 자체는 어떠한 형태나 실재물도 가지고 있지 않다. 젠더는 오직 여성이나 남성에 관한 것만도 아닌데, 젠더는 역동적이고 협상 가능한 차이라는 측면에서 본 사람들의 관계에 관한 것이다. 따라서 젠더는 사회가 어떻게 자신을 조직하고 개인들이 어떻게 자신들을 이해하는가에 관한 기본적 측면이다. 젠더는 또한 상이한 형식의 노동 조직 뒤에 있고 상이하게 구성된 사람들 사이의 관계에 근본적인 영향을 미친다. 따라서 젠더는 사회가 어떻게 파악되고 기능하는가에 있어 기본적이고 근본적인 요소이다. 젠더 자체가 사회에 의해 구성되므로 젠더는 그러한 과정에서 결정적이지도 반드시 주요하지도 않지만 말이다. 젠더는 통상 구조로 여겨지지만, 위와 같은 측면에서 공동체 내의 역동성으로 인지하는 것이 보다 건설적일 것이다. 젠더는 관찰될 수 없는데, 단지 젠더의 효과가 느껴지고, 추적되고, 연구될 수 있을 뿐이다.

젠더에 대해 제기된 가장 흔한 비판은 젠더는 계급, 연령, 인종에 따른 차이보다 젠더를 구조화 원리로 우선시 한다는 점이다. 또 여성의 광범위한 종속 문제에서와 같이, 젠더 관계가 보편적인 특징을 지니는가에 관해 많은 논의가 이루어졌다. 이보다 덜 명확하지만 그럼에도 불구하고 이와 관련된 문제는 젠더가 항상 담론 안에 존재하는가, 젠더의 목적이 무엇이고 어떻게 구성되는가이다.

고고학에서는 이러한 문제들 중 일부에 대해서만 본격적인 논쟁이 이루어졌는데, 사회학에서 현재 강조되고 있는 젠더 정체성에 대한 자기 인지와, 정신 분석과 사회학에서 주관성과 체화에 대한 관념에 보이는 관심은 어느 정도 주목을 받았다. 이러한 논쟁에 대한 반응은 한

정적인 것이었지만, 고고학 내에 존재하는 상이한 관점들에 대한 구별은 가능하다. 예를 들어, 소파에-데레벤스키는 이러한 강조를 고고학의 문제로 간주하는데, 개인에 초점을 둔 체화된 주관성 개념을 고고학적으로 적용하는 데에는 한계가 있기 때문이다. 고고학이 과거의 개인을 가장 직접적으로 만나볼 수 있는 맥락인 매장 관행과 관련하여, 소파에-데레벤스키는 무덤과 그 맥락을 주관적인 정체성에 대한 논의와 직접적으로 관련된 것으로 보기 보다는 개인에 대한 사회의 지각이 구성되는 사회적 영역으로 보는 입장을 지지한다. 따라서 무덤 관행에서 관찰되는 젠더 관계는 대개 '젠더 정체성과 젠더에 적합한 행동에 대한 집단적 관념'과 관련될 것이다(Sofaer-Derevenski 1998). 이는 앞서 살펴본 게튼스의 집합적 몸에 대한 개념과 어느 정도 유사성을 가지고 있는 고고학적 접근이다. 다른 한편 메스켈 같은 학자는 개인이라는 개념을 고고학 분석에 포함하기 위해 노력하면서, 무덤은 체화된 주관성의 표현으로 이해될 수 있다고 제안한다(Meskell 1996, 1997).

젠더에 대한 고고학적 논의를 더 살펴보기 전에, 젠더는 발굴될 수 없는데, 이는 방법론상의 문제가 아니라 젠더의 존재론적 특징에 관한 문제라는 점이 강조되어야 한다. 젠더를 구성하는 몸의 고유한 특징은 없고 젠더를 포함하는 고유한 사물도 없다. 젠더라는 문화적 구성물의 성격이 본격적으로 논의된 경우는 드물고, 젠더는 기본적으로 다른 특성들로부터 가정되거나 추론된다. 이러한 경향은 매장 연구를 통해 잘 살펴볼 수 있는데, 여기서 고고학자들은 성별과 함께 젠더를 가지고 있는 개인들과 마주한다. 이러한 차원이 어떻게 식별되고 이해될 수 있을까? 우리는 어떻게 이 차원들을 서로 뒤섞거나 범문화적으로 통용될 것이라 상정되는 가정을 통해 이들을 식별하는 것을 피할 수 있을까?

실전에서는 성별이 고고학적으로 관찰될 수 있는 유일한 변수임을 받아들이거나, 부장품이나 무덤 관행에서의 차이를 통해 젠더를 식별하려는 경향 등이 발견된다. 이때 동일한 변수가 한 사람의 성별과 젠더를 정의하기 위해 공통적으로 사용되는 경우가 많은데, 이는 분명 문제가 있다. 물론 부장품이나 다른 변수가 한 사람의 여러 상이한 차원을 구성하고 소통하는데 동시적으로 사용되었을 수 있다. 그러나 이러한 정체성들이 별개의 담론을 통해 형성되었기 때문에 그러한 사물들은 상이한 방식으로 이용되었을 것이다. 따라서 중요한 문제는 한편으로는 성별과 젠더 사이의 관계에 물질성이 어떻게 개입되는가, 그리고 또 다른 한편으로는 한 맥락 내의 동일한 변수가 어떻게 한 사람의 여러 차원을 나타내는가에 관한 것이다.

성별과 젠더 사이의 관계에 대하여

성별과 젠더 사이의 구분이 일반적으로 받아들여지고 있음에도 불구하고 양자의 관계가 명확히 정의되고 충분히 이론화되어 제시된 경우는 드물다. 이에 관해서는 여러 관점이 있는데, 완전히 의존적인 관계로 파악하거나, 정도의 차이는 있지만 서로 분리된 것으로 파악하는 입장으로 구분해 볼 수 있다. 세이어(Sayers 1982: 3)는 이러한 두 극을 '생물학적 본질주의'와 '사회적 구성주의'로 특징지었다. 전자는 성별과 젠더 사이에 직접적인 관련성을 상정하고, 그 특성이 상이한 수준에서 표현될 수 있는 여성의 본질이 존재하는 것으로 본다. 이러한 관점은 예를 들어 생물학적 성별에 기입되어 있는 문화적 코드 체계로서 젠더를 파악하는 입장에서 찾아볼 수 있다(Maurer 1990: 414; Lesick 1997: 34). 한편 사회 구성주의 내에서의 여러 관점은 생물학적 성별이 젠더에 미치는 영향은 간접적이고 사회에서 성별이 해석되고 이해되는 방식을 통해 중재된다고 주장한다. 여성주의에서는 두 가지 견해가 모두 옹호된다.

최근에 나타난 세 번째 관점에서는 성별과 젠더 사이에는 어떠한 차이도 없다고 본다. 예를 들어, 버틀러(Butler 1990: 7)에 따르면 성별은 항상 이미 젠더화되어 있는 것이다. 고고학에서 유사한 주장이 성별에 대한 노드블라드와 예이츠의 논의 중 정신 분석적인 영향을 받은 부분에서 발견된다(Nordbladh and Yates 1990). 그 내용에 있어 약간의 차이는 있지만 결론적으로 유사한 주장이 무어(Moore 1994: 14)에 의해서도 제기된 바 있다. 무어는 성별과 젠더가 체화된다는 것은 이들이 모든 사물에 영향을 미쳐 양자 간의 구분이 불가능해짐을 의미하고, 따라서 결론적으로 양자는 같은 것이라는 입장을 보인다. 고고학에서 유사한 관점이 메스켈(Meskell 1996)에 의해 제기된 바 있다. 메스켈은 무어의 견해에 동조하며 서로 다른 신체를 구분하기 위해 성별을 사용하고, 사회적 구성이 그렇게 분화된 신체에 부여한 변수를 나타내기 위해 젠더를 사용하는 것은 교차 문화적 분석을 명확히 하기 보다는 모호하게 한다고 주장한다(ibid.: 3). 몸에 대한 여러 여성주의 접근과 이들이 고고학과 갖는 관계에 대해 언급을 하면서, 메스켈은 정신 분석적 여성주의자뿐만이 아니라 사회 구성주의론자들과 맑시스트들도 비판한다. 성별이 고정되어 있다는 가정 하에 젠더와 그에 상응하는 문화적 의미 및 가치에 초점을 둔다는 점에서 말이다(ibid.: 4). 더 나아가 메스켈은 신체와 문화 사이의 순환적 관계를 인정하지 않았다는 이유로,

버틀러와 게튼스로 대표되는, 생명을 지닌 몸과 성적 차이에 관심을 둔 집단을 비판한다. 이처럼 상이한 입장에 대한 메스켈의 검토는 분명 흥미로운 것이다. 비록 그녀의 의견과 비판이 고고학적 문제와 어떻게 관련되는지 불분명하고, 그녀의 주장 역시 비판에서 완전히 자유로울 수는 없지만 말이다. 예를 들어, 메스켈이 사회 구성주의와 결부시키는 젠더에 대한 분석적 강조가 반드시 신체가 생물학적으로 결정되고 고정된 것으로 이해됨을 의미하는 것은 아니다. 젠더에 대한 분석적 강조는 위 두 차원이 놓여질 수 있는 관계에서의 차이와 이들이 어떻게 틀지워지고 규정될 수 있는지에 대한 것이다. 예를 들어, 성별 구성과 인지에 대한 사회적·문화적 영향뿐만이 아니라 개인의 일생을 통한 성적 정체성의 변화 때문에 젠더 구성에는 개인적인 시간적 차원이 관여되어 있다는 인식이 확산되고 있다. 성애 내에서의 변이성이 위에서 언급된 접근에서 간과된 것은 사실이다. 주요한 차이점은, 성별과 젠더가 서로 어떠한 관련을 갖는지가 분명하지 않다 하더라도, 성별과 젠더가 독립적인 정체성이 아니라는 점에 어떠한 중요성이 부여되는가에서 나타난다. 그러나 고고학에서 성별 없이 젠더를 고려할 수 있는 능력은 중요하다. 성별과의 관련성에도 불구하고 젠더는 성별과는 상이한 방식으로 체화되기 때문에 성별과 다르다. 또한 젠더가 성별이나 성애를 통해 직접적으로 도달할 수 없는 부분에서 행동에 영향을 미치고 의미에 스며드는 방식을 고려할 때 양자의 차이는 분명해진다.

생명이 있는 몸이라는 사고에 초점을 두는 접근에 대한 메스켈의 비판은 개인이라는 특정한 수준에서 출발한다. 그러나 위에서 논의되었듯이 개인에 대한 현재적인 관심이 고고학과 같이 본질적으로 역사적인 연구에 어떻게 생산적으로 적용될 수 있을 것인지, 고고학 자료의 잠재성을 고려할 때 그 유용성이 무엇일지는 회의적이다. 메스켈의 주장은 고고학에 대한 도전이기는 하지만 젠더에 대한 학문적 이해와 관련하여 지속적인 해결책을 제시하지는 않는다. 성별과 젠더에 대한 문제를 사회를 개인으로 대체하여 해결하려는 것은 차이가 어떻게 이해되는가에서 나타나는 문제를 간과하는 것이다. 이보다는 이러한 개념에 대한 최근의 여러 검토에서 나타나는 젠더 및 성 정체성과 결부된 이분법의 해체로 나아가야 한다. 예를 들어, 버틀러(Butler 1993), 게튼스(Gatens 1996), 무어(Moore 1994), 스콧(Scott 1990)의 주장은 대립에 대한 전통적인 관념으로 돌아가지 않고도 차이를 이해하고 연구할 수 있는 방식을 제시한다.

차이에 대한 개념화를 이해하고 발전시키는 것에 관한 강조는 젠더고고학의 발전을 위해 흥미로운 도전을 제공한다. 차이(들)의 현존이나 의미를 부인하거나 희석시키기 보다는 차이(들)에 대한 건설적인 사회적 분석을 가능케 하는 개념틀을 발전시킬 필요가 있다. 이는 또한 비교 및 관계의 문제가 자동적으로 위계의 문제가 되는 것을 피하는데 도움이 되는데, 이를 통해 고고학 기록에서 어렴풋이 인지된 여러 양상과 잘 부합하는 다양성과 구조가 부각된다. 대립과 균형이라는 측면에서가 아니라 상이한 종류의 차이에 대한 인지 그리고 그에 대한 평가와 표현을 통해 고고학적 분석을 구조지음으로써 그러한 표현에 대해 연구할 수 있는 독창적인 사고와 실질적인 가능성이 고고학에 나타날 수 있다. 고고학적으로 봤을 때, 그리고 선사시대 젠더 관계 연구에 적절한 지식을 주장할 수 있는 능력에 관심이 있는 필자에게, 차이는 여전히 중심적인 문제이다. '보편적인 집단보다는 맥락화된 개인적 몸에 대한 이해가 고고학 분석에 보다 적절한 수준을 제공할 것이다'(Meskell

1996: 5)와 같은 제안에서도 개인과 사회 사이의 역동성이 인정되기는 한다. 개인을 이런 식으로 전방에 두는 것은 '뜨거운' 해석을 낳을 수 있고, 메스켈이 분석한 이집트 무덤과 같은 특정한 경우에는 개인들이 특정 맥락 내에서 구성되는 다양한 방식을 이해할 수 있다(Meskell 1996: 6). 그러나 이러한 접근에서 '나'는 '우리'의 일부로 연구되지 않고, 개인이 인위적으로 고립된다. 이러한 접근은 또한 제도와 구조로서 사회에 대한 분석이나, 이데올로기이자 규범적이고 규정적 과정으로서 젠더 분석에 대한 어떠한 지침도 제공하지 않는다는 점에서 한계가 있다.

생물학적으로 주어진 성별이라는 개념에 대한 비판이 있은 후, 성별에 대한 젠더의 관계를 과소평가하거나 중성화하지 않고, 성별의 사회적 차원을 환원하거나 부정하지도 않는 방식으로 젠더 이해가 이루어져야 함이 명확해졌다. 이에 생물학적으로 주어진 정체성과 사회적으로 구성된 정체성 사이의 대립이라는 관점에서 이루어진 성별과 젠더 사이의 구분이 적어도 이론적 수준에서는 유지될 수 없는 학문 내 지점에 이른 것으로 보인다. 그러나 라퀘에(Laqueur 1990)와 버틀러(Butler 1993)처럼 성별과 젠더 사이에 아무런 차이가 없다고 주장하는 것은 건설적이지도 정확하지도 않은 것처럼 보인다. 양자의 차이를 뒷받침할 수 있는 더 이상의 주장이 제기될 수 없다 하여도, 우리의 젠더화되고 성별화된 삶을 둘러싼 복잡한 의미와 중요성의 망을 더 잘 이해하기 위해 이러한 구분이 필요하다는 인정이면 충분할 것이다. 또 젠더의 물질성, 즉 사람들의 삶에 젠더가 미치는 실질적이고 물리적인 효과에 초점을 둘 때, 얽히고 설켜 있는 성별과 젠더라는 인간 존재의 두 차원 사이의 관계는 단순 명료하지 않음을 깨닫기 어렵지 않다.

성별과 젠더 사이의 관계가 기존에 제기된 젠더 관계에 대안적인 것처럼 보이는 관찰 결과를 도입한다고 해서 명확해지는 것도 아니다. 예를 들어 어떤 문화에는 제 삼의 젠더가 있다, 자웅동체가 존재한다, 젠더 이데올로기는 이원적이기보다는 다원적이다, 모든 문화가 남성적-여성적인 구분에 의해 형성되는 것은 아니다 등의 관찰 결과들 말이다. 이러한 대안적인 배열들은 대개 성별은 젠더와 무관하다는 주장을 하기 위해 인용되지만(e.g. Lesick 1997: 34; Lingis in Meskell 1996: 3), 이는 성별-젠더 역동성이 반드시 이원적이어야 한다는 가정 하에서만 타당성을 지닌다. 이러한 한계는 개념에 내재하는 것이 아니라, 우리의 창의성이 부족한 탓이며 우리 자신의 특정한 문화적 맥락에 우리가 묻혀 있는 정도 때문에 나타난 것이다. 성별-젠더 관계에 대한 단순하고 이원적인 해석이 조장되는 것은 이 때문이지 사회적 실재가 그러하기 때문이 아니다. 성별과 젠더 사이의 이원적 관계에 반대하는 주장에서 지칭되는 차이는 성별-젠더 배열의 변이성을 증명할 뿐이다. 이러한 연구들은 성별과 젠더 사이의 관계에 대해 자세하게 언급하는 대신 규범에 있어서의 차이를 드러내는데, 여기서는 개념의 분석적 능력이 우리가 어떻게 그들을 해석하는 경향이 있는지와 혼동되고 있다 (e.g. Lesick 1997: 33). 그러나 이처럼 다양한 경험적 관찰에 기반하여 이원적인 성별-젠더 관계를 거부하는 고고학자들은, 고고학은 성별 및 성 역할과 독립적으로 젠더를 인지할 수 없으므로 성별과 젠더 사이의 구분을 유지하지 말아야 한다고 주장하는 고고학자들과 근본적으로 다른 논리를 사용하고 있음을 인지하는 것이 중요하다(Claassen 1992b: 3).

성별과 젠더 사이의 관계에 대한 공통적 가정이 무엇인지를 조사함으로써 이러한 논의에서 고고학의 입장이 다소 명확해질 수 있을 것이다. 우리는 이러한 차원이 그 존재를 위한 상이한 목적과 상이한 이유를 가지고 있다고 믿는가? 왜 우리는 젠더를 가지고 있는가? 젠더가 필요한가? 이러한 문제들을 염두에 두고 문헌에 접근한다면, 일련의 변이를 발견하여 그러한 변이 내에서 일정한 양상을 추출할 수 있을 것이다. 예를 들어, 젠더에 성 역할과 다른 일정한 사회적 목적을 부여하는 경향이 있다. 이러한 점이 분명히 강조되는 것은 아니지만, 어떤 의미에서 젠더는 이유를 가지고 있는 것, 기능적인 것으로 이해된다. 예를 들어 콘키와 게로(Conkey and Gero 1991)는 젠더는 사회 구성원들에게 일을 분담하기 위한 일차적 목적을 가지고 있는 사회 구조라고 제안한다. 젠더와 노동 분업이 연관되어야 할 구체적인 이유에 대해서는 다르지만, 양자의 연관에 대한 강조는 사실 매우 흔하다(자세한 논의를 위해서는 Sofaer-Derevenski 1998 참조). 다른 이들은 이를 적절한 성적 파트너를 찾는 수단으로 본다(Claassen 1992b: 3-4). 차이의 생성에 대한 초점이나 젠더 이데올로기는 사람들을 상이하게 만들고자 한다는 주장(e.g. Sørensen 1997)도 이러한 관점과 연결될 수 있다. 이처럼 젠더가 기능이나 이유를 가지고 있다는 가정은 특정한 긴장을 불러일으킨다. 일단 젠더가 기능을 가지고 있다고 가정하면, 그러한 기능을 보편적인 것으로 보게 되기 쉽다. 이는 젠더의 사회적 구성은 젠더는 이미 거기에 있기 때문에 반드시 젠더 자체에 관한 것이 아니라 그 형태와 표현에 관한 것임을 의미한다. 그렇다면 젠더는 성별화된 사회적 신체에 대한 인지와 밀접히 연관된 사회의 보편적 특성이고, 담론에 의존하는 것은 젠더의 표현과 형태, 다시 말해 그 맥락적 구성인지를 물어야 한다. 젠더는 구조이자 사회적 관행이고, 이러한 두 차원은 상이하게 환기된다. 젠더 개념이 지니는 복합성을 구체적으로 다 서술할 수는 없으나, 그것이 해석에 영향을 미치는 방식을 통해 짐작해 볼 수 있다.

또 다른 경향은 젠더를 전적으로 반영적인 것으로 보는 시각인데, 이 역시 고고학에서 흔히 발견된다. 예를 들어서 콘키와 스펙터(Conkey and Spector 1984)는 상징적 행동이라는 측면에서 젠더를 강조하였고, 깁스(Gibbs 1987, 1990)와 마찬가지로 젠더를 성 역할에 대한 사회적 정의이자 문화적 정교화로 본다. 이러한 접근은 젠더는 성에 부차적이다는 결론에 이르기 쉽다. 이는 때로 젠더는 구조이거나 원리라기 보다는 효과라는 주장으로 이어진다. 더 나아가 이는 젠더는 무언가의 효과임을 시사하는데, 여기서 무언가는 관행이나 권력 관계에 뿌리를 내린 것이기 보다는 성별로 인지되는 경향이 있다. 이를 통해 젠더는 성별에 대한 사회적 인정과 성찰이 되어 성별에 훨씬 가깝게 된다. 예를 들어, 깁스는 성별과 젠더 사이의 불가분의 관계를 주장한다. 깁스의 접근에서 젠더의 문화적 구성은 사회가 일련의 행동, 태도, 개념을 두 성별에 적절한 것으로 보고 그에 따라 젠더를 정의한 결과 나타나는 것이다(Gibbs 1987: 7). 이러한 접근은 성별과 젠더가 결과적으로 같다는 결론으로 나아가기 쉽지만, 이는 성별과 젠더를 동일한 것으로 보는 최근의 주장과 완전히 다른 개념에 기반함을 인지하는 것이 중요하다. 두 차원을 같이 묶는 이유는 전자의 경우 전적으로 젠더에 부여되는 반영적이고 '섬기는' 역할 때문이고, 후자의 경우 성별의 존재론적 위치 및 그 문화적 의존성 때문이다.

성별과 젠더 사이의 관계에 대한 고고학적 성찰 중에서도 성별은 젠더에 대한 은유라고 주장하는 호룽달(Hjørungdal 1994)의 논의에 주목할 필요가 있다. 젠더는 맥락에 따라 상이한 기능을 한다고 보아 젠더 변이성과 차이를 강조하는 경향 역시 증대되고 있다(Joyce 1996).

또는 젠더를 이해하기 위해서는 여러 가지 참조해야 할 사항이 있는데 성별은 그 중 단 하나일 뿐이라는 주장도 있다(Sofaer-Derevenski 1998). 한편 남성과 여성 사이에는 생물학적 차이가 있고 사회는 그러한 차이에 대해 상이하게 반응한다는 보편적인 사실 때문에, 성별과 젠더 사이에는 일정한 구분이 유지되어야 한다는 점에 대해서는 일반적인 합의가 이루어져 있다(Moore 1994: 71ff; Sofaer-Derevenski 1998).

4장

젠더 이론화 하기: 협상과 관행

젠더 협상

젠더고고학의 중심적인 전제는 젠더는 협상된다는 것이다. 이는 학사적 획을 긋는 콘키와 스펙터의 1984년 저서 이후 젠더고고학의 이론적 기반이 되어 왔지만, 그 이전에는 젠더의 이러한 측면이 여성주의나 전통적인 고고학 연구에서 인정된 경우가 드물었다. 젠더를 협상된 차이, 사회적 구성, 행위와 담론의 문제로 강조하는 새로운 시각은 2장에서도 논의되었듯 젠더고고학 주제의 발전과 여러 후기과정주의적 그리고 탈근대적 접근 사이의 떠오르는 관계를 보여준다. 젠더의 이러한 측면이 현재의 여러 젠더 연구에서 논의되고 있지만, 고고학 연구에서는 상대적으로 소홀히 취급되었다. 이러한 관점의 뿌리는 여성 운동에서 찾아볼 수 있다. 사회적 구성물로서의 젠더는 변화, 도전, 차이, 따라서 협상에 개방되어 있는 젠더이다. 그러나 역동적이고 본질적으로 유동적인 젠더 관계의 이러한 측면에 대한 이론적 인지와 이것이 젠더 해석에 정보를 제공하는 방식 사이에는 현저한 불일치가 있다. 이론적 식견과 실제적 분석 사이의 이러한 불일치는 어느 정도 고고학에 특정된 것이거나, 적어도 물질적 상황과 아주 다른 사회적 상황에 대한 고고학적 해석이 띠는 추론적 성격에 특정될 수 있다. 그러나 젠더고고학 일반에서 구조주의적인 해석으로 자주 돌아가는 경향은 협상을 실제적인 현상으로 인지하고 연구하는 문제가 보다 널리 공유되어야 함을 시사한다.

먼저 젠더를 협상된 차이로 지칭하여 어떠한 사회적 관행을 이해하려 하는지 분명히 해보자. 어떤 수준에서 젠더 협상이 일어나고, 물적 사물이 어떻게 이에 개입되는가? 협상은 사회적 삶이 경쟁적인 이해 관계에 의해 영향을 받음을 의미하는데, 이러한 경쟁적인 이해 관계는 권리, 의무, 필요로서 나타난다. 따라서 이는 흥정과 계약 등을 통해 자원과 자원의 (재)분배에 영향을 미친다. 협상에 무엇이 수반되는가를 기술하기 위해서는 관행과 사물에 대한 어휘가 필요하다. 협상은 의무와 권리에 대해 합의된 견해를 지속적으로 유지하고자 하는 시도이다. 이러한 관계와 전유는 대개 자원의 측면에서 표현되고, 이는 보통 사물과 사람에 대한 범주들 사이의 연합을 통해 자연화된다. 그래서 무엇이 협상되고 그러한 협상의 결과가 어떻게 소통되고 수정되는가에 관해 협상은 물질적 양상을 띤다. 권리와 책임에 대한 이러한 관점은 사회적·역사적으로 특수하고, 특정 인간 집단의 역할과 정체성에 대해 맥락적으로 생성된 이데올로기에 깊이 침투되어 있으며, 또 그러한 이데올로기의 영향을 받는다. 이는 자원에 대한 협상은 단순히 경제적 재분배에 관한 것이 아니라 사회적으로 구성된 사람들 사이의 차이를 강화하고 분명히 하는 것에 관한 것임을 의미한다(Moore 1994: 87). 이처럼 협상은 정치적·경제적 관행을 포함한 여러 관행과 관련을 갖고 있기 때문에, 젠더 협상에 대한 연구는 남성과 여성에게 적합한 행동 기술에 머물러서는 안 된다. 젠더 구성원에 대한 정치적·경제적 함의가 젠더의 사회적 의미에 의해 직접적으로 영향을 받아 이들이 서로의 일부로 나타나는 경우처럼, 위와 같은 관계들은 위계적이거나 인과적인 것이 아니다. 실제로 젠더 의미에 대한 지속적인 협상이 필요한 이유는 젠더 구성을 위한 단일한 초점이 없기 때문일 것이다. 젠더 식별, 해석, 평가가 여러 차원에서 이루어짐에 따라, 젠더는 사회적 영역에서 합의가 이루어질 필요가 있는 유동적이고 탄력적인 정체성이 된다. 젠더가 문화적 구성물이 되는 것은 이러한 동의로 인해서이다.

따라서 협상에 대한 연구를 도구화할 때 따르는 문제에도 불구하고 젠더고고학은 물리적 행동이 협상 관행에 어떻게 개입되는지를 연구에 통합해야 한다. 협상 전략을 관찰하고 자리매김하기 위해서는 이러한 관행적 요소들을 동의, 유지, 변화, 저항, 대안적 행동 과정의 산물로서 인지할 필요가 있다. 이데올로기와 억압에 대한 전통적인 맑시스트 논의에 대해, 사람들이 반드시 수동적이고 이데올로기적으로 속임을 당하는 것이 아니라는 점이 강조되고 있다. 이러한 주장에서는 사람들이 권리와 책임에 대한 협상에 참여하고 맥락과 특수한 제약 내에서 제공되는 가능성을 의식적·전략적으로 이용할 수 있다고 본다. 그러나 담론에 대한 의식과 적극적 참여가 단순히 '자유 의지'를 나타낸다고 여겨서는 안 된다. 이는 능력에 대한, 그리고 주변에서 돌아가고 있는 상황의 일부를 이해하고 '그를 최대한 이용하려는' 사람들에 대한, 또 욕망과 의무와 같은 감정의 영향과 힘을 통해 정서적인 공간이 생성되는 방식을 인식하는 것에 관한 문제이다. 그러나 의미의 합의된 이해에 도달하기 위한 관행으로서 협상은 개인적 이해 문제를 넘어선다. 무어(Moore 1994: 91)는 가구를 논하면서 다음을 강조한다.

> 계약이나 규범적인 관행과 이해에 관련된 ⋯ 용어에 대한 해석을 제공할 수
> 있는 능력은 물론 정치적 능력이다. 용어에 대한 정의와 규범적 관행과 이
> 해에 대한 해석은 정치적 성격을 띤다. 그러한 정의와 해석은 원칙적으로
> 재정의되고 논쟁될 수 있으며, 이는 언제나 물질적 결과를 낳기 때문이다.

협상은 권리 정의와 해석에 관한 것이므로 젠더 협상 및 젠더 유지 자체는 권력과 관련된다(Moore 1994: 92). 정체성에 대한 정의와 인지는 특정한 사회 질서에 대한 규범적 관념과 관련되어 있기 때문에, 젠더는 권력과 관련되고, 특정 개인의 권리와 필요가 정의되는 것은 정체성들 사이의 자연화된 차이에 기반해서이다. 필요에 대한 주장은 항상 맥락적이고 논쟁적인 성격을 띠고, 이에는 사회적 정체성 문제가 즉각적으로 제기되는 권리에 대한 논의가 반드시 수반된다. 이러한 논쟁은 단순한 해석이 아니라 실질적인 행동이자 개입이다(ibid.: 100). 이에 협상을 이해하기 위해서는 정치, 권력, 권위가 의미와 가치에 대한 합의에 어떻게 개입이 되어 어떠한 영향을 미치는가에 대한 고려가 필요하다(ibid.: 92).

위에서 가치, 의미, 권리, 필요에 대한 규범적 합의 형성에 협상이 얼마나 중심적인 역할을 하는지를 이론적 수준에서 검토해 보았지만, 이러한 현상이 어떠한 방식으로 연구될 수 있는가에 대한 문제는 다루어지지 않았다. 협상은 어떠한 형태를 띠는가? 진부한 문제로 보일 수도 있지만, 이에 대한 답이 지니고 있는 잠재적인 영향력은 분석적으로 적용될 때 충분히 활용될 수 있으므로 이러한 문제 제기가 필요하다. 여기서 기본적으로 요구되는 것은 사회적 재생산은 언제나 특정 종류

의 사람들의 재생산에 관한 것임을 깨닫는 것이다. 이에 대해서는 젠더가 재분배에 어떻게 관련되는가에 대한 무어의 연구가 좋은 예가 될 수 있다. 무어는 성적 분업으로 인해 어떻게 재분배에 대한 필요가 나타나는지를 보여주는데, 이를 통해 재분배체계는 젠더화되고, 이러한 재분배에 대한 흥정과 협상이 벌어지는 통로인 권리와 자격이 젠더 이데올로기를 통해 부분적으로 부여됨을 알 수 있다(Moore 1994: 102). 또 경제적 자원에 대한 권리를 얻기 위한 노력은 정의를 내리고 의미를 부여할 수 있는 권리를 얻기 위한 노력을 의미하는데, 이에는 젠더화된 정의나 의미도 포함된다. 다시 말해 '사회적 정체성 자체가 재생산되고 변화에 잠정적으로 개방되는 것은 재분배체계를 통한 협상을 통해서이다'(ibid.: 105). 성적 분업에 대한 전통적인 견해는 성적 분업과 관련된 문화적 변이에 대한 충분한 고려 없이 성적 분업에 대한 고정 관념을 무비판적으로 재생산한다는 점에서 비판 받을 수 있다. 그러나 논리적으로든 물리적으로든 모든 사람들이 항상 같은 일을 할 수는 없음을 고려할 때 적어도 어느 수준에서 성적 분업은 항상 존재해왔다고 할 수 있다. 여기서 젠더는 성적 분업에 대한 체계적인 정보를 제공하는 변수들 중 하나라는 것도 분명해진다. 따라서 성적 분업의 특성과 재분배 정치 사이의 상호의존성에 대한 무어의 주장은 사회 분석, 특히 젠더화된 자원 분배에서 나타나는 협상과 변화 분석에 있어 매우 중요하다. 이러한 관점에서 젠더는 경제적 · 정치적 과정에 종속되거나 그러한 과정을 반영하는 것이 아니라 그 자체가 경제적 · 정치적 과정을 구성하는 것으로 파악된다(ibid.: 92).

따라서 젠더 협상에는 '물질적 장소'가 필요함을 인지하고, 그러한 장소가 요구되는 구체적인 방식을 검토하는 것이 젠더고고학의 중요한 첫 번째 단계가 될 수 있다. 젠더고고학에서 물질성이 중심적인 문제가 되는 것은 이러한 연관을 통해서이다. 물적 사물이 권리와 의무에 대한 담론의 영향을 받음은 분명하므로, 어느 수준에선가 권리와 책임에 대한 규범적 관점 수립에 관련된 젠더 협상은 물적 자원을 통해 표현되기 마련이다. 따라서 물질 세계는 젠더 정책에 깊이 관여되어 있다.

고고학에서 행위와 젠더

협상에 초점을 둠으로써 개인의 역할이 어느 정도 실재성을 띠게 되는데, 이에 대해 간단히 살펴볼 필요가 있다. 사회에서 개인이 차지하는 위치와 개인들이 서로간에 맺는 관계에 대한 관심은 최근의 사회 이론에서 주요한 영향을 받았는데, 고고학에서는 기든스(Giddens 1979, 1984)와 부르디외(Bourdieu 1977, 1990)의 연구가 특별히 큰 영향을 미쳤다. 기든스의 연구로부터는 행위와 구조화라는 개념이 고고학에 소개되었고(e.g. Barrett 1988), 부르디외의 연구로부터는 아비투스 개념이 소개되었다. 두 개념 모두 개인과 사회 사이의 관계에 대한 문제와 관련되고, 양자 모두 여성주의적 접근을 발전시키기 위한 시도에 중요하다. 이러한 관심에 대한 배경은 후기과정주의적 접근의 발달에서 찾아볼 수 있다. 맥락적으로 구성된 의미에 대한 강조가 증대됨에 따라, 그러한 의미가 장기적인 구조와 일관적인 양상의 형성 및 유지와 어떻게 융합될 수 있는지가 비판적으로 검토되었다. 이러한 과정에서 개인의 행동 및 그 구성적 특성과 형태에 관심의 초점이 모아졌다. 3장에서 논의된 것처럼, 최근에는 개인, 주관성, 간주관성(e.g. Meskell

1996; Yates 1991, 1993), 그리고 현상적 경험으로서의 몸(e.g. Tilley 1994)에 대한 관심이 중대되었다.

젠더 연구는 이러한 관심에 의해 크게 두 가지 방식으로 영향을 받았다. 한편으로 여성주의는 점점 더 범주적 정체성으로서의 여성에 대한 분석보다 여성들의 변이성에 관심을 갖게 되었다. 또 다른 한편으로 거의 고정적이고 보수적인 젠더 협정의 특징으로 인해, 개인의 행동 자체를 훨씬 넘어서는 개인들 간 결속성에 대한 연구가 필요하다. 개인, 젠더 정체성, 보다 큰 사회적 맥락 사이의 관계에 대한 연구는 젠더 연구가 여성 운동에서 기원했다는 사실, 그리고 여성주의의 정치적 인식과 개인적 상황을 넘어선 변화의 가능성을 믿고자 하는 욕구에 의해 더욱 고무된다. 개인과 행위에 대한 이러한 강조로 인해 왜 여러 문화에서 여성들이 자신들의 억압과 종속적 위치에 동의했는가에 대한 해석적 문제가 제기된다.

위 문제가 권력과 지배 구조 안에서 개인들이 놓여져 있는 위치와 어떻게 관련되는가 역시 중요한 문제이다. 여기서 저항과 순응이라는 두 가지 주제가 나타나는데, 이는 무어가 지적한 것처럼 행위이자 주관성의 형식이다(Moore 1994: 49-50). 사회적 맥락 안에 놓인 개인을 이해하기 위해서는 두 가지 모두에 대한 검토가 필요하므로, 여기서 행위와 같은 개념을 둘러싼 복잡성의 근원을 일부 보게 된다. 또, 예를 들어서, 저항이 관찰되고, 그 동기가 논쟁되며 그 효과가 연구되지만, 관행적·정서적으로 어떻게 저항이 가능한가에 대해 연구하기는 그리 쉽지 않다. 처음에는 명확한 것처럼 보이는 저항이나 순종의 행동이 개인과 사회에 대한 그들의 관계 및 위치와 연결되었을 때는 난해하고 산만하게 나타나, 이들을 구분하기 위한 상이한 용어의 존재에도 불구하고 실제에 있어 이들 사이의 경계는 불명확해진다.

범주이자 관행으로서 젠더가 지니는 이중적 특성, 구성되고 생명이 있는 젠더 정체성(Moore 1994: 49), 그리고 개인적 삶의 과정으로서의 젠더(Sofaer-Derevenski 1997, 1998)에 대한 인식 중대로 인해 개인에 대한 관심 또한 증대되었다. 그러나 여성주의와 젠더 연구가 관심을 갖게 된 개인은 '여성'이라는 범주의 수동적인 구성원이거나 행위라는 용어가 함축하는 중성적 존재가 아니라 젠더화된 고유한 사람으로 간주된다. 한편 사회의 특성과 일반적 구조의 등장을 이해하면서 개인과 특정 구조를 동시에 분석하는 것은 말할 것도 없고 양자를 식별하는 문제도 해결되지 않았다. 이러한 긴장은 개인, 맥락, 경험적인 것에 초점을 두는 최근의 경향이 시간적 변화에 대한, 그리고 고고학 기록의 명확한 잠재성에 대한 고고학의 전통적 관심과 상반되는 곳에서 뚜렷이 느껴진다. 이는 극복되어야 하는데, 사회를 연구하기 위해서는 개인과 사회 사이의 상호의존성에 대한 이해가 필요하기 때문이다.

행위자, 개인, 고고학

고고학 문헌에서 행위는 종종 일종의 사회적 실재에 대한 사회적 경기자 또는 규범적 대표자로 나타나고, 행위의 행위자는 수동적, 중성적, 중성화된 존재로 묘사된다. 이는 개인과 개인이 어떻게 젠더화된 특정 종류의 사람으로 구성되느냐에 대한 이해에 심각한 장애요소가 된다.

위와 같은 행위의 중성성은 여성주의자와 메를로-폰티와 같은 현상학자에 의해 비판되었다. 메를로-폰티는 '오직 나만이 내 몸을 살 수 있다: 이는 나에 의해 경험되는 현상이고 따라서 나와 다른 주체와 객체 사이의 관계를 가능하게 하는 세계에 나를 놓는 관점을 제공한다'고 주장한다(Meskell 1996:7에서 인용; Tilley 1994도 참조). 이러한 비판에 의해 제기된 문제와 명제에 관해 여러 가지 반응이 있었다. 고고학의 경우, 메스켈은 자아는 항상 관계적으로 위치하기 때문에 자아에 대한 순수한 구성은 있을 수 없다는 것을 인정하면서도, 추상적인 몸보다는 권력 내에서 그들 자신의 경험에 공헌한 실제적인 몸에 초점을 두어야 한다고 주장했다(Meskell 1996).

여기서 행위의 중성성에 대한 현상학적인 비판은 완전하게 이해될 수 있는 행위자란 없다는 행위자에 대한 실질적인 비판과 관계된다. 자신이 어떻게 구성되는지에 대해 완전하게 인지하고 있는 이는 없다. 의도적으로 그러고자 하더라도 우리의 신체로 우리가 무엇을 하는지에 대해 완전히 의식하는 것은 불가능하다(Moore 1994: 53). 행위 개념의 한계는 따라서 고고학에서 현재 제기되고 있는 것처럼 단순히 현상학적으로 경험하는 실존주의적 자아에 초점을 둔다고 해결될 수 있는 문제가 아니다. 행위자나 개인에 대한 참조, 그리고 이들이 지칭하는 구조화 이론과 현상학은 사람에 대한 완전히 다른 관심에 기반한다. 양자를 융합하고자 하는 시도는 사회적이면서도 동시에 개인적으로 고유한 사람보다는 사회적이거나 개인적으로 고유한 사람의 제시로 나아가기 쉽다. 이와 관련하여 무어는 사회 분석에서 양자 모두 필요함을 강조하였다. 무어는 개인이 상당한 정도로 일상적 삶에 대한 관행과 담론에 관련이 있는 자아 성찰을 할 수 있음을 강조한다. 그녀는 또한 신체적 프락시스는 항상 담론적이 되지는 않는 자아 성찰의 형태로 작동할 수 있다고 주장한다. 따라서 행위에 대한 분석에서는 환상이나 욕망의 역할과 같이 기존에 간과되었던 변수들도 고려되어야 한다(Moore 1994). 이러한 주장은 물론 고고학에 유용하기는 하지만, 동시에 행위와 사회적 구성, 개인의 자기 이해와 지배적인 문화 담론 사이의 관계는 복잡하고 분석적으로 다소 문제가 될 수 있는 소지를 안고 있음을 보여준다.

이와 함께 후기구조주의적 접근에서는 개인을 통합된 자아이기 보다는 파편화되고 의존적인 것으로 보는 경향이 있다. 개인이 자신을 이해하는 여러 방식을 묘사하기 위해, 주관성에 대한 개념이 사회 연구에서 널리 사용되었다. 그러나 후기구조주의적 논쟁에서 주관성은 의식적·무의식적 사고와 감정, 그리고 이것과 언어와 담론을 통한 주체 구성과의 상호작용을 포함한다(Lupton 1996: 13). 주관성 개념을 통해 자기에 대한 주관적 경험의 핵심 요소들을 다룰 수 있기는 하지만, 주변의 물질성과 제도적 구조가 관행의 배경을 형성하는 단순한 '담론'으로 환원되어 주관성과 주변의 물질성 및 제도적 구조와의 형성적 상호작용을 인지하거나 명시하는데 실패할 수도 있다.

필자가 보기에 이러한 논의에서 주관성과 체화로서의 개인과 개인적인 것을 넘어서는 간주관성 사이의 관계는 다소 불분명하게 남는다. 이는 해석의 맥락을 물질적으로 정의하고 구상하는 고고학이 안고 있는 주요한 난제이다. 고고학에서는 일정한 효과를 낳는 행동을 관찰하기 보다는 행동의 결과를 통해 행동을 추론한다. 따라서 고고학자가 무엇을 연구하고 있는지, 사회적 복합성의 어떠한 수준에 고고학자가 관찰하고 있는 양상과 변화를 낳은 행동을 위치 지을 수 있는지를 결정하고 그를 입중할 필요가 있다. 다시 말해 위의 이론적 논의를 고고학적 분석에 적용하기 위해서는 개인에 대한 맥락과 사회에 대한 맥락 사이의 차이를 구별할 수 있어야 한다.

여성 또는 여성들: 교차 문화적 일반화에 대한 문제

젠더 연구에서 이 문제와 관련하여, 또 그 자체로도 중요한 주제는 젠더와 여성에 대한 보편적 일반화[*]의 사용과 가치이다. 젠더의 다른 측면과 마찬가지로 보편적 일반화의 사용은 분명 여성 운동에 근원을 두고 있는데, 이로 인해 일반화된 요구와 주장이 자주 나타났다. 여성 운동은 주로 그 정치적 어젠다에 기반하여 여성들의 문제, 그들의 권리 및 위치 문제에 전통적인 노동 운동과 유사한 방식으로 관여하였다. 여기서 관심의 대상은 대표적인 집합적 신체로서의 여성이었지, 여성들 사이의 변이성과 차이가 아니었다. 또 생물학을 통해 주로 이해되어야 할 여성의 본질이라는 학계의 개념은 과학의 주요 부분을 지배했던 실증주의적 체제에 인식론적으로 맞아떨어진 친근한 관점이었다. 고고학에서 보편적 일반화의 사용은 직접적이든 상이한 형태로서든 친숙한 추론 형태였고 해석에 이르기 위해 거쳐야 할 경로로 인식되었다. 이로 인해 고고학에서 인류학이 지니는 의미는 특별했는데, 인류학은 고고학적 해석에 있어 인간 행동과 사회 형태에 대한 유추 및 기록의 보고이기 때문이다. 보편적이고 교차 문화적인 일반화는 이원적 대립

---

[*] 보편성은 예외가 없다는 것을 의미하는 것이 아니라, 단지 무언가가 여러 상이한 맥락에서 세계적으로 발견되고, 이 모든 맥락에서 그 특징한 현상이 공통적임을 의미한다. 여성이 출산을 할 수 있다는 것은 따라서 어떤 여성은 그렇게 할 수 없다는 사실에도 불구하고 보편적인 현상이라 할 수 있다.

과 같은 단순 구조와 함께 젠더고고학에서 중요한 역할을 해왔는데, 기존 해석에 도전하고 대안적 해석을 재확인하기 위한 출발점을 제공함에 있어 특히 그러하였다. 그러나 문화적 구성물로서의 젠더에 대한 강조 증대는 젠더고고학에 문제가 되는데, 맥락성과 보편성에 대한 동시적인 호소는 상충되기 때문이다. 개인과 사회 사이의 관계, 정체성 구성, 과학적 지식의 불안정성에 대한 여성주의와 젠더 연구자들의 관심이 증대됨에 따라, 젠더 및 성별의 맥락적 구성이 강조되었다. 이로 인해 현대적인 사고에서 발견되는 보편적 일반화에 대한 관념들이 매우 문제시 되었다(e.g. Damm 1991: 132).

보편적 일반화가 지니는 이론적으로 불만족스러운 특성에도 불구하고, 보편적 일반화에 적합한 젠더의 측면이 있다. 이러한 측면은 개인과 사회가 특정한 방식으로 상호작용하는 영역을 가리킬 수 있으므로 젠더 연구에서 중요한 주제로 고려되어야 한다. 이러한 일반성의 기저에는 남성과 여성 사이의 재생산적 차이가 있다. 여성은 출산을 할 수 있고 남성은 할 수 없다. 예외가 발견될 가능성도 있지만, 이는 보편적인 차이이고, 남성과 여성 사이에 인지 가능한 차이의 패턴을 보여준다. 예를 들어서 여성은 대개 상이하게, 그리고 더 많이 육아에 관여한다. 따라서 육아는 상대적으로 여성의 이동성에 많은 영향을 미칠 것이고, 이는 그 자체로 공동체 내의 여러 형태의 노동 분업과 협동에 대한 정보와 통찰력을 제공할 것이다. 실제로 여러 행동이 일반적으로 남성보다는 여성과 더 결부되는 것을 볼 수 있다. 고고학적으로 이러한 차이와 이들이 가져 오는 일반화는 젠더화된 해석에서 주요한 역할을 하였다. 예를 들어서 남성과 여성은 공적 영역과 사적 영역에 상이하게 관련되었다거나, 노동이 성별에 따라 구분되었다고 가정된다. 농경 사회에서의 출산력 중대 및 높은 출산률과 유아 생존률로 인한 이동성의 감소로 인해, 농경 사회와 목축 사회에서 여성은 상이한 역할을 하였다고 보는 연구도 있다(Leibowitz 1983: 138). 또는 남성은 물리적으로 더 강하고 아이들에 의해 구속을 받지 않기 때문에 남성은 동물을 사냥하고 여성은 식물을 채집하였다고 가정된다. 물리적 차이를 강함, 공격성, 폭력과 연결시켜 남성을 선사시대의 사냥꾼, 지도자, 전사로 만들고, 여성을 그 반대로 만들면서, 남성과 여성 사이의 물리적·정서적 차이를 강조하는 시각 또한 흔하다. 여성은 정착 사회에서보다 이동 사회에서 보다 오랜 기간 동안 수유를 했을 것이라고 보는 경우와 같이 구체적인 형태로 제시된 보편성도 있을 수 있다. 이러한 일반화에 대한 예는 수두룩하고 우리가 선사시대 사회를 해석하는 방식에 지속적으로 영향을 미치고 있다.

이러한 방식으로 변이성과 동일성을 이해하는 데에는 해결되지 않은 긴장이 따른다. 따라서 이 문제가 젠더의 문화적 구성에 대한 평가와 어떻게 융합되고, 보편적 일반화가 정형화와 어떻게 다른지에 의문을 제기할 필요가 있다. 이러한 긴장의 일부를 해결하기 위해 3장에서 이루어진 젠더 논의로 되돌아가 볼 필요가 있다. 3장에서 젠더는 성별화된 신체에 대한 사회적 인지에서 나타나는 차이의 구조이자, 이러한 구성된 차이가 규범과 가치의 측면에서 중요하게 되는 관행이라고 보았다. 젠더 자체가 상이한 차원을 가지고 있음을 인정한다면, 젠더의 상이한 측면은 보편적 일반화에 상이한 기회를 제공하고 보편적 일반화와 상이한 관련성을 갖는다고 볼 수 있다. 따라서 상이한 형태의 신체에 대한 인지에서 나타나는 젠더 차원은 그러한 차이에 대한 대응으로 나타나는 관행보다 일반화하기 쉬울 것이다. 이를 통해 다시 한

번 젠더의 존재 자체는 일반적인 현상임을 알 수 있다. 따라서 신체뿐만이 아니라 젠더 존재의 측면에서 보편적 유사성이 발견되는데, 보편성에 관한 문제는 신체와 젠더 범주의 한계를 정하기 어렵다는 것을 인지할 때 나타난다. 신체는 일반화될 수 있지만, 그에 대한 태도와 신체적 관행은 보편적이지 않다. 예를 들어, 수유에 대한 문화적 태도는 보편적인 것이 아니고, 그에 대한 어머니들의 참여 역시 그러하다(Maher 1992). 몸이 걷거나, 움직이거나, 성별화되는 방식은 문화적 영향을 받을 수 있고 특정한 맥락 내에서 구성될 수 있다. 보편적 일반화의 적용을, 세계에 대한 탐구보다는 분류에 제한되는 것으로 보는 것은 문제가 되기 쉽다. 그러나 젠더고고학의 초창기 보편적 일반화로 인해 특정한 젠더 협정이 연구되기 보다는 가정될 수 있었고, 이때 보편적 일반화는 과거를 젠더화하기 위한 편리한 방법으로 쓰였다(e.g. Randsborg 1984).

　보편적 일반화의 특성상 보편적 일반화는 변이를 간과하고 정형화된 진술로 나아가기 쉽다. '여성은 보통 남성보다 작고 따라서 덜 공격적이다'의 경우에서와 같이 정형화는 보편적 일반화가 무언가 다른 것의 인과적 기제가 될 때 주로 나타난다. 보편적 일반화는 특정한 역사적 공동체에 기반하여 나타나는 반면, 젠더고고학은 보다 넓은 시간적 차원에서 젠더 협정을 탐구하고자 한다는 측면에서도 보편적 일반화가 문제가 된다. 이러한 문제는 고유한 개인에 대해 관심을 보임에도 불구하고 또 다른 수준에서는 여성의 본질이나 거세 콤플렉스와 같은 여성의 보편적인 심리학적 특징을 가정하기도 하는 접근에서도 발견된다. 이러한 접근에서 일반화는 상이한 수준에서 전개된다. 요점은 몸에 관해서든 마음에 관해서든 관련된 여러 차원의 맥락적 구성에 대한 현재의 인식에도 불구하고 우리는 보편적인 특성을 기대하고 구성하며, 우리의 해석은 보통 특정한 상황에 대한 일반적 또는 일반화된 버전에 초점을 둔다는 것이다. 이에 구체적인 것과 일반적인 것 사이의 긴장이 인식론적으로든 존재론적으로든 해결되지 않았음을 다시 한번 깨닫게 된다. 그러나 이는 젠더 연구에 한정된 문제가 아니라 사회과학 일반의 해석 프로젝트에 영향을 미치는 문제이다.

이러한 일반화 경향에 내재하는 문제는 차이에 대한 이해에 중요한 것이다. 성별 차이, 사회적으로 성별화된 신체의 차이, 권리 및 가치와 관련된 젠더 구성에서의 차이는 원칙적으로 개방되어 있고 연속적인 것이다. 그러나 실전에서는 보편적인 비교와 일반화하는 경향으로 인해 차이에 대한 분류가 시도되고, 다양성을 이해할 만한 것으로 만들기 위해 차이에 코드를 부여하여 차이를 친숙한 것으로 만들고자 할 것이다. 이원성을 통한 이해라는 서양의 문화적 전통으로 인해 이러한 경향이 심화되고, 차이는 이원적인 대립으로서 진화론적인 위계의 관점에서 이해될 것이다. 이것이 지니는 정치적 함의는 매우 명백하다.

> 여성에 대한 지배적인 관점에는 여성의 불완전성에 대한 반복적인 이미지가 수반된다. 이는 다시 암암리에 여성에 대한 차별을 정당화하기 위해 사용된다. 남성적 특권의 맥락에서 여성의 '불완전성'은 남성과 여성의 보완성을 의미한다. 지배와 종속의 상황에서 보완성은 개념적·실제적으로 남성에 대한 여성의 의존을 의미한다. 그러나 이는 여성 지위의 경제적·정치적 변화에 의해 도전 받을 수 있다(Gatens 1996: xi).

우리가 젠더와 연관시키는 것의 많은 부분이 이러한 대립의 용어로 제시되고 이해되고 있는데, 이로 인해 젠더 변수가 지니는 복잡성과 시간적 차원이 간과되기 쉽다. 또 이로 인해 재생산되는 여성에 대한 특정 이미지는 더 나아가 여성의 문화적 가능성에 대한 이해를 한정하는 작용을 한다(Gatens 1996: xi). 그 결과 삶으로서의 젠더에 대한 이해는 커녕, 그에 대한 사고 자체가 어려워진다. 이처럼 보편적 일반화와 교차 문화적 비교는 젠더 이해를 한정한다는 점에서 심각한 문제를 안고 있다.

젠더 (그리고) 고고학

젠더를 어떻게 관찰하고 지금 보고 있는 것이 젠더라는 것을 어떻게 아느냐에 관한 문제가 자주 제기된다(e.g. Claassen 1992b: 2-3). 젠더는 과정이고, 일련의 행동 기대 또는 효과이지만 사물은 아니기 때문에, 위와 같은 문제가 질문이 제기되는 방식으로 답해질 수는 없다. 한편 고고학은 사물을 다루기 때문에, 젠더고고학은 젠더가 어떻게 고고학적 정의에 따라 맥락적으로 나타날 수 있을지 고민할 필요가 있다. 젠더고고학의 주요한 관심사 중 하나는 젠더가 어떻게 물적 사물에 의해 영향을 받고 물적 사물을 사용하는가를 이해하는 것이다. 이에 젠더고고학은 과거의 여성을 식별하는 방법에 큰 중요성을 두어왔다(e.g. Conkey and Gero 1991: 12-13; Gibbs 1987, 1990). 이러한 경향은 여성을 가시화하고자 하는 초기의 연구 목적 - 처음에는 여성 운동의 영향을, 그 이후에는 여성주의의 영향을 받았는데, 양자 모두 여성 자체에 초점을 두었다 - 으로 인해 심화되었고, 분명 당시 중요한 의미를 지녔다. 그러나 과거의 여성 식별에 대한 강조의 결과는 다소 실망스러운 것이었는데, 과거의 젠더 이해에 별다른 실질적인 영향을 미치지 못했다. 보다 중요한 것은 그러한 강조는 사회에 대한 젠더화된 이해가 이루어지는 방식에 관해 잘못된 인식을 낳을 수 있다는 점이다. 또 여성의 가시성에 대한 강조로 인해 성별과 젠더 관계에 대한 불명확성과 '젠더' 용어의 모호함이 비판적으로 다루어지지 않았다. 젠더고고학 방법론과 여성의 가시성이 강조될 수록, 젠더고고학적 개념틀을 명확히 할 필요가 간과되어 기존의 개념틀이 화석화되는 결과를 낳았다.

위와 같은 비판을 통해 제기되는 이론적 문제를 그에 대한 분석 작업과 관련하여 논의해 보는 것 또한 필요하다. 여기서 중요한 것은 방법론 찾기나 방법론을 통해 문제에 대한 해답을 간접적으로 찾는 것보다는, 우리의 이론적 구성이 지니는 실제적인 함의가 무엇인가에 관한 비판적 고찰이다. 예를 들어, 젠더가 사회적으로 구성된다는 가정에는 다음과 같은 질문이 따라야 한다: 어떻게 구성되는가? 사회적 행위 또는 이데올로기를 통해 구성되는가? 규범적 행동이 젠더 구조 등장의 기반인가? 이들이 협상을 통해 만들어지는가? 그렇다면 물질문화가 이에 어떻게 관련되는가? 젠더 문제에 대해 이러한 수준으로 심사숙고가 이루어진 경우는 드물고, 대개는 사회적 분석에서 실질적으로 도움이 되지 않는 '사회적 구성물로서의 젠더'와 같은 경구로 대체되었다. 이처럼 젠더의 중요성을 주장하기 위해 젠더에 대한 논의가 비성찰적이 되고 진부해짐에 따라 결과적으로는 젠더가 지니는 함의를 놓치게 되었다. 젠더고고학의 발전을 위해서는 그 중심 명제가 비판적인 고찰을 통해 지속적으로 수정될 필요가 있다.

젠더의 보편적 관련성이 인정되어 모든 문화가 사회적으로 감지되는 성별화된 신체를 통해 집단에 속한 것으로 정의되고 남성이나 여성으로 통상 구성되는 특정 형식의 개인들에게 적합한 행위에 대한 사고를 구성한다면, 젠더고고학은 그러한 사고와 행동이 상이한 형식의 관행과 대상에 나타나는 방식을 연구해 볼 수 있다. 또 이는 고고학적인 젠더 연구가 공헌할 수 있는 고유한 영역의 일부인데, 아주 오래 전의 과거를 포함한 시간적 변이가 고려될 수 있다. 예를 들어서 남성성과 여성성에 대한 규범적 사고가 물질 세계를 통해 표현되고 영향을 받으며 논쟁되는 방식이 연구될 수 있다. 이는 젠더가 삶의 물질적 조건과 관념적 구조에 어떠한 영향을 미치는가를 살펴볼 수 있는 기회를 제공한다. 따라서 젠더고고학의 발전은 방법론이나 새로운 종류의 증거에 달려있는 것이 아니다. 그보다는 젠더 현존이 특정 행동을 통해 명확해지고 차이에 대한 강조를 통해 표현되든, 또는 젠더가 부인되고 문화적 표현에 부재하든, 젠더가 사회 체계의 일부임을 인지하는 능력에 달려 있다. 젠더는 여성 대 남성의 표현에 관한 것이 아니라 사회가 어떻게 그 구성원들 사이에 항상 존재하는 차이와 관련되고, 그러한 차이로부터 어떻게 문화적 범주를 구성하는가에 관한 것이다.

따라서 고고학은 여성들의 참여를 식별하기 위한 방법론을 개발하기 보다는 상이한 형태와 성격의 젠더가 구성되는 수단과 이들이 주변 세계에 어떠한 영향을 미치는가를 연구해야 한다. 이는 젠더는 음식과 같은 물적 사물과 식량 준비 및 대접과 같은 관행뿐만이 아니라, 소파에-데레벤스키(Sofaer-Derevenski 1998)가 주장하였듯이 신체 자체와 영향을 주고받음을 의미한다. 그렇다면 고고학이 젠더 연구에 기여할 수 있는 것은 젠더의 물질성을 이해함으로써이다. 고고학은 젠더 관계가 물질문화에 표현되는 방식에 따라 젠더 관계와 그 의미를 연구해야 한다. 물질문화는 단순히 사회의 수동적 반영물이 아니라 사회와 사회적 규범을 구성하는 것이라는 인식이 중대되고 있다. 그러나 물적 사물의 능동적인 성격이 사회적 행동과 어떻게 비교되고 연관되는가? 이러한 문제는 젠더고고학에 있어 중요한데, 젠더 이데올로기는 상징적 연합, 표상, 사물을 통해 표현되고 유지되는 경우가 많기 때문이다. 이로 인해 젠더가 물질화될 때는 특정한 형태를 띠고 특유한 방식으로 담론에 나타난다. 이러한 과정 동안 젠더는 사회적 차원에서 분리되거나 사회적 차원과의 관계를 잃지 않고 상이한 매개물을 통해 표현되고 변형되는데, 이에 대해서는 다음 장에서 다룰 것이다. 이는 젠더의 부수적인 측면이 아닌데, 젠더는 물적 현현과 사회적 표현을 지칭하고 또 그를 통해 나타나는, 특정한 위치에서 이루어지는 경험이기 때문이다. 젠더는 특정한 소통 수단을 통해 구성되므로, 사물의 매개를 통해 생성되는 젠더 해석의 역동성, 안정성, 수단 등은 특수하다. 이처럼 젠더화된 관행과 수행의 차원을 살펴봄으로써 젠더화된 물질성의 특징을 보다 깊이 이해할 수 있게 될 것이다. 이러한 문제, 특히 그 현존과 분포를 통해 의미를 더할 수 있는 사물의 능력에 대해서는 6장~9장의 사례 연구를 통해 더 자세하게 살펴볼 것이다.

5장

젠더의 물질성: 젠더화된 사물

메간이 세 살 정도 되었을 때 남편의 직장 여성 동료 중 한 명이 방문하였다. 나는 맥주를 거의 마시지 않고 메간은 내가 맥주 마시는 것을 한번도 본 적이 없었다. 그러나 그 여성 동료는 맥주를 마셨다. 메간은 그녀가 맥주 마시는 것을 보고 "저 사람은 남자예요?"라고 속삭이듯이 물었다.

젠더와 사물

젠더 연구와 고고학의 관련성 및 젠더 연구에 대한 고고학의 공헌은 고고학에서 다루는 긴 시간적 범위와 물질문화에 대한 전문적인 이해에서 비롯된다. 젠더고고학은 그 발달 과정에서 사회과학의 영향을 분명 받았지만, 젠더고고학은 독립적인 특성을 지니고 있고 이를 통해 젠더 연구에 고유한 공헌을 할 수 있다. 그러나 이러한 잠재력의 실현 가능성은 젠더가 사물과 행동을 통해 어떻게 표현되는지에 대해 분석할 수 있는 능력에 달려있다. 따라서 젠더고고학 연구의 대부분은 경험이나 존재의 상태로서보다는 정치적·물질적 효과이자 과정으로서의 젠더와 관련될 것이다(Sofaer-Derevenski 1998 참조).

　단순한 반영적 관계보다는 능동적인 구조로서 젠더의 물적 차원을 연구하고 이해하려는 시도가 이루어진 경우는 드물다. 이는 젠더 정치와 이데올로기의 상징적 차원과 그 물적 결과에 대한 이론적 강조와 명백히 대조되는 부분으로서, 젠더가 규정되고 영향을 받게 되는 매개물과 물질에 대해 충분한 주의가 기울여지지 않았음을 의미한다. 예를 들어, 공동체에 대한 관여의 일부로서 물적 사물을 관찰하고 기술하는 인류학자들은 사물의 의미와 젠더 정치에서 사물이 한 역할을 구술 정보를 통해 이해하는 경향이 있다. 인류학자가 정보 제공자에게 미치는 영향이나, 한 구성원이 이해하고 있는 사회가 얼마나 그 사회를 대표하는가와 같은 문제를 포함하여, 인류학자들은 위와 같은 구술 정보가 지니고 있는 문제를 오랫동안 인지해왔다(Moore 1988: 1ff). 그러나 이는 구술 정보가 사회적 메시지로서 어떻게 행동으로서든 사물로서든 물리적 형태를 띠고 물리적 형태를 이용하는가, 그리고 어떻게 이러한 연합을 통해 의미가 사물에 접목되는가에 적극적인 주의를 기울이도록 유도하지는 못하였다. 사물의 구체적인 성질, 그리고 그러한 성질이 사물을 통해 소통되는 의미가 어떻게 이해되고, 수용되며, 어떠한 반응을 자아내는가에 미치는 영향에 대해서는 별다른 주의가 기울여지지 않았다. 인류학과 여타의 사회과학에서도 사물의 존재와 중요성이 인정되지만 사물이 무엇을 어떻게 하는가에 대해서는 구체적인 고찰이 이루어지지 않는다. 그러한 중에서도 소수의 학자들은 인간과 사회적 관행이 지니는 위와 같은 측면을 고려하였다. 고고학과 관련해서는, 밀러(Miller 1985, 1987)와 무어(Moore 1986)의 논의가 특별히 흥미롭다. 그 부분적인 이유는 양자 모두 처음에는 고고학자로서 훈련을 받았고 따라서 고고학자에게 친숙하면서도 고고학자와는 다른 관점을 사용하기 때문이다. 이와 유사한 문제와 이에 유용한 논의가 디자인 역사, 그리고 전통적 학문의 경계를 가로지르며 이루어지고 성장 추세에 있는 물질문화 연구에서도 발견된다.

사물에 대한 고고학의 전통적 초점과 사회의 특성 이해를 위해 사물을 연구한다는 점에서 고고학은 물질문화 연구와 관련하여 특수한 역할을 한다. 학문으로서 고고학의 이론과 방법론은 탈근대적 시각에 국한되지 않은 오랜 담론적 역사를 가지고 있고, 사회과학 내의 여러 인식론적 변화에 의해 영향을 받아왔다. 고고학은 사물의 특성 연구에 활용될 수 있는 풍부한 지적 잠재력을 가지고 있어, 사회와 물질문화의 교차 영역이라는 매우 중요함에도 불구하고 기존에 간과되었던 부분에 대한 연구에 공헌할 수 있다. 이는 또한 고고학은 물적 사물을 젠더 담론의 한 차원으로 승인하고 통합하기 위해 필요한 경험과 전문성을 가지고 있음을 의미한다. 이에 대해서는 명백한 것으로 상정되기는 했지만 실제적인 평가가 이루어진 경우는 매우 드물기 때문에, 젠더 구성의 이러한 측면과 그 담론적 존재에 대한 비판적인 검토가 필요하다. 어떠한 사회에서든 젠더 차이는 여러 물적 자원의 재분배와 그에 대한 접근성에 영향을 미칠 때 가장 중요해진다고 볼 수도 있다. 관념적인 체계로서의 젠더도 중요하지만, 젠더 차이에 대한 관념이 특정 권리의 차별적 부여 방식을 지시할 때 그 효과가 실제로 느껴지고 결정적으로 중요해진다. 그 운용을 위해 젠더는 사물과 행동을 사용하고, 젠더 차이가 실제적인 손상을 주는 것은 그 물적 표현을 통해서이다. 젠더의 지속적인 구성 과정에서 사물은 창의적인 역할을 하므로 사물은 사회적 역학 관계에서 중요한 위치를 차지한다고 할 수 있다(Arwill-Nordbladh 1998).

사물은 단순히 젠더의 상징적 측면이기보다는 담론적인 것인데, 이는 일반적으로 간과되고 있는 부분이다. 이에 대한 예외적인 관점이 우리의 정신적 세계와 물질적 세계가 상호작용하는 방식을 이해하기 위해 커캄(Kirkham and Attfield 1996: 1)이 편집한 저서에서 발견되는데, 여기에서는 다음과 같은 주장이 설득력 있게 제시되었다.

> 젠더화된 사물이 보다 넓은 사회적 관계의 일부로서 그에 대한 정보를 제공하는 정도는 일상적 삶의 모든 수준에서 살펴볼 수 있다. 이는 우리가 출근하거나 잠잘 때 입는 옷의 형식에서부터 우리가 주고받는 선물의 형식에까지 이르며, 또 자동차 디자인에서부터 헤어 드라이어와 하이파이 장치의 디자인에 이른다(Kirkham and Attfield 1996: 5).

또 포터(Porter 1988, 1991, 1996)와 샌달(Sandahl 1995) 같은 박물관 학자의 경우, 박물관의 사물이 지니는 의미와 효과에 대한 분석에 여성주의 시각을 도입했다. 이들은 사물의 특성 중에서도 환기적이고 감동을 불러일으키는 특성에 초점을 두었는데, 샌달(Sandahl 1995)은 이에 기반하여 사물을 물질화된 감정으로 특징 짓기도 하였다. 이들을 비롯한 몇몇 학자들이 사물에 대한 동시대 젠더 코드화를 논의하기 시작하였다(e.g. Gaarder Losnedahl 1994, Jonsson 1993, Lind 1993).

물질적인 것에 대한 강조의 또 다른 형태가 버틀러의 영향력 있는 논의에서 발견된다. 버틀러는 신체적 형태로서의 성별이 지니는 물질성, 그리고 그러한 물질성과 젠더 사이의 문제적 관계를 논의하고, 또 젠더에 대한 인용 관행을 통제하고자 하는 시도는 신체의 물질화에 대한 통제에서부터 시작해야 한다는 주장을 하였다. 라깡류의 정신 분석학을 사용하여, 버틀러는 개인이 특정한 성별에 가까워지게 되는 관행을 강조하면서 이를 개인적 수준에서 이루어지는 몸의 물질화라고 부른다(Butler 1993, Joyce 1996).

사물의 특성

여성주의 이론에서 젠더는 일반적으로 사회의 역학 관계를 구성하는 사회적 구성물로 파악되고, 이러한 구성물은 협상을 통해 유지된다고 가정된다. 젠더는 또한 규범, 가치, 규칙, 그리고 여타 사회적 원리가 물질문화의 생산을 포함한 행동과 사고를 지시하고 그에 영향을 미치는 방식을 통해 관찰되어 제시된다. 여성주의에서는 이러한 가치가 상징적 구조로 제시되는 경우가 많은데, 그러한 경우를 제외하고는 사회적 가치와 물적 사물 사이의 관계에 대해 충분한 주의가 기울여지지 않았다. 사회적인 것과 물질적인 것은 분명 별개이고 구분되는 영역이지만, 서로와 일정한 관계를 갖고 서로에 대한 정보를 제공하며 서로에게 영향을 미친다. 이들의 관계는 단순히 거울에 비친 반영적 의존관계보다 훨씬 더 역동적이고 담론적이다. 따라서 이러한 젠더 연구의 '사각지대'에 대한 조명이 필요하고, 사물의 특성과 그러한 특성이 젠더 구성에 개입되는 방식이 연구되어야 한다.

최근의 이론적 논의에서는 사물이 텍스트에 자주 비교되었다. 이러한 연관이 고고학 내에서뿐만이 아니라(e.g. Hodder 1986, 1989; Olsen 1997; Tilley 1990, 1991), 사회학이나 언어학과 같은 타 학문에서도 상정되었는데(Ricoeur, Hodder 1989에서 인용됨), 이러한 주장은 대개 후기구조주의나 기호학의 영향을 받은 것이다(e.g. Barthes 1977). 텍스트와 사물 사이의 유사성에 대한 이러한 논의는 양자 모두 저자나 생산자에게서 멀어지게 되는 속성을 가지고 있다는 점에 주로 기반한다(Hodder 1989: 257). 텍스트, 행동, 사물의 의미는 저자에 의해 지시되기 보다는 독서시 독자에 의해 생성된다. 그러나 이러한 비교에서는 의미 생산의 특정한 속성이 우선시되고 다른 속성들은 경시된다(Hodder 1989 참조). 이러한 비교에서는 일차적으로 저자의 멀어짐, 의미의 전환, 끊임없는 재해석의 가능성이 강조된다. 그러나 이러한 특성들은 특정 매체에 고유한 특성이라기 보다는 - 말하기, 언어, 텍스트 사이의 차이에 대한 강조에도 불구하고 - 소통 프로젝트 자체의 결과일 수 있다. 만일 실제로 이들이 소통 관행의 특징이라면, 텍스트, 행동, 사물이 모두 담론적이고 소통적이기 때문에 이러한 점에서 반드시 유사할 것이다. 소통 매체의 상이한 물리적·개념적 형태가 소통에 영향을 미치는가, 만일 미친다면 어떠한 방식으로인가라는 문제가 위와 같은 공통적인 특성에 대한 강조를 통해 반드시 명확해지는 것은 아니다. 예를 들어서, 여러 소통 매체가 사용하는 느낌이나 냄새와 같은 감각에 대한 상이한 관계가 어떻게 의미 생성에 영향을 미치고 어떤 수준에서 그러한 효과가 나타나는지에 대해 생각해 볼 필요가 있다.

호더는 일차적으로 리쾨르의 영향을 받아 텍스트로서의 물질문화라는 은유를 사용하며, 물질문화 뒤에 놓인 사고에서 물질세계 자체가 어떻게 사고의 구조화와 구성에 영향을 미치는가로 고고학적 관심을 전환할 필요가 있음을 주장한다(Hodder 1989: 257). 호더에 따르면, 물질문화는 관행적 행동의 맥락에서 물질문화가 수행하는 특정한 역할로부터 그 의미를 끌어낸다. 이러한 주장이 사물과 의미 사이의 관계와 사물의 역할을 명확히 하는데 도움이 되기는 하지만, 의미가 실제로 어떻게 구성이 되고, 특히 의미에 있어 어떻게 일관적인 동일성이 장기간에 걸쳐 생성될 수 있는지에 대해서는 다소 불명확하다. 호더는 이러한 문제를 인지하고, 물질문화 의미는 경험을 통해서도 구성되고, 부분적으로는 물질문화 사용을 통해 형성된다고 본다(Hodder 1989: 258-9). 이처럼 물질적 의미는 물질 세계와 사물의 물리적 특성에 의해 여러 가지 방식으로 영향을 받는다.

사물은 텍스트와도 다르고 언어와도 다르다. 텍스트에 대한 은유가 사물의 담론적이고 소통적인 역할을 인지하는데 중요하지만, 텍스트와 사물 사이의 차이를 깨달아 사물이 어떻게 사회적 관심사에 대한 표현을 가능케 하고 그러한 표현에 영향을 미치는가를 이해하는 것 역시 마찬가지로 중요하다. 배움의 도구(Bourdieu 1977)로서 세계에 대한 이해에 영향을 미치는 사물의 중요성은 사물의 소통 방식을 이해하고 분석하는 것이 중요함을 나타낸다. 분명 사물의 특성 중 많은 부분이 그 물리성에서 비롯된다[*]. 이는 무엇보다 사물은 환기적임을 의미한다. 사물은 식별을 유도하고, 정서적이며, 기억에 도움이 된다. 사물은 전통과 인지에 영향을 미치고 페티쉬즘에 노출될 수 있다. 사물은 또 미학적 차원을 가지고 있고, 반응과 감각을 생성한다. 사물은 주인을 '구하고,' 소속될 수 있으며, 그 물리적 존재가 통제되고 변경될 수 있

---

* 이러한 논의에서는 젠더에 대한 시각적 표상이 중요성의 측면에서 우선되어야 하는지 아닌지에 대한 어떠한 고려도 이루어지지 않는다(시각적 소통에 대한 Riegel 1996의 연구 참조). 예를 들어 음성적 소통에 대립되는 시각적 소통에 대한 경험과 중요성 사이의 차이에 대한 논의가 흥미롭기는 하지만, 소통은 여러 형태를 띠고 상이한 방식으로 효과를 나타낸다. 그 시각적·물리적 형태를 통해 물적 소통은 젠더와 중요한 관련성을 가짐에도 불구하고, 그 상대적 중요성이 고려되지 않고 있다.

다. 사물은 분할, 공유, 또는 파괴될 수 있고, 영구적일 수도 있다.

사물의 언어는 여러 층위를 가지고 있어, 미묘하고, 보편적이며, 동시에 구체적이다. 사물은 연관을 만들고, 사물들 사이의 참조 관계는 텍스트간의 관련성과 '소비자 지식'을 조성한다(Partington 1996: 214). 이들은 시간과 구조를 가로질러 공적인 것과 사적인 것을 연결하거나, 과거를 현재와 연결한다. 또는 그러한 연관을 절단하는 작용을 할 수도 있다. 사물은 전이 과정에 개입이 되고 작동 수단으로 사용된다. 사람들의 삶에 사물이 사용되는 것은 사물을 가지고 사물을 통해 의미를 만드는 문화적 과정의 일부이고, 사물은 사회적일 수도 개인적일 수도 있다. 사물은 또한 차이점뿐만이 아니라 공통점도 제공하고, 사람들은 사물과의 대상-관계를 통해 자신들의 정체성을 구성한다(Kirkham and Attfield 1996: 2, 10). 이에 따라 사물은 시간적 관계와 사회적 기억을 구현하고, 물건과 단어의 세계에 대응하여 조직된다(Urry 1996: 50). '바로 사물의 변이에서, 사물 소비의 평범함에서, 사물을 통해 사람들이 즐기는 관계의 감각적 풍부함에서, 사물은 이후의 성찰과 회상을 위한 물적 이미지로 재구성되기에 적합하다'(Radley 1990: 57-8).

사회적 관계 관리에서 사물이 담당하는 중요한 역할은 '선물'에 의해 잘 예시된다. 사물을 통해 중재되는 이러한 사람과 사람 사이의 상호작용은 여러 학문에 의해 연구되어 왔고, 모쓰의 선물(Mauss 1954)과 같은 몇몇 중요한 연구를 낳기도 했다. 관행으로서 선물이 지니는 중요성에 대해서는 기록이 잘 되어 있다. 선물로 쓰이는 사물은 '개인들 사이의 상징적 관계를 만들거나 재확인하며 사회적 관계를 객관화하고, 동시에 넓은 문화적 맥락으로부터 개인적이고 사적인 영역으로 의미를 전달한다'(Partington 1996: 215-217). 사회적 관계의 '객관화'는 문자 그대로 선물의 역할이나 효과가 된다. 이는 관계를 표상하고, 상징하고, 공고히 한다. 또 이는 사회적 관계가 외화되는 물리적 형태로 구현되어 유형적이 되며 실질을 얻는다. 사회적 관계는 '측정 가능'하게 되며, 빚, 호혜성, 균형에 대한 관념으로 장식된다.

사물 자체는 자신에 대한 전용과 재해석에 저항할 수 없다. 따라서 사회 안에서 사물은 중성적이지 않다. 사물은 의도의 영향을 받기 때문에 결코 '순수'하지 않고, 오염되어 있다(Riegel 1996: 99-100). 사물은 여러 수준에서 이야기되고 의미로 물들게 된다(Sørensen 1999). 사물은 규범, 가치, 전통의 표현이 되고, 이를 통해 사물은 또한 그 의미를 전유하고자 하는 시도에 저항할 수 있다. 사물은 전략적 방어 수단이 되어 자신에 대한 통제 시도를 물리칠 수 있다(Kirkham and Attfield 1996: 2). 사물은 사회적이고, 중요성과 변이에 대한 명백한 관념을 만들어 낼 수 있다. 그 결과 사물은 차이의 생성과 관련된다. 사물은 중요성, 공헌, 역할, 효과에 대해 강력하고 또 부분적으로 승화된 메시지를 전달하기 때문에 사물은 젠더 구성의 동반자이다. 사물은 우리가 우리 자신을 보는 방식 그리고 우리가 접근할 수 있다고 보는 역할과 권리에 영향을 미친다(Sørensen 1999). 그래서 사물은 우리가 젠더 차이와 평가를 배울 때 중요한 정보와 지침을 제공한다. 이는 더 나아가 축제에서의 행운의 통(그림 5.1)과 같은 세속적 상황과 식량 배분과 같이 일상적 삶의 질에 실질적인 효과를 낳는 근본적인 상황에 영향을 끼친다.

젠더고고학의 프로젝트는 '선사시대 젠더 관계에서의 변이, 그 생성과 유지, 사회적 역학 관계에서의 위치'(Sørensen 1992: 31) 탐구에 대한 프로그램과 함께 젠더가 어디서 어떻게 물적 담론에 끼어드는지에 주목하고 젠더 현존의 결과를 연구하기 위해 확장되어야 한다. 이

___그림 5.1 젠더화된 행운의 통(영국 케임브리지 여름 축제, 1999년 6월)

러한 의미에서 물질문화를 생산과 소비 단계를 수반하는 일련의 자
원, 즉 필요하고, 욕망되며, 분배되는 일련의 사물로 생각하는 것이 유
용하다. 이러한 자원들은 여러 성격과 형태의 분배에 지속적으로 노
출이 되는데, 자원 분배에 관한 합의는 일상적 관행에서부터 담론적

전략이나 노골적 충돌에 이르는 경로를 통해 이루어질 수 있고, 그 분배 조직에서는 젠더나 여타 다른 사회적 원리의 개입이 상이하게 인정될 수 있다. 여기서 중요한 것은 이러한 자원이 젠더화된 차이 구성과 그러한 차이에 대한 반응에 개입되어 젠더화된 차이를 물리적 실재로 만들고 사람들의 삶과 가능성에 실제적 효과를 나타낸다는 점이다.

한편 모든 사물과 행동이 반드시 젠더화되는 것은 아니다. 구조주의의 영향을 받은 여러 연구에서 상정되는 바와 달리, 젠더 연합이 보편적인 것도 아니다. 예를 들어서, 케냐의 엔도 사회에 대한 무어의 널리 알려진 연구(Moore 1986)는 재와 여성, 그리고 똥과 남성 사이의 연합을 보여주지만, 이는 특정 사회의 정치적·경제적 맥락 안에서 나타난 연합으로서, 여기서 구성된 물질적 이원성은 다른 여러 사회에서는 별 다른 의미를 지니지 않을 것이다. 엔도 사회의 예는 젠더의 물질성에 대해 또 다른 중요한 실마리를 제공하는데, 이는 사회적 규정과 이상이 실제 관행과 정확하게 일치하는 경우는 드물다는 점이다(Moore 1987). 따라서 엔도 사회에 대한 고고학적 관찰에서는 그 사회에 대한 엔도인들의 자기 인식적 묘사에서보다 훨씬 덜 이원적인 젠더 체계가 발견되었을 것이다. 여기서 물적 기록은 다른 매체와 다르게 '이야기'한다는 것을 알 수 있다. 특정한 관계를 정당화하고 자연화하기 위해 사물이 사용되는 경우가 많지만, 물적 기록이 통제되고 작용되는 기제에 따라 상이하게 사용되어, 물적 기록이 반드시 다른 매체보다 정직하게 이야기한다고는 할 수 없지만 말이다. 이러한 과정에는 일상 관행에서의 담론적 행동과 비담론적 행동 모두가 수반되는데, 이는 의도적이고 명확한 의미가 구성되는 방식에 영향을 미친다. 실제에 있어 젠더는 이데올로기적인 형태에서 나타나는 것보다 덜 명확하게 표현되는 경우가 자주 있고, 이러한 측면에서 젠더에 대한 고고학적 연구가 특히 어려울 수 있다. 동시에 이는 젠더가 사람들의 삶에 미치는 관행적이고 물리적인 효과에 대한 연구가, 젠더가 어떻게 구성되고 삶을 통해 체험되는지에 대한 우리의 분석적 성찰력을 심화시키는데 얼마나 중요한지를 잘 나타낸다.

이처럼 물질문화는 능동적이면서도 유순하고, 의미를 지니고 있지만 절대적인 것은 아니다. 선사시대 사회를 움직였던 기본적 동력으로서 젠더는 관련된 이들에게 유형적이고 유의미해지기 위한 수단으로 사물을 이용했을 것이다. 그러나 사물은 그 영구성과 환기적 특성 때문에 젠더 차이를 단순히 반영하는 것이 아니라 차이의 생성과 (재)해석에 담론적으로 개입한다. 또 사물의 가로지르고, 연결하며, 상징하는 능력, 즉 텍스트간의 관련성과 같은 성질을 생성해 낼 수 있는 능력 때문에, 사물은 젠더 차이가 사회 전체에 침투하여 시간을 통해 사건과 사건 사이에서 유지되고 재생산될 수 있었던 기제들 중 하나였을 것이다.

젠더의 물질성: 소통과 관행

이제 사물의 특성이 젠더와 물질문화 사이의 관계와 어떻게 관련되고 그에 어떠한 영향을 미치는가를 논의할 때가 되었다. 이를 위해 4장에서 제시된 협상된 합의로서의 젠더라는 개념을 상기할 필요가 있다. 젠더는 담론적 관행과 규범에 대한 협상을 통해 수행되면서 존재한다. 젠더가 신체와 여타의 물질성과 연합됨에 따라 젠더는 실재, 형태, 결과를 얻는다. 이 점은 사물의 소통적 능력과 물리적 특성에 대한 검토 결과와 함께 고려되어야 한다. 젠더가 작동할 수 있게 되는 매체로서 사물은 젠더를 '실제'로 만들고 젠더에 물질적 결과를 부여한다. 다시 말해서 젠더가 규정되는 것은 사물 및 그와 연합된 활동을 통해서이다. 이러한 연합은 사물이 개입되는, 서로 관련이 있으면서도 구별되는 소통과 관행이라는 두 차원이 젠더에 있음을 나타낸다. 즉 사물은 젠더를 표상하고 또 젠더에 영향을 미친다. 두 가지 경우 모두에 있어 사물의 역할은 차이에 대한 코드를 구현하고 차이에 대한 인지와 반복 수단을 제공하는 것이다.

소통의 측면에서 젠더를 이해하기 위해, 사물의 상징화 능력과 상징물이 어떻게 의미를 얻는지에 대한 논의가 유용한 출발점이 될 수 있다. 여기서 이러한 논의가 특히 중요한 이유는 젠더의 상징적 차원에 대한 빈번한 언급에도 불구하고 '상징적'인 것이 구체적으로 무엇을 의미하는가에 대한 논의가 이루어진 경우는 드물기 때문이다. 상징적 의미는 실제로 사물을 그 '용기'로 자주 사용한다. 상징적 소통은 반복적인 연합 관행을 통해 작동하고, 사물이 여성화되는 경우처럼 사물이 규범과 사고의 물적 표현이 될 수 있는 능력을 이용한다. 일련의 활동과 결합되어 사용된 사물은 그러한 활동과 그것이 수행된 맥락을 '의미'할 수 있게 된다(Hodder 1989: 259). 따라서 반복적 관행을 통해 사물은 추상적 개념에 대한 상징물이 될 수 있다. 반복된 경험이 요소들 사이의 관련성에 대한 해석을 자극함에 따라 사물은 개념의 구체화된 형태가 된다. 이는 물적 실재에 관한 현상이 이데올로기적 실재에 관한 현상이 되어 사물은 기호나 상징물이 됨을 의미한다. 사물은 그 자체를 넘어선 무언가를 지칭하고, 그 효과는 물리적인 영역을 넘어선다. 상징물로서의 사물에는 의미가 스며들어 있지만 사물이 그 의미를 소유하는 것은 아닌데, 사물의 의미는 해석의 구체적인 맥락에 따라 다르게 이해될 수 있기 때문이다. 상징물로서의 사물을 통해, 그리고 연합과 연결을 만들어 낼 수 있는 상징물의 고유한 능력으로 인해, 사물의 상징적 의미는 널리 소통될 수 있고, 개인적 접촉을 넘어서 시간이 흘러도 살아남을 수 있다. 또 신체에 의미를 부여함에 있어 사물은 의미를 포함하고 의미에 영향을 미친다. 사물은 서로 다른 맥락과 상이하게 구성된 집단들 사이에 의미를 전달하고 상호작용을 가능케 하며 승인이나 변경과 같은 여러 반응을 자아낸다. 따라서 사물과 사물의 기술은 상징적 그리고 정치적으로 유의미한 문화적 환경을 유지하고 변형시키는 방식을 구성한다. 이러한 특성은 사물의 극히 중요한 측면이고, 개인적 사건, 맥락, 삶을 넘어선 구체적인 젠더 체계의 지속을 이해하는데 핵심적인 부분이다.

상징적 의미의 주요 근원은 물질적 형태와 특정 의미-맥락 사이의 반복적 연합이다. 따라서 상징적 의미의 생성에는 행동, 사물, 해석/독해가 수반된다. 상징적 의미 자체는 따라서 주로 관행에서 오고 반복에 의존한다. 예를 들어, 레이스는 특정 형식의 여성 의복과의 연합 그리고 일련의 이미지를 통한 그 연합의 반복적 강화를 통해 20세기에는 여성성을 상징하게 되었다. 같은 물질이 17세기에는 네덜란드의 도시 부르주아 내에서의 특정 남성 집단을 표상하기 위해 사용되었고, 이러한 맥락에서 그 구성원들을 공식적으로 묘사하기 위해 정교하게 표상되었다. 이처럼 형태와 맥락 사이의 반복적 연합을 통해 생성된 상징적 의미는 전적으로 임의적일 수 있다. 또는 상징적 의미는 무엇이 여성성과 남성성을 구성하는가에 관한 문화적 관점의 물리적 구현물이 될 수 있는 사물의 능력을 통해 생성될 수도 있다. 이는 무릎이나 단단함

과 같은 성질의 물적 표현과 그에 따라 맥락을 젠더화할 수 있는 사물의 능력을 지칭한다. 예를 들어, 영국 중산층의 19세기 후반 실내 디자인 안내서는 밝음과 여성성 사이의 연합 등을 통해 그러한 이상을 표현하고자 하였다(그림 5.2).

> 거실에서 추구되는 특성은 특별한 생기발랄함, 정제된 고상함, 무거움에 대비되는 가벼움이다. 따라서 장식과 가구는 섬세해야 했는데, 즉 전적으로 여성스러운 것이 되도록 하는 것이 그 규칙이었다. 그래서 식당과 거실은 거의 모든 측면에서 대조되었다(Kerr 1864: 107, Kinchin 1996: 14에서 인용).

이데올로기적인 젠더 특성의 구현에 대한 일상의 예는 여러 측면을 가지고 있다. 예를 들어서, 커함(Kirkham 1996: 6-8)은 화장지 및 휴지와 같은 현대적 물품에 대해 논하면서, 크기와 색상 같은 특성들이 어떻게 젠더 연합을 만들어 내는가를 증명하였다. 또 어떤 물적 형태는 그 자체로 젠더와 직접적인 연합을 제공하고 따라서 일련의 상이한 연합을 통해 젠더를 상징할 수 있는 잠재력을 가지고 있다. 이들은 성적 차이와, 가슴, 음문, 성기와 같은 사람들의 물리적 특성을 직접적으로 지칭하는 전형적인 물품이나 형태일 수 있다. 또는 이들은 인간 신체의 이러 저러한 부분처럼 보이는 형태를 띨 수 있다. 이를 상징물로 사용함으로써 젠더 그리고/또는 성별의 의미가 그 사용 맥락에 부여되는데, 이는 관행의 결과로서 보다 만연된 상징적 연합 생성과 대조된다.

고고학적 물질은 명확한 젠더나 성별 상징물을 포함하는 경우가 많고, 반복적으로 이루어진 연합 관행을 관찰함으로써 그러한 상징성을 추론할 수 있는 경우는 더 많다. 예를 들어서, 후자는 매장 의례에서 남성과 여성이 상이한 방식으로 취급될 때나, 상이한 종류의 사물이 그 젠더 연합에서 반복적으로 편파적일 때 상정된다. 매장 의례에서 나타날 수 있는 그러한 분화에 대한 몇몇 예가 있다. 하나는 신석기시대 줄무늬토기문화인데, 이는 기원전 3천 년 기 중반에서 2천 년 기 중반까지 중부와 북부 유럽의 넓은 지역에서 발견된다. 이러한 문화적 맥락에서 여성의 시신은 일반적으로 머리를 동쪽에 두고 몸의 왼쪽이 바닥에 닿도록 뉘어지고 남성의 시신은 머리를 서쪽에 두고 몸의 오른쪽이 바닥에 닿도록 뉘어져, 남성과 여성 시신의 무덤 내 안치 방향이 반대가 된다(Whittle 1996). 상대적으로 단순한 형태의 규칙임에도 불구하고 넓은 지역에 걸쳐 상당 기간 동안 그 규칙이 반복적으로 지켜짐에 따라, 장례 관행에서 젠더와 상이한 종류의 시신 안치 방향 사이에 뜻 깊은 연합이 만들어졌다. 이러한 연합이나 이와 유사한 이원적 대립이 동시기의 다른 관행에서도 존재하는지, 다른 맥락에서는 이러한 점이 관찰되지 않는다면 그 이유는 무엇인지가 연구될 수 있다. 줄무늬토기문화와 같은 경우, 특정 연합이 넓은 지역에서 상당한 기간 동안 유지되었다는 점이 특히 중요하다. 이는 서로 간에 직접적인 접촉이 없었던 공동체들이 어떻게 반복적으로 장례식을 조정하고 수행하여 남성 대 여성 사이의 대립에 관한 것으로 해석될 수 있는 분명한 차이를 재생산하였는지를 보여주기 때문이다. 여기서 죽음을 통해 상이한 종류의 신체가 만들어졌는데, 이는 덜 정형적이고 더 뒤범벅된 일련의 일상 관행을 과장하고 조정한 결과 나타난 차이이다. 이러한 예들은 젠더 체계의 수행과 그에 대한 시각화 제공 및 이데올로기적 재생산에서 무덤과 장례 관행이 담당했던 역할을 나타낸다. 차이에 대한 이데올로기적 무대 장치와 일상에서의 그 존재와 효과 사이의 잠정적 변이는 현재 고고학 기록에 깊이 묻혀 있는 실재이고, 이러한 복잡성에 대한 고고학적 연구는 충분히 이루어지지 않았다. 그러한 변이와 그 복잡성을 연구하기 위한 첫 번째 단계는 장례식과 같은 특정 맥락에서 젠더화된 사회적 삶의 정형화가 이루어졌는지를 검토하고, 그 검토 결과를, 식생이나 취락의 공간 조직에 의해 제시되는 바와 같은, 어떻게 사람들이 살았는가에 관한 다른 종류의 증거와 비교했을 때 '이상적인' 상징적 형태가 존재하는지를 보는 것이다.

장식품이나 의복 부품과 같은 사물과 젠더 사이의 배타적 연합에 관한 예들은 고고학 기록에서 널리 찾아볼 수 있는데, 이들은 여러 공동체 내에서 차이가 어떻게 상징적으로 구성되고 소통되는가를 조사하는데 도움이 된다. 상이한 시기와 맥락의 여러 묘사품과 토우가 지니고 있는 상징성에 대해서도 보다 구체적인 연구가 필요하다. 물론 이러한 자료는 이미 여러 각도에서 연구되었다(e.g. Bailey 1994; E. Hill 근간; Knapp and Meskell 1997; Russell 1993). 그러나 이들이 상징적 표상 수단 그리고 이데올로기에 대한 물적 형태로서 연합을 강화하고 정형화하기 위한 수단이 되었던 방식에 대해서는 거의 연구가 이루어지지 않았다. 이러한 사물이 젠더 구성에 대해 시사하는 점과 그를 여러 맥락에서 고찰하는 것은 도전적인 과제로 남겨져 있다.

한편 그러한 상징적 차원이 어떻게 획득되는지에 관계 없이, 젠더에 대한 상징적 소통, 그 차이, 특성, 평가는 사회적 관행에 대한 정보를 제공할 뿐만 아니라 그러한 관행을 통해 이루어지고, 이는 젠더화된 의미 생성의 중요한 수단이라는 점은 분명하다.

소통 및 의미와 관련된 또 다른 사항에 대해 간략하게 언급할 필요가 있는데, 이는 사물-상징-가치라는 연합 사슬을 통해 수립된 의미화의 연결과 관계 있다. 이러한 사슬은 의미가 초역사적임을 나타내는데, 의미가 상황에서 상황으로 그리고 사건과 사건 사이에서 사물을 통해 옮겨진다는 의미에서 초역사적이다. 그러나 이는 단지 무언가를 의미할 수 있는 잠정적 능력으로서이지, 명확하게 표현된 의미로서가 아니다. 이러한 수동적 잠재성을 활동적 구조로 전환하기 위해 그러한 잠재성은 재해석이나 재협상을 통해 일깨워지거나 환기되어야 한다. 의미의 협상은 전통과 기억 내에서 일어나고, 초역사적 또는 초맥락적 의미가 나타나는 것은 사물 단독을 통해서이기 보다는 이러한 구조를 통해서이다. 이 점은 맥락적 분석을 장기적인 구조화와 응집성에 대한 검토와 조화시키는데 중요하다.

관행의 일부로서의 젠더는 역할 분화와 노동 조직에 대한 문제를 제외하고는 거의 고려되지 않았다(e.g. Conkey and Spector 1984). 젠더의 물질화에 대한 이 차원은 젠더가 어떻게 행동에 영향을 미치는지를 일컫는데, 이는 우리의 논의를 다시 권리, 의무, 자원의 문제로 돌아가게 한다. 분명 젠더고고학은 젠더와 물질문화 사이의 이 중요한 연관을 고찰해야 한다. 젠더고고학은 물적 사물의 능동적이고 고유한 특성을 염두에 두고, 사물의 조작과 사용 및 관행적 행동에 어떻게 의미가 끼어드는지를 연구해야 한다. 이러한 차원을 고려하는데 유용한 출발점이 될 수 있는 것이 수행으로서의 젠더라는 버틀러(Butler 1993)의 개념과 이를 물질문화 분석에 적용 가능한지에 대한 검토이다. 고전 마야에 대한 조이스(Joyce 1996)의 흥미로운 연구에서처럼, 몇몇 고고학자들은 수행적 젠더에 대한 버틀러의 개념에서 이미 착상을 얻어 이를 물질문화 분석에 보다 널리 적용하고자 시도하였다. 이러한 영향을 받아 조이스(Joyce 1996)는 젠더고고학의 과제는 특정한 역사적 상황에서 성별과 젠더에 대한 어떠한 인용 관행에 물질적 형태가 주어졌는가를 연구하는 것이라고 주장한다.

버틀러는 물질적 신체에 대해서만 다루었지만, 그녀의 핵심적 주장 및 반복과 규정에 대한 이미지는 상이한 물적 맥락에서도 적용 가능하다. 여기서 수행은 문자 그대로 사건의 상연, 젠더 코드화를 통해 생성된 대본을 연기하는 것으로 고려될 수 있다. 이러한 규정에 사용되는 사물은 한편으로는 중요한 시점에 행동을 지시하는 도구 역할을 하고 또 다른 한편으로는 그러한 수행의 단계를 기억하기 위한 도구 역할을 한다. 예를 들어, 덴마크 전기 청동기시대 무덤 축조에서 사물을 안치하고 소가죽으로 시신을 싸는 것과 같은 특정 행동을 통해 표시되는 것에 따라 무덤 축조 순서가 추적될 수 있다(Sørensen 1992). 맥락을 일련의 유의미한 사건으로 해체함으로써 순서적 상연이 유사한 방식으로 추적될 수 있는데, 이는 무덤과 같은 사물의 수행적 차원을 이해하기 위해 여러 사례 연구에서 응용되고 있고(e.g. Last 1998, Mizoguchi 1992, Oliver 1992), 사회적 전략에서 그러한 순서적 구성이 지니는 중요성이 크게 논쟁되고 있다(Barrett 1988, ARC 1992). 버틀러(Butler 1993)의 용어를 따르자면 사물과 행동은 코드에 인용을 제공한다. 이들의 물질성은 상연 무대를 식별하고 기억한다. 또 반복의 중요한 결과로서 사물과 행동은 코드를 실질적인 것으로 만든다. 사건의 식별자로서 기능하는 사물의 능력은 민족지적·고고학적으로 알려진 여러 신체 절단의 예들을 통해 가장 생생하게 예시되는데, 이러한 신체는 개인적·사회적 수준에서 시각적으로 소통하고 영구적인 사회적 기억과 생애 단계에 대한 표시를 제공하기 위해 자주 사용된다.

관행으로서 젠더가 지니는 또 다른 차원은 위와 같은 젠더 상연이나 수행이 권력 분배에 개입되는 정도인데, 이에는 특정 젠더 체계의 생성과 유지가 포함된다. 사물의 고유한 특징 중 하나는 서로 다른 맥락을 잇고 그를 통해 어느 한 맥락을 넘어서는 능력이다. 이러한 능력 덕분으로 사물은 전통을 표상하고, 과거의 행동, 의미, 사건, 사람을 현재와 연결시킬 수 있다. 또 사물은 권력과 위신의 정당화에서 중요한 역할을 수행할 수 있는데, 권력과 위신 구조는 통상 전통을 사용하고 지칭하기 때문이다. 시간을 가로질러 연관을 만드는 사물의 능력은 고전 마야 사회에서의 젠더에 대한 조이스(Joyce 1996)의 분석을 통해 잘 예시된다. 조이스는 이분법적인 이성애적 분류의 형태로 젠더가 유지되고 상연되었던 인용적 관행을 식별하고자 한다. 마야 문화의 도상적 요소에 기반하여 조이스는 신체적 관행의 기입을 위해 사용된 사물의 표준화된 어휘가 그러한 관행을 승인하는 역할을 하였다고 주장한다.

조이스는 또한 장신구가 인용적 수행을 통해 젠더를 고정하기 위한 매개물로 사용됨으로써 장신구가 어떻게 천년 이상 변화에 저항할 수 있었는지를 강조한다(ibid.). 물질문화 영역에서의 장기적 안정성에 대한 이러한 예를 조이스는 신체적 관행의 침전이라는 개념을 통해 해석하는데, 이는 동일성의 구성이라는 문화적 관행에서 흔하면서도 매우 중요한 현상을 일컫는다.

인용 분석 뒤에 놓인 인간 관행에 대한 이해는 일정 부분에서 본질적인 차이가 있음에도 불구하고 고고학, 특히 석기 연구에서 사용되는 조작 사슬(chaîne opératoire) 개념과 비교될 수 있다. 이 개념은 원료를 가공된 산물로 변형하는 조작 순서에 초점을 둔다.

> 이러한 조작 사슬을 재구성함으로써 연구자는 그들의 변이를 이해하게 된다. 따라서 이들의 변하지 않는 '중추,' 즉 전체 사슬을 위험에 빠뜨리지 않고는 수정될 수 없는 전략적 요소와 행위자에게 주어진 선택의 폭과 자유의 정도를 이해할 수 있게 된다(van der Leeuw 1993: 240, 강조는 원저자에 의함).

흥미롭게도 이러한 접근은 현재 석기 연구 외에도 적용되고 있다. 예를 들어서 이러한 접근은 장례에서의 공간 구성을 의도적으로 유의미한 공간을 만들어내기 위한 일련의 연관된 관행으로 이해하고 그러한 구성을 서술에 비교하였다(e.g. Olivier 1992: 59-60). 이러한 접근에서 물질문화 생성은 일련의 상호 연관된 사건으로 이해된다. 여기서 버틀러의 주장이 수행 또는 인용에 대한 개념과 코드 또는 관습에 대한 관념을 더하기 위해 사용될 수 있을 것이다. 이를 통해 젠더가 어떻게 모든 요소와 결정에 반드시 존재하지 않고서도 일관적이고, 정서적이며, 연구 가능한 차원이 될 수 있는지를 알 수 있다.

관행과 권력에 대한 강조는 이데올로기와 프락시스에 대한 맑시스트적 논의와 관련되기 쉽다. 그러나 이데올로기에 대한 현재의 논의에서 이 문제는 경제적 집단 유지에서 이데올로기의 역할에 대한 관심 이상을 수반한다. 경제와 정치가 서로 깊이 얽혀 있기 때문에 '경제적 이해'에 관한 문제 자체 역시 재해석될 필요가 있다. 한편 이데올로기와 권력에 대한 인지는 특정하게 구성된 집단이나 개인이 물질 자원에 관련되는 방식과, 이들이 사물의 의미를 거부, 저항, 또는 조작할 수 있는 정도에 초점을 두도록 유도한다. 사물은 상이한 사람들에게 상이한 의미를 지닐 수 있고, '전통'은 시간의 흐름을 통해 의미를 전달한다는 점은 자주 주목되어 온 부분이다. 필자는 이를 의미의 유동성이라고 칭한 적이 있다(Sørensen 1992). 이러한 유동성과 함께, 권력 관계의 현존과, 권력의 증대와 통제를 상징하고 또 그에 영향을 미칠 수 있는 사물의 능력을 고려할 때 사물의 젠더화된 의미는 관행을 통해 협상 가능하다고 할 수 있다. 따라서 사물의 순응성 즉 권력과 차이의 상징물이자 도구가 될 수 있는 능력은 젠더와 물질문화 사이의 연합을, 사회적·정치적 조직의 일부로서 젠더 체계를 장기적으로 유지, 변형, 재해석함에 있어 역동적이면서도 핵심적인 것으로 만든다. 사물의 젠더화된 의미는 그에 대한 행동의 맥락에서만 분석될 수 있다.

사물을 통해 젠더를 구성하고 사물을 젠더화하기

사물과 젠더 사이의 관계는 '정상적'인 것으로 받아들여져 '비가시적'이 되는 방식으로 형성되고 나타난다. 그래서 우리는 때로 여성성과 남성성에 대한 특정 관념이 사물에 대한 중요하고 널리 퍼진 지각뿐만이 아니라, 사물에 대한 개념, 디자인, 광고, 구입, 수여, 사용에 미치는 영향을 평가하지 못한다. (Kirkham and Attfield 1996: 1)

여러 사회적 관행의 어디에 그리고 어떻게 젠더를 끼워 넣어 위치 지울까에 대한 문제에 관여할 수 있는 능력으로서 젠더고고학의 특유한 공헌이자 젠더고고학에 대한 도전이 현재 보다 명확하게 나타나고 있다. 젠더고고학의 가장 중심적인 관심사 중 하나는 사물이 어떻게 젠더화되는가에 대한 문제이다. 이미 논의된 것처럼 사물의 고유한 특성 때

___그림 5.3 영국 케임브리지 한여름의 축제 매점에 진열된 소녀의 드레스 (여성성에 대한 특별한 표현은 여행자들을 대상 고객으로 한다는 점과 관련이 있음; 1999년 6월 인터뷰)

146

문이든 또는 반복적 연합 때문이든 사물은 젠더화될 수 있다. 그러나 그 젠더 의미는 단지 잠재적일 뿐이고, 그러한 의미가 나타나기 위해서 사물은 맥락과 프락시스의 도입을 수반하는 해석 영역에 들어서야 한다.

물질문화를 통해 유지되고 협상되는 사회적 구성물로서의 젠더라는 개념은 여전히 극히 추상적이고, '그것이 실제로 어떻게 일어나는가'에 대해서는 거의 알 수 없다. 물질문화 협상은 어떠한 성격을 띠고, 젠더화된 사물을 어떻게 인지할 것인가? 사실 과거 사회에서의 젠더에 대한 연구가 바람직하기는 하지만 불가능한 문제라는 주장이 자주 제기된다. 따라서 어떻게 그리고 어디서 젠더를 사람들의 행동에 대한 효과로 식별하고 위치 지울까를 간략하게나마 고려해 볼 필요가 있다.

물질문화는 그 자체의 '논리'와 표현 잠재력을 가지고 있는 특유한 매체이다. 따라서 물적 사물이 지니고 있는 의미에 대한 해석은 맥락의 참여자로서의 사물에 대한 이해와, 의미는 절대적이지도 배타적이지도 않다는 인식에 기반해야 한다. 물질문화는 또한 사회적 삶에 통합된 요소인데, 사물은 의미의 규칙을 표현, 생성, 변형하기 위해 사용된다. 후기과정주의 고고학이 다른 활동들과 함께 담론의 중심에 물질문화를 위치 시키는 것은 이러한 통합 때문이다. 그러나 무어(Moore 1994: 114)가 경고하듯이 물적 담론은 맥락적으로 생성되고 - 즉 물적 사물은 맥락에서 그 의미를 발견한다 - 맥락 밖에서의 이해를 지칭한다.

구성물로서의 젠더는 생성되어야 하는데 이에는 맥락이 수반된다. 이러한 맥락의 성격은 매우 다양하므로 맥락을 '정의'할 때 단정적이 되지 않도록 하는 것이 중요하다. 틸리(Tilley 1993: 8-9)는 '우리 자신의 해석적 행동이 맥락에 포함되어 있음을 강조하면서 맥락에 대한 비-맥락적 정의를 내리고자 하는 것은 용어상 모순이다'는 점을 강조한다. 맥락은 예를 들어 유적, 순간, 행동, 사건으로 식별될 수 있고, 또는 조합이나 개별 형식이 될 수도 있다. 그러나 가장 중요한 점은 이들 모두가 고고학자에 의해 형성됨을 인지하는 것인데, 이러한 틀 짓기를 통해 고고학은 학문으로서 젠더화되는 과정에 놓이게 된다. 젠더 코드화는 또한 젠더가 구성되는 과정의 일부이다. 맥락이나 사물이 단독으로, 자동적으로, 그리고 정적으로 젠더화된다는 가정을 삼가해야 한다. 문화적 레퍼토리의 많은 부분이 특정한 사건과 맥락에 통합될 때까지 젠더화되거나 성별화되지 않은 상태로 존재하는데, 이는 젠더 관계에 많은 협동, 공유, 상호연관이 수반되었을 선사시대 소규모 사회에서 특히 그러했을 것이다. 이에 무기와 장신구와 같은 상이한 종류의 사물이 모든 맥락에서 시간의 흐름에도 불구하고 유사하게 젠더화된다고 가정하는 전통적인 관점은 비판적으로 재평가되어야 한다. 그렇다고 칼은 남성적이고 장신구는 여성적이다와 같은 젠더화된 대상에 대한 전통적인 사고를 완전히 버리자는 것이 아니라, 이들의 맥락적 기원과 상태에 대한 인지가 필요하다는 뜻이다. 예를 들어서, 유럽 청동기시대에 칼이 특유한 방식으로 개념화되었고 남성, 특히 전사와의 연합이 칼을 '남성적인 사물'이 되게 하였다고 주장할 수 있다(Sørensen 1992). 이 칼은 아마도 그 형태와 남성 전사에 관한 의미 사이의 상징적 연합을 통해 당시 사회에서 특별한 위치를 부여 받았을 것이다. 또 여러 문화적 사용을 통해 남성성의 구현물이 되는 능력을 얻었을 것이고, 이를 통해 매우 특정한 방식으로 그 사용 맥락에 영향을 미쳤을 것이다. 이러한 주장은 청동기시대 공동체가 어떻게 여러 사물들 중에서도 칼과 상이하게 상호작용했는가를 나타내는 여러 구체적인 관찰에 근거한다. 예를 들어 당시 칼의 생산은 지극히 표준화되어, 지역 장인에 의해 산발적으로 생산되기 보다는 대개 중앙 공방에서 생산되었다. 또 칼은 일종의 엘리트를 수반한 교환망을 통해 넓은 범위에 걸쳐 분포하게 되었을 것이다. 이 칼은 또한 무덤에서 남성과 반복적으로 결합되었다. 칼의 도안적 또는 상징적 차원은 예를 들어 남서 유럽 돌기둥에 있는 묘사(Galan Domingo 1993)나 북부 유럽에서 부장품으로 쓰인 칼의 정확한 축소 모형 사용(Sørensen 1992)에 의해 뒷받침된다. 또 다른 세부 사항이 청동기시대 칼의 특수하고 남성적인 특성을 주장하기 위해 추가될 수 있다. 여기서 요점은 젠더 담론에 포함된 사물을 식별할 수 있는 것은 사물과 연합된 관행을 통해서라는 것이다. 따라서 젠더에 대한 고고학적 분석은 상이한 사물이 어떻게 젠더 구성에서 담론적으로 사용되는가에 대한 이해를 필요로 한다.

고고학은 대개 직접적인 방식으로 젠더 관계 및 그 효과와 물리적 결과에 접근 가능하다. 관찰되는 패턴이 연령이나 사회적 지위와 같은 다른 기준보다 젠더 때문에 나타난다고 보는 것에는 물론 문제가 따른다. 그러나 이는 학문적 맥락과 별개로 모든 젠더 연구에 공통되는 문제이다. 예를 들어서, 면대면 상황이라 하더라도 한 사람이 무언가를 할 때 그녀가 여성이기 때문에 그러한 일을 하는 것인지, 또는 그녀가 노동 계급이기 때문인지를 구별하는 것은 어렵다. 그렇다고 하여 특정한 변수와 젠더 사이에 유용한 관계가 설정될 수 없다는 것은 아니다. 그러나 이에 대한 분석은 조사되고 있는 문제와 관행의 형식에 보다 적합해져야 한다.

개인과 밀접히 연합된 증거일수록, 젠더가 어떻게 그 사람에게 영향을 미쳤는가에 대한 보다 직접적인 이해에 도움이 될 것이다. 이러한 측면에서 상이한 문화에서의 인간 몸에 대한 여러 연구가 젠더고고학에 중요한 출발점을 제공할 수 있다. 동위원소 분석을 사용하는 연구, 인골에 남아 있는 근육 흔적에 대한 연구, 건강, 사망률, 신장과 체격에 대한 증거를 통해 과거에 개인들이 어떻게 살았는가에 있어서의 차이를 추적할 수 있다. 남성보다 여성의 사망률이 일관적으로 낮다고 하더라도 이러한 차이는 시간의 흐름에 따라 변할 수 있다는 것은 잘 알려진 사실이다. 그러나 젠더는 생명이 있는 신체뿐만이 아니라 사람과 공동체의 보다 많은 측면에 대하여 영향을 미치고, 정보를 제공하며, 표현된다. 여러 사회에서 무덤은 정체성과 관계에 대한 성찰과 재협상이 가장 명시적으로 이루어지는 상황을 제공하기 때문에 이에는 젠더에 대한 반응이 반드시 수반되는데, 무덤에서 젠더가 무시된 것처럼 보인다 하더라도 이는 그 자체로 젠더에 대한 특정한 해석을 구성한다. 여러 문화에서 상이성과 동일성이 가장 명확히 표현되는 곳은 무덤이라고 할 수 있다. 죽음과 같은 통과의례는 사자를 변형시킴으로써 수행되고, 이는 적절한 사회적 기준에 기반한 그/그녀/그것의 정체성에 관한 진술을 통해서만 가능하다. 사회 관계의 승인과 재확인에서 무덤은 효과이자 결과로서 젠더를 수반하는데, 사회 관계에서의 어떠한 변화도 젠더를 포함하기 때문이다. 매장 기간 동안 개인에 대해 만들어진 진술은 이러한 문화적 관행 내에서의 공간적·시간적 변이에 대한 풍부한 기록을 제공한다. 예를 들어서, 서부와 중부 유럽의 신석기시대 후기와 청동기시대 전기 젠더 범주는 거석묘를 통해 이루어진 이전의 신석기시대 무덤 관행과 뚜렷이 대비되는 엄정한 방식으로 무덤을 통해 구성되고 시각화되었다. 남성과 여성 시신을 대립적인 방향으로 안치함으로써 죽음에서의 차이가 시각화되고 규정되었다. 이러한 구분은 또한 지역에 따라 도끼나 단검은 남성과 함께 매장되고 여러 종류의 장신구는 여성과 함께 매장되었음을 의미했던 여러 대상에 영향을 미쳤다. 예를 들어서, 영국의 비커 무덤에는 여러 사물이 남성이나 여성과 뚜렷이 차별적으로 결합되고, 어떤 사물은 남성이나 여성 중 하나와 배타적으로 결합된다. 허리띠 장식, 금 단추와 호박 단추는 남성과 배타적으로 발견되고, 혈암/흑옥 구슬은 여성과 연합된다(Gibbs 1990). 매장 의례에서 구성된 엄격한 젠더 범주는 몇몇 무덤에서는 매우 어린 아이들에게도 영향을 미쳤다(Sofaer-Derevenski 1997, 1998). 그러나 이러한 젠더 범주화를 동시기 다른 활동 영역에서는 찾아보기 어렵다. 이는 젠더가 상황에 따라 존재하거나 상황에 따른 특성을 지님을 나타내는데, 젠더는 어떤 맥락에서는 존재하지만 다른 맥락에서는 무시될 수 있다. 무덤 안의 사자 처리, 장례 기념물에서 이들의 위치, 같은 공간의 순차적 사용이 젠더에 의해 영향을 받을 수 있고, 이러한 관계를 탐구하기 위한 연구들이 시작되었다(e.g. Mizoguchi 1992, Sofaer-Derevenski 1998).

물론 젠더를 통해 통상적으로 정보를 제공받는 보다 많은 삶의 측면들과 자기와 타자에 대한 성찰이 있다. 고고학적 기록에는 상이한 물적 형태와 결과에서 표현을 발견함에 따라 여러 사회가 이 차원에 부여한 중요성에 대한 증거가 풍부하다. 예를 들어서 고고학적 기록은 사람들, 사람들에 대한 범주, 그들의 신과 숭배 대상에 대한 당시인들의 자기 의식적인 묘사에 관한 정보를 제공한다. 그러나 그 효과는 공간에 대한 신체적 경험과 일상의 관리 영역에 이르기까지 보다 넓은 범위에 걸쳐 많은 영향을 미쳤다. 이러한 흔적의 일부는 쉽게 탐지 가능하지만, 어떤 것은 덜 명료하며, 많은 부분이 젠더 소통과 관행에 대한 보다 자세한 조사를 통해 인식될 필요가 있다. 분석의 초점은 현실적으로 식별 가능한 흔적에 두어야 하지만, 그 해석은 젠더의 현존과 영향을 보다 넓게 고려하여 젠더의 보다 미묘한 개입과 영향을 섬세하게 다룰 수 있어야 한다.

이와 관련하여 3장에서 다루어진 성과 젠더에 대한 정의 문제로 잠깐 돌아갈 필요가 있다. 어떻게 관행에서 성별/젠더에 대한 평가와 인지가 물적 상황을 통해 알려지고 물적 상황에 영향을 미치는지를 인식하는 것은 이러한 범주의 존재에 대한 이론적 논의에 핵심적으로 중요하다. 젠더에 대한 사고는 그 물질적 결과를 통해 실체를 얻는다. 예를 들어서 18세기와 19세기 전반 유럽 여성들은 천성적으로 순진하고, 나약하며, 아이와 같아 투표권을 인정받을 수 없으며 상속권을 포함한 재정적 책임을 질 수 없다고 여겨졌다. 그래서 여성성에 대해 구성된 관념이 여성의 삶에 직접적인 경제적·정치적 결과를 낳았다. 젠더 그리고/또는 성애에 대한 대안적 관념이 물질문화의 전복적 사용을 통해 어떻게 통상적으로 표현되는가에 따라 젠더와 물질 자원 사이의 연합의 중요성은 물질적으로뿐만이 아니라 상징적으로도 증대되고, 따라서 이러한 연합을 특정 범주의 사람들로 한정하는 것에는 문제가 있다. 마찬가지로, 그러한 대안의 억압에 들인 상당한 투자와, 특정한 젠더 체계의 물적 형태 유지에 수반된 노력은 사물이 코드의 표현과 규정으로서 얻게 되는 중요성, 또 사물이 관행에 형태를 부여함에 따라 얻게 되는 중요성을 나타낸다. 사물이 여성적 또는 남성적 물품으로 만들어짐에 따라 사물은 적절한 사용에 대한 개념과 연합된다. 그러한 코드를 깨뜨리는 것은 그러한 물품이 아무리 사소하고 세속적인 것이라 할지라도 통상 불편함을 자아낸다. 젠더와 사물 사이의 밀접한 연관에 대한 또 다른 증거로서, 가장 이원적으로 코드화된 물품이 전복적으로 사용될 때 기존 질서가 가장 어지럽혀진다고 보기도 한다(Kirkham and Attfield 1996: 4; Joyce 1996). 따라서 젠더의 물적 표현은 단순한 젠더의 반영물이 아니다. 이는 사람들의 삶, 공동체 안에서의 권리와 책임의 분배, 적절한 행동에 대한 승인과 규정에 영향을 미치는 차이의 구성에서 적극적인 요소이다. 젠더 차이가 자원 분배에 영향을 미쳐 사회적·정치적 담론의 영향력 있는 요소가 되지 않으면 그리고 그러기 전에는 젠더는 그다지 중요하지 않다고 보는 사람도 있을 것이다.

지금까지 물적 사물의 능동적이고 담론적인 성격을 주장하는 후기 과정주의 고고학적 접근은 젠더 연구에 중점적이고, 젠더 구성, 유지, 변형에 대한 분석이 특히 그러한 관점을 필요로 한다는 점에 대해 논하였다. 개인의 삶과 사건의 한계를 초월하는 능력을 사물에 부여하는 사물의 물리성은 젠더 이데올로기를 포함한 사회 재생산에 물질적 환경을 제공하는 것으로 볼 수 있다. 젠더의 이러한 측면과, 이와 관련된 고고학의 특유한 잠재력은 사회과학에서 간과되었다. 이에 2부에서는 일련의 '물적 상황'이나 '장소'를 통해, 젠더의 물질성이라는 차원을 특정한 종류의 물질 자원이 사회적으로 전용되는 지점으로서 고찰할 것이다. 여기서 목적은 젠더 역할과 차이를 표현하고 협상하기 위해 사물이 사용되는 방식을 보여주는 것이다. 과거 젠더에 대한 문화사적 검토는 이루어지지 않을 것이다. 그보다는 젠더가 사회적 담론 상황에 동반자가 되어 명백히 표현되는 방식에 관해 고고학이 어떤 정보를 제공할 수 있는지를 살펴볼 것이다. 이와 관련하여 2부에서는 특정한 일련의 자원들을 살펴볼 것인데, 각각은 나름의 방식으로 젠더의 시각적, 관행적, 물리적 표현에 통상적으로 개입되었다. 지금 그러한 것처럼 과거에 이들은 젠더가 작동할 수 있는 매체를 제공하였다. 특히 중요한 점은 자원 분배 기제와 권리에 대한 개념을 통해 이러한 자원이 차이의 평가에 자주 개입된다는 것이다. 이러한 물질 자원은 어디서 그리고 어떻게 젠더가 특정한 일련의 관행과 관심사에 개입될 수 있는지 논의하기 위해 사용될 수 있다. 이러한 논의는 공동체가 살아가는 젠더화된 세계를 구성하는 과정의 핵심적 측면을 제시할 것이다.

이러한 물적 상황은 분명한 사회적 차원을 가지고 있으면서 자아의 관행과 구성에 다양한 방식으로 관련되는 것으로 보여질 수도 있는데, 이들은 외적인 것, 개인 활동에 대한 물리적 구조화로서 검토되어야 한다. 이들은 유형성을 얻고자 하는 개인적인 것과 공동체적인 것의 일부로서 자아 구성과 규정에 영향을 미친다. 이러한 관행들은 타인들이 '읽거나' 해석하는 문화적으로 특수한 방식으로 신체에 표시를 하고 신체를 형성하여, 신체에 '기입'하거나 '쓴다'(Lupton 1996: 15). 젠더는 항상 시도되고, 기입되고, 중앙화되지만(ibid.), 이를 위해서는 형태가 필요하고, 사물과 관행은 이를 제공할 수 있다.

Gender Archaeology

2부

6장

음식: 먹이기와 먹기 수행

겨자, 고추냉이, 식초 등은 우리 집에서는 매운 것으로 여겨져 어른들만 먹는다. 킴 마이클은 "난 그거 싫어"라고 한다. 이에 메간이 "나는 나이가 들면 좋아하게 될지도 몰라. 아마도 내가 일곱 살쯤 되었을 때?"라고 덧붙인다.

영양과 상징: 음식의 문화

지금까지 이루어진 젠더에 대한 논의를 통해 젠더 담론과 협상은 사회의 정치적·경제적 문제를 구성함이 명백해졌다. 젠더는 사회적 규범에 따른 자원 분배 결정에 관여되고 따라서 물질적 효과를 내고 관행에 대한 정보를 제공한다. 삶에 있어서의 중심성과 차별화된 분배의 가능성 때문에 음식은 의미화의 자원이자 중요한 사회적 매체이다. 그러한 만큼 음식은 여러 사회과학에서 널리 연구되고 있는 분야이다. 예를 들어 음식은 사회 인류학에서 고전적 주제인데, 부르디외(Bourdieu 1984), 더글라스(Douglas 1975, 1980), 구디(Goody 1982), 레비스트로쓰(Lévi-Strauss 1970) 등에 의해 중요한 논의가 이루어졌다. 음식은 사회학에서 떠오르고 있는 연구 주제 중 하나인데, 이는 사회적 연구에서 신체와 체화에 부여되는 중요성 중대와 부분적으로 관련이 있다(e.g. Lupton 1996). 이는 고고학에서도 많은 관심을 받은 주제이다. 비록 대부분 자원, 생산 관행, 심리적 필요로서의 음식 관행에 초점을 두고 음식의 사회적·이데올로기적 차원에 대한 분석은 충분히 이루어지지 않았지만 말이다. 음식에 대한 고고학적 연구는 하스톨프(Hastorf 1991, 1998)의 연구와 같은 최근의 몇몇 연구를 제외하면 음식에 대한 매우 도구적 또는 기능적 관점을 택하였다. 선사시대 음식의 문화적·상징적 차원에 대한 풍부하고 다양한 증거에도 불구하고 음식은 주로 목적에 대한 수단으로서 분석되었다.

식량은 생산에서 소비에 이르기까지 몇 단계를 수반한다. 식량 재분배, 공유, 분배와 함께 이는 상이한 수준에서 차이 생성을 위한 가능성을 제공한다. 음식은 필수적인 것이고 인간 존재의 기반이면서 상징적 자원이기도 하다. 사회, 민족지적 공동체, 과거 활동에 관한 연구는 음식과 연합된 일련의 금기, 중요성, 특별 활동을 보임으로써 이를 생생히 증명한다. 지정된 관행과 연합을 통해 음식에는 가치와 규범적 의미가 스며들게 된다. 음식은 또한 문화화에 극도로 노출되어 있는데, 음식은 가공과 변경의 대상이 되고 이를 통해 도구화된다. 럽톤(Lupton 1996: 2)에 따르면 음식에 대한 조작 즉 '요리'는 '원료를 "자연"에서 "문화" 상태로 운반하여 길들이는 도덕적 과정이다.' 고고학자들은 음식이 그러한 과정에 의해 영향을 받고 여러 수준에서 문화와 수행의 대상이 되는 방식을 알 필요가 있다. 식량 생산 및 식량 흐름과 소비 방식은 규칙, 규정, 문화화된 행동 방식을 따른다. 도구와 장비는 식량 생산, 대접, 섭취의 필수적 도구로서 연합된다. 또 문화화를 통해 음식은 여러 방식으로 과장되고 매우 가치 있는 것이 되며, 나아가 대상으로 객관화된다. 맛, 색감, 질감, 재료의 조합은 필수 내용물이나 영양분 문제를 넘어서 연구된다. 이러한 관행을 통해 음식은 잠정적으로 분화되고, 식사는 다양해지며, 사람들은 그러한 차이에 대한 접근 및 권리에 따라 분리된다. 음식 분화에의 투자 문제는 가장 먼저 길들여진 식물은 아마도 기본적인 생계 작물이 아니라 약초와 향신료일 것이라는 최근의 주장을 고려할 때 특히 흥미로워진다(e.g. Hastorf 1998).

따라서 음식은 필수적임과 동시에 매우 문화적이다. 음식은 여러 재료의 변형을 통해 생산되고, 신체 유지를 위해 섭취되는 과정에서 신체의 일부가 된다. '우리는 우리가 먹는 것이 된다'라는 말도 여기서 나왔다. 신체 특히 입과의 이러한 결합은 음식 그리고 그 소비에 심리적인 차원을 부과하기도 한다. 이는 여러 가지 방식으로 신체의 연장으로서 지각되고 경험될 수 있는데, 신체의 경계에 침투하여 경계를 모호하게 한다. '음식은 항상 오염과 신체적 불결을 예고하지만, 생존을 위해 필요하고 큰 즐거움과 만족의 원천이다'(Lupton 1996: 3). 더 나아가서 음식과 음식 소비는 성적이고 성애적이 될 수 있다. 이러한 잠정적 연합은 음식이 엄격한 문화적 코드화에 노출되는 이유일 수 있다. 음식 구분에 대한 구조주의적 관심의 오랜 전통 뒤에 있는 것은 이러한 특성이다. 이러한 특성 중에 가장 유명하고 영향력 있는 것은 깨끗함:더러움, 날 것:요리된 것과 같이 음식 관행을 우주론적 체계의 일부로 보는 사고에 기반한 분류에 대한 레비-스트로쓰(Lévi-Strauss 1970)의 논의이다. 더글라스(Douglas 1975)의 접근 방식 또한 중요한데, 그는 각 식사의 예측 가능한 구조는 잠정적 무질서로부터 질서를 생성하고 이러한 질서는 사람들이 누구인가에 관한 것이라고 주장하며, 식량 범주가 어떻게 사회적 사건을 코드화하여 구조 짓는가를 논의하였다(Lupton 1996: 9). '식사라는 정돈된 체계는 모든 정돈된 체계를 표상한다'(Douglas 1975: 273). 그러나 문화적 지각의 특정 수준에서 이원적 대립의 현존이나 상이한 분류 체계 사이의 밀접한 연합에 대한 관찰이 이러한 구조 자체가 문화적 관행과 물질로서의 음식에 대한 충분히 심도 깊은 분석을 제공할 수 있음을 의미하는 것은 아니다. 이들은 단지 음식과의 상호작용에서 사회는 이러한 종류의 코드화된 연관을 명백하게 하는 방식으로 음식의 특성 중 일부에 응답함을 보여줄 뿐이다. 음식의 사회학에 대해 연구하는 여성주의자들은 음식과 식습관의 잠재적 의미를 체화, 행위, 변동의 측면에서 해석하기 보다는 '드러내야 할 고유한 규칙이 있는 언어적 텍스트처럼'(Lupton 1996: 8) 취급한다고 하여 이러한 접근을 비판한다. 음식에 대한 분석은 그 연합을 관찰하는 것에서 더 나아가 음식이 어떻게 상이한 의미와 가치 사이의 관계를 정립 가능케 하고 이에 일련의 특유한 관행이 어떻게 수반되는지를 연구할 필요가 있다. 이는 식량은 그 소비 및 분배에 관한 합의를 포함하여 식량 생산과 가공에 영향을 미치는 물리적·경제적 절차와 신체에 대한 여러 관계를 통해 분석되어야 함을 의미한다. 따라서 생산, 분배, 소비의 물리적 과정이자 체화된 경험으로서 식량이 지니는 이원적 측면은 식량이 사회적·경제적 분화 및 개인적 정체화와 주관성의 원천이 되는 방식에 영향을 미치는 것으로 인식되어야 한다.

음식은 물리적으로 현존하고, 시간적으로 존재하며, 변동 가능한 성질을 지니고 있는데, 이 모두는 여러 가지 방식으로 조작될 수 있다. 음식에 대한 경험은 필요와 욕망에 대한 접근과 성취에 관한 담론적 관여일 뿐만이 아니라 촉감, 후각, 미각, 시각을 통한 비언어적이고 감각

적이며 물리적인 관여이기도 하다. 음식에 대한 담론적 관여에서 언어
는 식량 생산과 유통에 관해 결정, 협상, 동의 수단으로 등장한다. 이러
한 차원은 음식에 관해 우리가 구성하는 의미에 핵심적이지만(Lupton
1996: 13), 비언어적, 감각적, 물리적 차원은 의미에 영향을 미치는 감각
의 저류로서 존재한다. 이러한 음식이라는 매체를 통해 개인적인 측면
과 사회적인 측면은 흥미롭고도 극히 복잡한 방식으로 상호작용한다.

　식량 분석에는 위 두 가지 측면이 모두 포함되어야 하지만 이 둘
은 개인과 사회라는 다소 상이한 차원에 관계되므로 이들이 젠더 논의
에 대해 갖는 함의도 다름을 인식할 필요가 있다. 3장~5장에서 이루어
진 논의를 따라, 이 장에서는 식량 및 그 생산, 유통, 소비가 개인들 사
이의 젠더화된 차이의 일상적 규정에 중심적 역할을 하는 정도와, 그것
이 젠더화된 차이 유지 및 역할 습득에 미치는 효과에 대해 살펴보려
한다. 다시 말해 체화된 경험보다는 식량의 물질성 그리고 그것이 정체
성과 구성원 자격에 대한 사회적 담론에 개입하는 방식에 주목할 것이
다. 이처럼 식량의 사회적 중요성을 분석하기 위해서는 원료가 일정한
종류의 음식으로 만들어지는 과정과 그에 의미가 연합되는 방식을 검
토해야 하고, 더 나아가 그러한 의미가 사회적 관계에 영향을 미치는
방식을 연구해야 한다. 특히 우리는 차이가 어디서 중심적이 되거나 새
로운 형태를 띠며 그에 대한 주장이나 협상이 이루어지는지를 파악해
야 한다. 또 음식의 물리적 특성과, 원료 생산에서 식사 준비에 이르는
과정에 필요한 여러 형태의 노동과 노동 분업 때문에, 식량 생산과 소
비에는 권력 관계 또한 개입된다. 그러나 이는 단순히 억압적 힘으로서
의 권력이 아니라 무언가를 생성하고 변화시킬 수 있는 역량 그리고 그
러한 역량을 부여할 수 있는 능력으로서의 권력이다. 그러한 만큼 이는

'사회적 삶의 모든 차원에 침투하여 흐르는 특성'으로 인식되어야 한다 (Lupton 1996: 14).

음식과 체화

음식과 체화 사이의 관계는 최근 사회과학의 관심 영역이 되었다. 예를 들어서 럽톤(Lupton 1996: 1)은 '음식과 먹기는 우리의 주관성 또는 자기에 대한 감각, 그리고 주관성과 불가분의 관계에 있는 체화에 대한 우리의 경험 또는 우리의 신체를 통해 우리가 사는 방식에 중심적인 의미를 지닌다'고 강조한다. 식량에 대한 경험은 신체적 감각에 의해 영향을 받고 맛, 습관, 기억에 의해 안내를 받는다. 이 모든 것들은 신체에서 생산되고 신체에 위치하지만 그럼에도 불구하고 사회적으로 생성된 것이기도 하다. 먹기와 음식 섭취의 경험은 비언어적이지만, 경험과 문화로서 식량을 통해 구성된 의미는 담론적이고 언어 안에 있다. 음식을 먹는 것은 신체적 통합의 행동인데(Lupton 1996: 17), 우리는 우리가 먹는 음식이 되고 음식은 우리가 되기 때문이다. 이는 또한 신체가 통합을 하면서 통합되는 행동인데, 여기서 '참여함'은 제휴 관계를 의미할 수도 있다. 이처럼 음식이라는 매체를 통해 사회적인 것과 주관적인 것이 깊이 엮이게 되는 경우가 많이 있다.

신체 그리고 자아와 주관성에 대한 관념 사이의 의존성과 밀접한 연합은 식량은 심리적 차원을 가지고 있고, 식량 은유는 여러 형태의 정신 분석 등에 만연해 있음을 의미한다. 이러한 연합 중에서도 수유, 그래서 가슴과 어머니에 대한 관계가 많은 주목을 받고 있다. 예를 들어서 프로이드는 유아가 가슴과 처음으로 감각적으로 마주하는 시기이자 음식 섭취가 수반되는 구강기는 성애 발달에 있어 중요한 경험이라고 주장한다(Freud 1905; Lupton 1996: 18). 이러한 심리적 특질이 과거 사회에 투영 가능한 것인지에 대해서는 여기서 논의하지 않을 것이다. 음식이 어떻게 사회적으로 구성되고 경험된 정체성으로서 젠더의 표현과 수행을 위한 매체가 될 수 있는가에 관한 논의를 위해서는, 젖떼기가 분열로서 그리고 개인주의 과정의 일부로서 심리적으로 경험된다 하더라도 이것이 맥락 밖에서 일어나는 것은 아님에 주의를 기울이는 것으로 충분하다. 이러한 감정에 대한 반응과 처리는 사회적 기대와 개인이 기댈 수 있는 지원 체계에 의해서도 크게 영향을 받는다. 또 누가 봐도 근본적으로 신체적인 활동도 문화와 관련이 있을 수 있다. 예를 들어 수유는 문화에 따라 변하는 관행이다(Maher 1992). 여러 민족지적 설명을 통해 알 수 있듯이, 선사시대에는 현재보다 이유 기간이 길었을 것이다. 그렇다면 선사시대에는 프로이드가 제시한 바와 다른 시간적 환경에서 유아와 어머니 관계가 전개되고, 프로이드가 말하는 유아의 '고립에 대한 고통스러운 경험'이란 당시 사회에서 상이한 방식으로 표현되고 반응되며 상이한 의미를 지녔을 것이다. 음식의 신체적 기능과 사회적 의존성은 사회학·심리학과 고고학에서 공통적으로 인정되는 부분이지만, 주관성 및 체화에 대한 현재의 사회학적·심리학적 관심과 관련이 있는 음식의 일부 측면이 고고학에서는 그다지 중요하지 않을 수도 있다. 예를 들어, 대규모 기아의 부재, 음식의 유행적인 측면, 유아용 우유 대체품의 제조, 식단과 신체의 형태에 대한 관심은 20세기 후반 서구 세계의 특징이고, 이 중의 많은 부분은 선사시대와 무관할 것이다. 음식과 주관성을 강조하는 현재의 경향과 관련하여 과

거 사회에는 근본적으로 상이한 음식 문화가 존재했을 수 있다는 점에
대한 고려가 필요하다. 이와 관련하여 퍼크(Falk 1994)의 연구가 중요
하다. 퍼크는 닫힌 신체와 열린 신체 사이의 분리를 주장하는데, 여기
서 열린 신체는 먹기 의례가 개인적인 것이기 보다는 전체 공동체를 통
합하기 위한 기제로 기능하는 선사시대 사회에 특징적인 것이라 한다
(Falk 1994: 24-25, Lupton 1996: 16-17에서 인용). 이들은 식량이 중요
한 일용품이자 선물인 먹는 공동체이다(Lupton 1996: 16-17). 럽톤에
따르면 닫힌 신체의 사회에서 식량은 내부와 외부 사이에 나 있는 문턱
과 같은 실체이다. 즉 음식은 사회적 신체보다는 개인적 신체를 유지하
고 지탱하기 위한 것이 목적인 개인적 경험을 구성한다. 음식의 신체적
흡수와 그 소비에 대한 유형적이고 감각적인 경험으로 인해 음식 먹기
는 항상 체화된 주관성의 문제가 되지만, 그 다양한 사회적·상징적 차
원이 주관성에 영향을 미치기도 할 것이다. 음식은 경험이고, 문화이
며, 물질이다. 이처럼 자아에 대한 경험에 음식이 미치는 효과는 여러
근원을 가지고 있기 때문에, 서로 다른 음식 문화를 구분해 보는 것이
건설적일 수 있다. 여기서 중요한 점은 음식에 대한 우리 자신의 이해
와 경험을 선사시대 사람들에게 무비판적으로 투영하지 않아야 한다
는 것이다.

음식, 인생 단계와 젠더

　신체와의 밀접한 연관에서, 삶의 변형과 유지의 문제로서, 식량은
상징적 표현의 초점이 되기 쉽다. 식량 소비 그리고 그에 대한 규칙과
규정은 공동체의 사회적 구성과 같은 중요한 문제와 밀접히 관련되고,

음식은 자주 젠더와 연령에 있어서의 경계를 구분하기 위해 이용된다.

현대 사회에서의 의례와 여러 민족지들은 음식이 어떻게 통과의례 및 계절과 사회적 사건에서의 변화를 구분하는데 개입되는지를 보여준다. 젠더를 통해 인생 단계를 배우고 소통하는데 있어, 특히 아이가 성인이 됨에 있어 음식이 하는 역할은 특히 중요하다. 이러한 단계에 대한 구분은 음식 종류에 대한 금지와 규정, 음식 준비와 소비 방식을 통해 자주 드러난다. 금지된 음식과 허락된 음식 사이의 경계를 정의하기 위해 연령, 장소, 젠더 또는 사회적 지위 등에 관련된 규칙이 만들어지고, 식량은 문화적 이해와 규범을 통해 분류된다. 그러한 규범과 관습은 위반될 수 있지만, 이는 오히려 이들의 중요성을 나타낸다. 왜냐하면 위반 행위 자체가 금지된 것에 의미를 부여하는 행위이기 때문이다. 연령에 관계된 여러 종류의 음식 중 모유와 다른 식량 사이의 차이점은 젠더 문제와 관련하여 특히 흥미롭다. 모유 제공은 사회 구성원들 사이의 생리적 차이와 관련되고, 공동체의 성공적 재생산을 위해 중요하며, 유아와 어머니 또는 어머니 대리 사이에 밀접한 연관을 만들어낸다. 이렇게 생리적으로 생성된 특징 외에, 수유와 이유는 특유한 문화적 관행이기도 하므로 위와 같은 관계에는 분명 문화적 측면도 있다(Maher 1992). 문화적 규범과 기대를 통해 표현될 수 있는 모유 분배와 소비에 대한 문화적 통제와, 오직 특정한 사람들만이 생산할 수 있기 때문에 어느 정도 조작되는 모유 생산 사이에는 흥미로운 긴장이 있다. 그 생산에서 특정한 생물학적 여성 집단과 특유하게 연결되는 것은 식량 자원이다. 유아와 우유 공급자 사이에 생성된 연계가 언젠가는 끊어지거나 확장되어야 한다는 점으로 인해 식량 자원은 정체성에 대한 사회적 인식에 특별한 영향을 미친다.

유아와 어머니 또는 어머니 대리 사이의 초기 의존관계나 친밀함의 분열은 공동체의 여러 구성원들과 아이가 갖는 관계가 재해석되고 변형될 수 있는 시점이 존재함을 의미한다[*]. 물적 사물에 대한 관념 뒤에 자리잡고 있는 것도 이러한 관계이다[**]. 이들은 어머니의 가슴에 대한 대리물로서 사람들이 초기의 유대와 정서적 중요성을 결합시키는 사물이다.

인생 단계와 식량을 연결할 때 사회는 그 구성원들을 분류한다. 이른 시기부터 아이들은 그러한 사회적 분류에 관련되고, 이를 통해 특정한 종류의 사회적 인간으로 만들어진다. 이는 자주 드레스 코드나 새로운 종류의 식량에 대한 접근에서의 변화를 통해 그 다음 단계로 나아감을 공공연하게 드러내기 위해 각 단계에서 그들이 누구이고 누가 될 것인가에 관해 공적 진술을 함으로써 이루어진다. 위에서 논의된 것처럼 아이는 초기에는 어머니나 어머니 대리에게 의존하다가 이후 다른 음식을 섭취하면서 사회적 관계를 확장하고 또 다른 형태의 정체성을 형성하게 되는데, 이러한 과정에서 음식은 문화적 중요성을 얻게 된다. 여러 예들 중에서도, 어머니와 유아 사이의 친밀한 관계가 그들의 개별적 정체성 주장을 위해 사라지는 곳에서, 세례나 음식 의례와 같은 통과의례는 사회적 수행으로서의 의미를 지닌다. 이처럼 음식의 의례적 사용은 사회적 정체성 구성에 중심적인 역할을 하므로, 보다 본격적인

----

[*] 정체성 형성 논의에 대한 정신 분석에서 그렇게 자주 사용된 것은 어머니와 아이 사이의 이러한 물리적 의존 및 밀접함과 더불어 이후 이러한 관계의 단절 또는 부인이다(음식에 대한 사회학적 관점에서 본 여성주의 반응에 대해서는 Fürst 1995와 Lupton 1996 참조).

[**] 이는 신체 외적인 물리적 대상을 일컫는다. 이를 라깡의 대상(objet a)이나 크리스테바의 혐오적인 것(abject)과 같은 신체의 연장과 혼동해서는 안 되는데, 이들은 피, 머리카락, 피부처럼 신체에서 떨어져 나올 수 있는 신체의 산물이다(Grosz 1994: 81).

고고학적 연구가 필요한 부분이다.

음식을 통한 담론

음식과 관련된 여러 변형과 특유의 관행이 있는데, 이는 수행을 통해 여러 가지 방식으로 젠더 차이에 관한 사고에 영향을 미치고 또 동시에 젠더 차이에 의해 지시를 받는다. 협상과 수행이 우리와 식량 사이의 상호작용에 미치는 영향의 정도를 이해하기 위해, 우리가 음식에 대해 행하는 것들 그리고 음식을 가지고 하는 것들의 목록 작성이 도움이 될 것이다. 식량은 키워지고, 만들어지며, 생산되고, 획득되고, 구매되고, 교환되고 선물로 주어진다. 식량은 또한 요리되고, 제작되고, 변화된다. 식량은 섭취되고, 음미되며, 즐겨지고, 공유되고, 독점되고, 소화된다. 음식은 우리를 만족시키고, 우리에게 영양을 공급하며, 우리를 건강하거나 아프게 한다. 음식은 금지되거나 규정되고 습관적이다. 이 모든 관계가 행동과 효과에 관한 것이다. 이들은 사람들 사이 그리고 사람과 자원 사이에 생성된 상황과 관계를 나타낸다. 식량 생산, 유통, 소비에서 나타나는 관행을 자리매김할 수 있는 것은 이러한 여러 교차를 통해서이다. 이들은 또한 젠더화된 차이를 포함하여 사회적 차이에 영향을 미치는 관행이다. 우리가 음식을 먹음으로써 음식은 유통 과정에서 벗어나 결국 없어진다. 잠정적 자원으로서 음식의 존재는 사라지고 이제는 어느 누구도 그 음식을 소비할 수 없다. 음식이 지니고 있던 잠재력은 사람(들)에 투자되었다. 젠더가 이에 어떻게 수반되는가에 대한 우리의 관심에 보다 중요한 것은 음식이 공유와 교환을 수반하는 정도, 음식이 어떻게 노동 분업을 통해 생산되는가, 그리고 상이한 단계를 통해 어떻게 이러한 관행이 권력을 수반하고 상이하게 구성된 사람과 공동체 사이의 권력 관계에 영향을 미치는가이다. 젠더와 음식과의 상호작용은 젠더 차이가 어떻게 평가되고 반응되어야 하는가에 대한 지시를 포함한 여러 규범과 규칙에 따라 조직된다. 이는 사람들 사이의 분화가 거의 불가피하게 이러한 관행을 통해 표현되고 또 승인됨을 의미한다. 상이하게 구성된 집단들에 대한 사회의 평가는 음식 분배와 연합되고, 음식 소비 전통에 의해 상징적으로 강화될 수 있다.

음식과 신체와의 관계 및 음식의 중요한 상징적 연합과 함께, 음식은 물적 실체로서 필요하기 때문에 사람들 사이에 상이한 정도의 의존 관계를 만들어 낸다. 가장 명확한 것은 유아와 어머니/보육자 사이의 의존관계이다. 의존관계는 연장자나 환자 집단의 특성이기도 하고, 노동 분업을 통해 만들어질 수도 있다. 이는 음식이 여러 사회 집단에서 수행하는 역할에 또 다른 중요한 차원을 부가한다. 이는 음식이 개인에 대해 갖는 중요성과 더불어 본질적으로 공동체적 문제임을 증명한다.

이처럼 음식에는 여러 차원이 있다. 음식은 영양적으로 필요하고, 이러한 측면에서 불가피하게 실제적인 문제이다. 음식은 정치적·이데올로기적이며, 상징적 중요성으로 물들어 있고, 금기와 금지로 둘러싸여 있다. 음식은 삶의 다른 영역에서 의미를 생성해 내기 위해 사용되는 강력한 은유이기도 하다. 음식은 일련의 상이한 자원과 관련되는데, 이는 인간이 먹을 수 있는 것으로 분류됨으로써만 개념적으로 통일된다. 음식의 소비와 생산에는 특유의 단계가 수반되는데, 그에 대한 통제와 접근은 물리적인 것이든 지적인 것이든 사람의 종류에 따라 변할 것이다. 그 물질성에서 음식은 여러 물리적 거래를 필요한 것으로 만드는데, 이에는 음식의 가공, 조리, 접대 등이 포함된다. 이러한 거래는 의미를 생성하기 위해 의례를 수행하거나 물적 사물을 사용함으로써 음식의 '의미'를 더욱 강조하는 것을 가능케 한다. 이러한 단계를 통해 음식은 문화적·정치적이 되는데, 중요한 것은 음식은 정기적인 일과나 특별한 행사에 쓰이는 상징적이고 정치적인 자원으로서, 음식을 통해 삶의 일상적 유지와 의례가 만난다는 점이다. 음식은 또한 극히 유순하여, 그 변형과 변동 가능성에는 끝이 없고, 음식에 대한 통제는 조용히 도전 받을 수 있고 전복될 수 있다. 형편없이 조리된 식사를 통해 저항이나 반란을 하는 경우는 흔히 찾아볼 수 있다. 주인이나 간수를 위해 준비된 음식에 침을 뱉거나 하는 방식으로 '반항'하는 것은 권력을 쥐고 있는 이에 대한 거부나 혐오를 나타내는 영화에서 흔하게 볼 수 있는 장면이다. 이와 반대로 극단적인 경우, 음식을 공유하거나 특히 숟갈이나 컵과 같은 식기를 공유하는 것은 친근한, 때로는 성애적인 몸짓이기도 하다. 여기서 수행 이론이 매우 적절하게 적용될 수 있는데, 음식은 차이, 의존, 평가에 대한 일상적 규정을 통해 소비되고 과시적으로 사용되기도 하며, 구성원 자격과 신분이 정의, 시작, 승인되거나 도전을 받게 되는 매우 의례화된 활동에서 중요한 역할을 한다. 유명한 민족지 사례로는 파푸아 뉴기니의 돼지 축제(Rappaport 1984)와 북서해안 인디언의 포틀래치(Rosman and Rubel 1971)가 있다.

식량을 통한 그리고 식량에 대한 담론은 사회의 생산과 재생산 및 식량의 사회적 의미 이해와 관련된 관행으로서, 선사시대 사회를 포함한 모든 사회에서 중요하다. 고고학자로서 우리가 물어야 하는 문제는 아주 오래 전의 이러한 담론들이 먹을 수 있는 것과 먹을 수 없는 것에 대한 분류와 같이 지식을 수반하는 식량 획득 전략을 통해 어떻게 식별되고, 자원을 둘러싼 선택, 선호, 조합, 협동을 통해 어떻게 표현되었는가이다. 인류의 역사는 식량 채집, 공유, 그리고 이후에는 저장과 계획에 관한 역사이자, 그와 연합된 필요와 욕구 만족에 관한 역사이기 때문이다.

음식의 사회적 중요성 그리고 음식과 그 의미에 대한 접근 정도는 문화적으로 구성되고, '음식 문화' 참여자들 사이의 젠더화된 차이에 영향을 미치며 그에 의해 영향을 받는 방식은 고고학자들에게 중요한 문제이다. 이는 생계 활동과 요구에 초점을 두는 소위 경제학파(e.g. Higgs 1972)에서처럼, 연구 주제와 관련된 여러 가지 방식으로 직간접적으로 인정되었다. 그러나 이러한 기본적 활동의 젠더화된 차원에 대해서는 최근까지 그에 대한 명확한 인식의 필요성이 간과되거나, 노동과 역할 분담에 관한 자연화된 전형으로서 제시되었을 뿐이다. 예를 들어, 수렵채집사회에서 남성은 사냥하고 여성은 채집하며, 농경사회에서 여성은 농사를 짓고 남성은 동물을 돌본다고 일반적으로 가정되었다. 그러나 식량과 식량이 사회적 관계에서 지니는 의미는 여러 사회 관계에 대한 식견을 얻기 위한 수단으로서나 이들이 일상적 수준에서 유지되는 방식에 대한 연구와 같이 훨씬 더 건설적으로 고찰될 수 있다 (Hastorf 1991, 1998 참조).

선사시대 사회에서 음식이 지닌 중요성은 원료를 매우 문화화된 사물로 변형하는데 몇몇 과정들이 어떻게 개입되는가에 주목하여 일련의 상이한 자료를 통해 분석되고 기록될 수 있다. 음식 잔여물 자체가 부분적으로 남아있을 수도 있다. 식량 조리에 관한 흔적이 남아있는 동물 뼈나, 식물, 견과류, 조개 껍질 등에 대한 분석을 통해, 식단을 재구성하고, 시공간적 차이뿐만이 아니라 요구 및 노동 투자의 측면을 연구할 수 있다. 이러한 자료가 지니고 있는 잠재성은 막대한데, 현재 고고학에는 이러한 증거를 연구하기 위한 전문적인 조사 기술을 발전시키고 있는 몇 갈래의 전문 분야가 있다. 뿐만 아니라 음식과 관련된 일련의 활동과 사물들이 있다. 아래에서 필자는 음주에 대한 논의를 통해 특정 사건에서 식량 관행이 수행한 역할뿐만이 아니라, 생산, 접대, 소비의 측면에서 식량 관행에 대해 간략히 살펴보고자 한다. 이러한 주제들로 음식 관행과 관련이 있는 차원들을 다 다룰 수는 없지만, 여기서 목적은 관련된 주제의 범위를 살펴보고, 그에 대한 조사가 물질 자료의 잠재성 및 음식에 관한 담론에 젠더를 포함하는 것에 대한 우리 문제의 요구에 어떠한 가능성을 제시하는지를 검토하는 것이다. 이를 통해 여러 선사시대 사회에서의 식량의 사회적 역할에 대한 실마리를 얻고, 젠더 연구가 인간 역사와 관련된 중요한 영역임을 알 수 있을 것이다. 젠더 그리고 식량 생산과 소비에서 젠더의 담론적 개입을 검토하고 그 위치를 파악하기 위해, 고고학은 젠더가 어떻게 관행과 규범에 개입되는지에 대해 지속적인 관심을 가지고 여러 자료들을 살펴보아야 한다. 그에 대한 출발로서, 음식을 통한 젠더 식별에 필요한 접근의 개요를 제시하기 위해 이와 관련된 여러 요소에 나타난 관행, 합의, 습관, 결정에 관해 질문을 던짐으로써 시작하려 한다. 이를 통해 음식의 물적 차원을 통한 젠더 협상과 수행을 따라가 볼 수 있을 것이다.

식량 생산

음식은 또 상품이기도 하다. 생산물로서 음식은 그 자체가 사회 내 어느 특정 집단과 고유하게 연합되지는 않는다. 이는 특정 음식 사이에 맺어지는 일반적 연합은 그 생산 기간 동안이든 소비 기간 동안이든 문화적으로 생성됨을 의미한다. 여기서 상이한 식량 생산에 대한 통제와 조직이 어떻게 특유의 형태를 띠고 이것이 지역적 규범과 관습을 통해 어떻게 유지되는가에 주목할 필요가 있다. 특히 흥미롭고 시사적인 점은 특정의 식량 생산은 노동 분업과 집단 연합에 있어서의 시간적 변화를 수반하는 상이한 단계로 자주 구분된다는 점이다. 따라서 식량 생산 과정에서 노동 분업은 특정하게 맥락화된 상황에서 단순히 표현되는 것이 아니라 계획된 시간적 순서의 문제인데, 이는 의존관계와 빚을 만들어 낸다. 예를 들어, 온대 유럽 농업 사회에서 젠더에 기반한 노동 분업에 대한 전통적인 사고에 대해 의문을 제기하지 않고, 농업 활동의 시간적이고 연례적인 순서에 대한 개요를 파악하여 이에 얼마나 복합적인 공동체 내의 협동과 상호의존이 수반되는지를 쉽게 살펴볼 수 있다. 그림 6.1은 17세기 스웨덴 앰틀랜드 농업 공동체의 연간 주기에 기반한 한 사례를 나타낸다(Wichman 1968, Rathje와의 사적 대화). 이를 통해 볼 때 유사하기는 하지만 동일하지는 않은 시간적 순서가 선사시대 사회를 특징지었을 가능성이 높다.

위와 같은 사례를 제시한 것은 선사시대 남성과 여성이 어떻게 노동 분업을 하였는가에 대한 모델을 보이고자 함이 아니다. 실제 농업 공동체에 관한 여러 민족지적 모델 자체가 편향되어 있고 여성의 생산 영역에 대한 성찰력이 부족하다(Rathje와의 사적 대화). 이러한 예는 관련된 여러 개별적 과업을 드러냄으로써 어떻게 식량 생산이 상이한 단계에서 상이한 사람들을 관련시켰는지, 이것이 어떻게 다른 활동에 영향을 미쳤는지, 그러한 상호작용과 협동이 어떻게 시급한 요구에 대한 합의, 규범적 관행과 자발적 응답을 통해 조직되었는지를 보여준다.

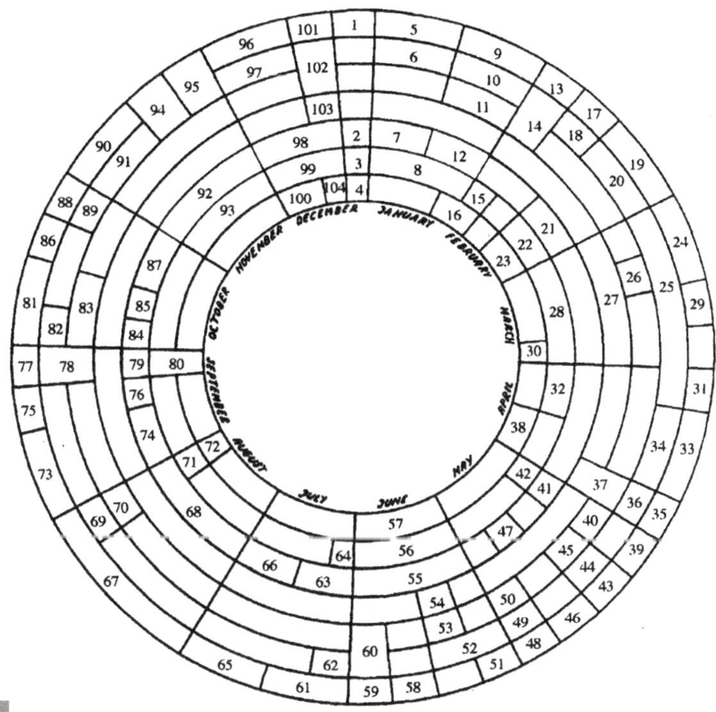

그림 6.1 스웨덴 앰틀랜드 17세기 농업 공동체에서의 연중 활동 주기에 관한 종족-역사적
설명(Wichman 1968과 Umeå 대학 L. Rathje가 제공한 정보에 기반하여 작성됨)

1 건초 운반하기
2 양털 깎기
3 양털 빗기
4 바느질하기
5 장작, 사료, 가문비나무 가지 운반하기
6 가문비나무 베기
7 양모 잣기
8 대마 준비하고 잣기
9 탈곡
10 철제품 구하기
11 마차, 목제 용기와 그물 손보기
12 탈곡
13 캔들마스 시장
14 가문비나무 가지와 껍질 운반하고 베기
15 실 잣기

16 직조
17 집에 사료 가져오기
18 목재 자르기
19 탈곡 (일주일에 1-2일)
20 철광석과 석탄 운반하기
21 탈곡 (일주일에 1-2일)
22 실 잣기, 실 감기, 개기
23 천이나 모직물 짜기
24 노르웨이 여행
25 철제품 구하기
26 목초와 목재 운반
27 그물 묶기
28 대마 잣기
29 그레고리 시장으로 여행
30 아마 잣기 시작

그림 6.1에 나타난 단계 중 어느 것이라도 어느 성인에 의해서도 비슷하게 잘 수행될 수 있었을 것이다. 한 사회에서 생성된 특정한 버전은 특정 젠더 이데올로기가 그 물적 효과에서 어떻게 해석되고 어떻게 사회가 그 생산 순서 조정에 동의하는가에서 나타난다. '전통'을 형성하고 합의를 이루었으므로, 반복적 수행을 통해, 그리고 아이들을 이러한 과정으로 사회화함으로써 위와 같은 노동 분업은 노동의 젠더화된 성격에 대한 특정한 관점을 구체화하는 역할을 하여 관습이 될 것이다. 곡물 수확 작업 하나만 하더라도 그 생산 순서의 배열에 대한 민족지적, 역사적, 현대적 설명을 통해 나타나는 변이는 방대하고, 선사시대 사회에서는 이와 또 다른 변이가 발견될 것이다. 이러한 활동이 사회를 사회적·물리적으로 유지하는데 지니는 실질적인 중요성에도 불구하고, 젠더 이데올로기가 선사시대 공동체의 기본적인 생계 활동 조정 방식과 어떻게 엮이게 되는지에 대해서는 지금까지 거의 연구가 이루어지지 않았다(그러나 Hastorf 1998 참조).

음식 접대와 차이 표시

음식의 중요성은 의례에서 음식 소비에 대한 문화적 객관화가 담당하는 중요한 역할을 통해 뚜렷이 나타난다. 따라서 음식 제시와 소비를 위한 도구 구성은 음식에 대한 강조와 음식에 대한 분류 및 정교화에 관해 흥미로운 시사점을 제공한다.

공동체가 음식 공유와 접대에 관련되었던 방식과 태도에 있어서의 변화를 연구할 수 있는 여러 방법이 있다. 예를 들어, 토기가 음식을 담기 위한 용도로 쓰였는지 아니면 음식을 보이기 위한 용도로 쓰였는지를 밝히기 위해 토기를 분석하는 것은 흥미로운 작업이 될 수 있다. 이처럼 단순한 사항이 식사의 구성과 관련하여 음식의 가시성과 전시에 관한 중요한 측면을 나타낼 수 있다. 예를 들어, 청동기시대 후기까지 온대 유럽의 토기는 커다란 저장 용기부터 조그만 컵에 이르기까지 그 종류가 다양했다. 그러다가 청동기시대 후기에 음식 접대와 음식의 시각적 전시를 위한 커다랗고 편평한 접시가 중부 유럽에 도입되었다. 이 접시의 안쪽은 여러 가지 색상의 패턴으로 아름답게 장식된 경우가 많았다. 형태와 장식에 있어서의 변화와 함께, 가시적이고 보여지기 위한 부분이 이전처럼 접시의 바깥 면이 아니라 안쪽 면으로 바뀌었다(그림 6.2). 이때에는 음식의 역할도 분명 바뀌었을 것이다. 아마도 지중해 문화에 나타난 새로운 영향과 사회·정치적 이해 때문에, 청동기시대 후

그림 6.2 내부 장식이 있는 중부 유럽 할스타트 B 접시의 예(Brun and Mordant 1988 수정)

기 음식 문화는 변하였고, 음식은 전시를 강조하는 방식으로 접대되었다. 토기 형태에 있어서의 변화는 커다란 단지에서 조그만 사발이나 유기물 접시로 쏟아 붓거나 조리 단지에서 직접 먹는 기존 관습에서의 변화를 나타낸다. 식사 도구에 있어서의 이러한 변화는 보다 많은 변화를 시사한다. 수프, 국, 포리지, 그리고 기타 반유동식 식사는 사발과 컵에 잘 맞지만, 이후에 나타난 편평한 접시에는 부적합하다. 이러한 변화는 식량 조리 과정에 영향을 미쳤을 텐데, 스튜나 그와 유사한 음식은 불 위에서 '저절로 조리되게' 여러 시간 동안 놔둘 수 있지만, 다른 종류의 음식은 세심한 주의를 필요로 한다. 그릇 모양의 변화에서 시사되는 음식의 준비와 제시에 따르는 특정한 요구에 대한 강조에는 식량 생산을 위한 노동력 조직의 실질적인 변화가 수반되었을 것이다. 이는 또한 음식 만들기와 음식 주고받기에 대한 사람들의 차별적인 관여에 기반하여 역할이 정해짐에 따라 사람들의 상호관계에 영향을 미치고 아마도 그러한 상호관계를 보다 정형화했을 것이다. 특히 접대하는 것과 접대 받는 것 사이에 중요한 구분이 지어졌을 것이다. 그 결과로 식량 생산과 식사 공유를 둘러싼 기존 관행을 통해 형성된 젠더 관계가 도전을 받고 권리와 책임의 측면에서 새로운 관계가 협상되었을 것이다. 음식의 문화적 구성에 있어서의 변화에 대한 이러한 증거가 자주 발견됨에도 불구하고 대개는 피상적인 수준에서의 고려에 그치고 만다. 위에서 간략하게 소개한 후기 청동기시대와 전기 철기시대의 변화는 엘리트와 그리스-에트루리아 연회 의례에 대한 지역적 변형의 채택과 구성의 맥락에서 주로 연구되었는데(Bouloumié 1988; Oliver 1992: 57), 최근 디틀러(Dietler 1996)는 그러한 식민지화가 지역에 따라 상이한 결과를 가져왔을 가능성에 대해 고려할 필요가 있음을 강조하였다. 한편 이러한 변화가 음식의 사회적 의미, 노동 분업, 특히 내부 집단에 대한 결속력 강화와 승인으로서 먹는 집단에게 미치는 영향은 대개 간과되었다. 이러한 변화가 비록 처음에는 주로 엘리트에 의해 채용되었지만 문화 변용과 모방에 대한 여러 기제를 통해 사회에 보다 만연한 정도 역시 경시된 문제이다. 그 결과 실제 자료는 이상형, 생산 노동력, 노동 분업의 가장 기본적 수준에서 나타난 그러한 모방이 사회적 역할과 기대에 폭넓은 영향을 미쳤던 전반적인 변화를 낳았음을 보여줌에도 불구하고, 엘리트의 삶은 사회 전반에서 고립된 것으로 나타나게 된다.

청동기시대 이전에도 음식을 담기보다는 보이기 위해 사용된 토기의 예가 분명히 있다. 이들의 출현과 발견 맥락을 통해 볼 때 이들은 음식이 공헌물이거나 선물로 쓰인 의례에서 사용된 특별한 사물일 가능성이 높고, 그 시각적 현존이 강조되는 이유도 그 때문일 것이다. 한가지 극히 흥미로운 경우는 남부 스칸디나비아 중기 신석기시대에서부터 알려진 토제 숟갈이 있는 받침 달린 그릇이다. 장식된 원추 모양의 몸통 위에 놓여서 매우 장식적인 접시로 보이는 이러한 토기는 동시대의 토기와 토기의 형태 및 토기와 관련된 사고에서 분명 다르다. 이들은 무덤 기념물에서는 흔하게 발견되지만 취락에서 발견되는 경우는 드물다(Kjærum 1955). 따라서 이들은 신석기시대 무덤 기념물과 의례 유적에서 이루어진 전시와 수행 관행의 일부로 음식 제시를 위해 사용되었다고 볼 수 있다(ibid.: 20).

이처럼 전시를 위한 토기와 음식을 담기 위한 그릇 사이의 차이 등에 대한 단순한 관찰이 선사시대 공동체가 둔 구분의 일부를 식별하여 그러한 구분이 그 중요성, 특유성, 맥락에서 어떻게 변하였는지를 추적하는데 도움이 될 수 있다. 즉, 기술이나 문화적 선택에 대한 단순한 관찰을 통해서도 공동체 내에서 정체성이 경험되고 관련되는 방식에 영향을 미치는 관행과 물적 형태의 구성을 자리매김할 수 있다.

소비: 신체와 음식 통합

상이한 종류의 음식에 상이한 방식으로 접근하여 효과적으로 분석하기 위한 방법도 개발되었고 점차 정교해졌다. 시신이 잘 보존되어 위장 안의 음식 잔여물에 대한 연구가 가능한 예도 있다. 이탈리아 알프스 산맥에서 발견된 소위 얼음 남자(Spindler 1994)가 바로 그러한 경우이고, 늪에서 발견된 여러 시신들도 그러한 예에 속한다. 늪에서 발견된 시신 중 덴마크 그라우발레와 톨룬트의 철기시대 시신에서는 일련의 상이한 재배 작물로 구성된 식사를 했음을 시사하는 흔적이 발견되었는데, 이에는 우연히 섞여 들어갔거나 다른 서식지에서 의도적으로 채집된 것으로 보이는 야생 씨앗이 포함된다(Helbæk 1958: 107). 상이한 서식지와 환경에서 채집된 일련의 곡물과 씨앗은 식량 자원 마련을 위해 야생 씨앗에 대한 정규적 추수와 선택적 채집이 이루어졌음을 나타낸다. 따라서 이러한 시신을 통해 전달되는 과거의 '동결된 사건'에 기반하여 포리지와 같이 소박한 식량 생산에 당시 철기시대 공동체 내의 역할에 대한 합의와 이해에 따라 조직되었을 일련의 활동과 아마도 노동 분업이 어떻게 개입되었을지를 추정해 볼 수 있다.

뼈의 동위원소 분석과 같은 새로운 분석 기술을 통해 공동체 구성원들 식단의 주요 구성 요소를 비교해 볼 수 있는데, 이 방법은 하스토프(Hastorf 1991)에 의해 사용된 적이 있다. 하스토프는 잉카 제국의 확장은 농촌에 살고 있는 남성과 여성의 공적 삶에 차별적인 영향을 미쳤고, 이로 인해 지역 공동체 내에서의 이들의 일상과 자원 분배에 변화가 나타났다고 주장한다. 이러한 해석은 잉카 제국의 통제 직전과 잉카 제국의 통제 기간 동안의 성별화된 인골에 대한 안정된 동위원소 분석 결과에 기반한 것인데(ibid.: 148ff), 그에 따르면 잉카 제국의 통제 기간 동안 남성의 옥수수 소비가 증가하였다고 한다(ibid.: 150-151). 하스토프는 옥수수는 맥주 제작을 위해 사용되었으므로 맥주가 소비되었던 일련의 공적 정치 모임에 참여하기 시작한 남성들이라는 측면에서 설명될 수 있고, 이러한 모임은 농촌 지역의 정치화와 관련되었다고 본다. 이 시기 동안 나타난 남성과 여성 식단에서의 상대적인 변화는 겉으로 보기에 사소한 것처럼 보일 수 있는 식량 분배에서의 변화가 여성에 대한 문화적 평가와 여성의 관행적 잠재력에 영향을 미쳤던 보다 광범위한 사회적·정치적 변화의 일부였음을 증명한다. 레가(Rega 1997)는 이전 유고슬라비아 청동기시대 전기 묘지에 대한 연구에서 치아 충치율과 마모율에 대한 분석 및 그와 유사한 방법을 사용하였다. 여기서 치아의 특성은 정규적인 탄수화물 소비에 대한 비간접적 지표로 사용되었고, 화학적 분석은 식단에 포함된 육류와 식물류의 비율을 연구하기 위한 것이다. 이 경우 두 방법 모두를 통해, 남성과 여성이 유사한 규정식을 먹었지만, 한편으로는 가족이나 거주 집단 간 식량 소비에서의 차이를 나타내는 것으로 보이는 차이가 묘지 내 집단 사이에 있었음을 알 수 있었다(Rega 1997: 238-9). 당시는 물질문화에서 상당한 변동이 있었던 시기로서, 이러한 변동은 부분적으로 청동 야금술의 급속한 발달과 정교화 및 광범위한 교환 체계로 인한 것이다. 이러한 변화의 사회적 효과로 인해, 남성은 금속공이 되어 교환에 관여하고 교환을 통제하게 되었고, 그로 인해 남성과 여성 사이의 불균형이 중대되었다고 보는 것이 지금까지의 일반적인 견해였다(Shennan 1993). 레가의 분석은 단일 묘지에서 나온 자료에 근거한 것이기는 하지만, 당시의 변화에 대한 사회적 반응이 기존에 생각했던 것보다 더 복잡하고, 그러한 반응에 있어 젠더 간 차이가 더 작았음을 시사한다.

사회적 차이에서 나타난 것으로 해석되는 식단 변이에 대한 또 다른 예가 철기시대 전기 온대 유럽에서 발견된다. 여기에서는 인골의 차이가 독일 호치도프에 묻힌 사람은 나머지 주민과 달리 '몇 세대 동안 좋은 음식을 먹은 특권적 배경 출신'임을 주장하기 위해 사용되었다(Olivier 1992: 57). 이러한 종류의 연구가 보다 많이 이루어진다면 공동체 내에서의 차이가 자원 분배에 어떠한 영향을 미치는가에 대한 심층 분석에 큰 도움이 될 것이다. 이는 또한 주요한 기술적·사회정치적 변동이 지역 공동체에게 어떠한 영향을 미치고, 젠더와 다른 사회적 원리가 이로 인해 어떠한 영향을 받는가를 분석하는데 도움이 될 수 있다. 상이하게 구성된 사람들이 어떻게 자신들의 삶을 살았는가에 대한 보다 정교한 분석은 훨씬 더 많은 관심이 필요한 영역인데, 이는 사람들과 공동체 사이의 관계에 대한 현재의 이해에 핵심적인 자료를 더할 수 있는 영역이다. 이러한 분석은 또한 배고픔, 영양 부족, 결핍, 여러 종류의 질병과 같은 사회적 상황과 그러한 사회적 상황이 공동체 내에서 다양하게 구성된 집단들에 어떻게 관련되는가에 대한 연구에 매우 중요한 정보를 제공할 수 있을 것이다.

사회적 수행으로서의 음주

식량 생산, 대접, 소비는 일상적 삶과 일과를 젠더 구성의 중심 영역으로서 공고히 하는데 일조한다. 물론 이는 상품이나 선물로서의 음식의 위치와 의례에서의 사용 또는 과시적인 전시와 소비의 일부로서와 같은 식량의 다른 차원에는 젠더가 개입되지 않는다는 뜻이 아니다. 일상적 삶에 대한 연구 관심이 음식과 가정에서의 식량 소비의 중요성만을 의미하는 것은 아닌데, 식량은 상이한 수준의 관행과 관련이 있는 것으로 인식되어야 한다. 예를 들어서 식량의 중심적 역할 중 하나는 통과의례와 계절과 사회적 사건에 있어서의 변화를 표시하여(Barrett 1989), 삶에 의미와 구조를 부여하는데 도움을 준다는 점이다. 식량이 음주 및 음주 활동과 맺는 관계가 이에 대한 흥미로운 예가 된다.

음주에 대한 고고학적 연구는 주로 음주의 호화롭거나 의식적인 측면에 초점을 두어왔는데(이에 관한 논의에 대해서는 Vencl 1994 참조), 여기에서는 사회적 엘리트의 생성, 무역과 선물 교환에 대한 증거, 문화 변용 과정에 관심을 두었다. 이에 반해 구성원들간 연대 생성 및 사회적 역학 관계에서 음주가 한 역할에 대해서는 별다른 주의가 기울여지지 않았다(그러나 Vencl 1994 참조).

음주는 사회적 관계가 승인되는 관행으로서뿐만이 아니라 중요한 정치적, 사회적, 경제적 사건을 기념하기 위해 일반적으로 행해지는 관행으로서, 이는 현대 사회에서뿐만이 아니라 민족지, 역사적, 고전 자료를 통해서도 알려진 바이다. 음주를 통해 계약적 관계가 표현되고 승인되며, 사회적 관행으로서 음주는 상호작용을 용이하게 한다. 음주는 환대의 표현과 경험에서 중심적인 역할을 하고, 때로는 그러한 표현과 경험에서 중심적인 수단이 된다. 따라서 음주는 직접적으로 관련된 집단을 넘어선 연계, 의무, 채무 생성의 중요한 수단이며, 중요한 선물로서 호혜적 의무의 관계망을 만들기 위해 사용된다(Vencl 1994: 312). 함께 술을 마시는 것의 의례적인 특성과, 연대 구성 및 우리-집단에 대한 경험이 지니는 명확한 사회적 함의로 인해 음주는 자주 집단 동원의 목적으로 사용된다(Hastorf 1991: 139). 예를 들어서, 종족-역사적인 증거를 통해, 집단적 사업을 위해 공동체를 동원해야 하는 농업 공동체에서 음주는 자주 의례적인 양상을 보임을 알 수 있다(Vencl 1994: 313).

음주가 지니고 있는 또 다른 흥미로운 측면은 우유와 여러 종류의 발효 음료는 영구적이지 않고 제작에 시간이 많이 든다는 점이다. 따라서 이들은 보통 치즈나 버터와 같은 다른 종류의 식량으로 변형되거나 계획된 특정 행사를 위해 만들어진다. 이를 통해 볼 때, 발효 음료와 같은 음식은 집단적 활동과 사건으로서 특별한 전략에 따라 제작되고 소비된 특별한 산물이었고(Vencl 1994: 310), 이러한 행사에 참여함으로써 내부-집단과 외부-집단의 인정을 포함한 사회적 중요성을 부여 받았을 것이다. 이는 또한 음주는 고고학적 가시성에 영향을 미치는 여러 가지 방식으로 자주 정형화 됨을 의미한다.

우유를 마시기 시작한 것은 신석기시대부터이고, 벌꿀 술의 등장은 늦어도 청동기시대까지 거슬러 올라가며, 이때 와인도 유럽의 일부 지역에서 나타났다고 추정된다(Vencl 1994). 또 컵, 굽 달린 잔, 물병, 기타 액체를 담기 위한 용기는 신석기시대 일찍부터 남부와 중부 유럽 대부분의 지역에서 나타났고(ibid.: 316), 곧이어 유럽의 다른 지역에서도 등장하였다. 이는 당시 음료가 상이한 방식으로 저장, 접대, 소비되어야 하는 세부 항목으로 분류되었고, 서로 다른 음료의 물질적 속성에서의 차이와 관련된 특별한 노동이 수반되었음을 시사한다. 여기서 우리는 다시 한번 사람들, 사람들의 상호작용, 사회적 인지에 영향을 미쳤던 차이가 존재하였던 상황을 마주하게 된다.

이처럼 선사시대의 일부 물질은 집단적인 음주 의식을 나타낼 수도 있다는 점이 흥미롭다. 신석기시대에는 축제와 음주가 기념물 축조를 부추기는 요소로 작용했다는 의견이 자주 제시되고(e.g. Evans 1988b, Dietler 1996), 음주 축제는 보헤미아 신석기시대 바덴 문화의 작은 컵들이 쌓여 발견된 경우 등을 통해 시사된다(Vencl 1994: 316). 음주의 중요성, 특히 의례적 맥락에서 그리고 내부 집단을 정의하고 결속하기 위한 수단으로서의 중요성은 신석기시대 후기와 청동기시대 전기 특징적인 비커로 대표되는 벨 비커 문화 현상에 특별히 주목하여 주장된 바 있다. 벨 비커 문화는 쉐럿(Sherratt 1997)에 의해 폭 넓게 논의되었는데, 쉐럿은 이러한 토기 형태와 음주 사이의 연관을 사회적 · 정치적 사건으로서 강조하였다. 이러한 해석은 젠더 함의를 지니고 있어, 남성의 무덤에서 무기와 함께 비커가 등장하는 것을 강조하고 이를 전사 엘리트 형성과 음주 사이의 관계를 증명하는 것으로 보는 것이 일반적인 경향이다(e.g. Treherne 1995). 유럽 순동 문화에서 보편적으로 발견되는 음주 의례는 남성들 사이의 사회적 관계에 대한 새로운 규범과 양식의 표시로 간주된다(e.g. Shennan 1993; Sherratt 1997; Vencl 1994: 317). 그러나 이러한 함의들은 비판적으로 재검토될 필요가 있다.

공동체적 음주는 청동기시대 물질문화를 통해서도 시사되는데, 중부 유럽의 여러 퇴장 유적에서 다수의 소형 용기가 발견되고 이 중 일부는 금으로 만들어져 있다. 이처럼 음주가 지니는 특별한 의식적 성격은 퇴장 관행과의 통합을 통해서도 시사된다. 이 점이 제대로 연구

된 적은 없지만, 어떤 발견물은 매우 특별한 성격을 지녀 음주가 특별한 행사의 한 부분으로 견고하게 자리잡았을 가능성을 시사한다. 그러한 예 중 하나가 독일 라두쉬 청동기시대 중기 퇴장 유적이다[*]. 여기서는 50개가 넘는 컵이 몇 개의 용기 및 접대용 그릇과 함께 두 개의 구덩이에서 발견되었다(그림 6.3). 이는 음주가 중요했고, 집단의 음주 용기의 의례적 매장이나 되찾음 또한 중요했던 사회에서 조직된 행사를 시사한다(Hänsel, A. and B. 1997: 177). 이러한 행사의 중요성은 금으로 만들어진 유사한 컵의 출현에 의해 확증된다(e.g. ibid.: 136-137). 음주 용기를 묻어 놓은 이러한 유적이 여러 장소에서 발견되었다는 점 또한 중요한데(A. Hänsel 1997: 84-86), 음주 의식이 여러 공동체에서 공통

---

* 이 예를 알려준 것에 대해 앨릭스 핸셀(Alix Hänsel) 박사에게 감사를 표한다.

185

적으로 이루어진 관행이었음을 시사하기 때문이다. 구체적으로 누가 그러한 의식에 참여했는지를 특정할 수는 없지만, 이 의식은 공동체 삶의 일부였고 그 구성원들을 특정한 범주로 구성하는데 관여되었음은 분명하다.

기원전 천년 기 큰 단지와 기타 여러 종류의 그릇의 풍부함, 남부와 중부 유럽에서 기원한 이러한 물품의 전유럽적 확산은 음료를 담기 위해 사용된 도구에 부여된 중요성과 그에 따른 사회적 중요성을 나타낸다. 이 시기 포도주 소비가 사회의 특정 집단 내에서 점차 확산되었고, 이에는 뿔잔, 큰 단지, 암포라, 술병으로 구성된 특별한 음주 용기 세트의 사용이 수반되었다. 이들의 대부분은 수입품으로서 위신재였고, 지역의 사회정치적 경쟁에 재투자되었다. 음식, 특히 음주 활동과 도구에 나타나는 모방과 문화 변용은 유럽 발전 과정에서 지속적으로 이루어진 현상이다. 예를 들어, 로마의 음주 의식이 로마 제국 안과 밖의 유럽 여러 지역에서 차용됨에 따라, 이들의 포도주 접대 도구는 특정한 삶의 양식과 정치적 연합에 대한 상징물이 되었다. 음주는 또한 노르웨이 신화와 중세 전기 독일의 문화적 제도에서 반복적으로 나타나는 주제인데, 여기에서는 비밀 단체라는 개념을 통해 전사 엘리트 제도를 유지하기 위한 음주 의례가 등장하였다. 이러한 음주 활동이 젠더에 관여하고 미친 영향은 고고학에서 제대로 연구되지 않은 또 다른 주제로 남겨져 있는데, 기존의 고고학적 해석에서는 몇몇 단순한 가정이 발견될 뿐이다.

기존 해석에서는 위와 같은 음주 의식이 어떻게 남성의 정체성, 연대, 위치 등 남성에 초점을 두었는지에 관해서만 논의되는 것이 보통이다. 그러나 개별적 사건은 그러한 사건이 보다 큰 사회적 관계와 의미의 망 내 어디에 어떻게 위치하는가라는 문제와 분리되어 이해될 수 없다. 베번(Bevan 1997: 85)은 이러한 점을 축제에 관한 고고학적 논의를 통해 소개하면서 '축제가 남성들 사이의 사회적 경쟁에 관한 중요한 표현일 때도 사회의 다른 구성원들 그리고 아마도 특히 여성들은 축제 준비와 조직에서 중추적인 역할을 담당한다'라고 주장하였다. 젠더 비판적인 관점에서 봤을 때 음주 의례와 관련하여 두 가지 유념하여야 할 점이 있다. 첫 번째는 음주 공동체는 확고하게 기반이 잡힌 고정된 공동체가 아니라 변화와 논쟁의 대상이 될 수 있는 공동체라는 것이다. 두 번째는 기존 논의에서는 음주 공동체의 구성원으로 간주되는 이들만 음주 관련 의례와 그 표지적인 사물에 의해 영향을 받는 정체성을 가지고 있었던 것으로 제시된다는 점이다. 그러나 음주 수행은 전체 공동체 구성원들에 대한 포함과 배제의 원칙에 의해 영향을 받고 또 그러한 원칙을 나타낸다. 연령, 젠더, 사회적 차이의 교차는 이러한 논의를 통해 제시되는 것보다 훨씬 더 복잡한 방식으로 공동체 내의 개인들에게 영향을 미쳤을 것이다. 이에 음주 연대를 더 큰 공동체에서 분리하여 음주 연대 구성원들의 정체성이 아예 처음부터 새롭게 구성되었던 관행으로 보기보다, 음주 연대 밖의 전체 공동체에 의해 구성되고 음주 연대 밖에서 이루어진 삶을 통해 어느 정도 이미 구성된 정체성이 승인되는 장으로 이해하는 것이 보다 타당하다. 베반(Bevan 1997)이 주장하고 하스토프(Hastorf 1991)의 사례 연구를 통해 나타나듯이, 음주와 축제에는 직접적인 참가자 당사자들보다 훨씬 많은 이들이 개입되기 마련이고, 이는 직접적으로 관련된 소수의 참가자들뿐만이 아니라 다수의 관련 행위자들의 사회적 정체성에 영향을 미친다. 고고학 기록에는 이러한 관행에 대한 잠정적 증거가 풍부하므로, 그러한 증거를 하나의 특정한 종류의 사회 구성원을 고립하여 식별하기 위한 것 이상의 목적으로 사용하는 법을 배우는 것이 중요하다.

고고학, 음식, 젠더

위에서 논의한 바와 같이, 젠더는 자원 분배를 통해 생성되고 협상된 차이로서 파악될 수 있는데, 사회적 관행에서 이는 특정 종류의 사람들에게 식량에 대한 특정한 권리와 기대를 부여하는 행동과 규범을 통해 표현된다. 따라서 식량이 승인 또는 금지된 문화적·상징적 매체로 만들어지는 과정에 대해 중점적으로 연구할 필요가 있다. 식량 생산 활동에서 음식 소비 과정에 이르기까지 관여된 상이한 종류의 사람, 관행, 기술을 포함하여, 위와 같은 과정에 사용될 수 있는 수단은 다양하고, 그에 대해 연구할 수 있는 방식 또한 다양하다. 따라서 식량과 사회적 정체성 사이의 상호작용은 여러 영역에서 이루어질 수 있고, 상이한 단계에서 그 내용이 달라질 수 있다. 이처럼 젠더 관련 관행과 자원에서 나타날 수 있는 변이를 고려할 때, 젠더 구성 과정과 방식을 한정된 특정 매체를 통해 연구할 수는 없음이 분명해진다. 매체 자체와 매체가 연구되는 여러 가지 방식에 기반하여, 식량과 먹기에 대한 사고를 경제적 관행과 자원이자, 연극적 사건 또는 차이에 대한 수행과 동시적인 신체적·사회적 통합으로 볼 수 있다. 식량은 행동과 관계에 관한 것, 식량은 주고받는 것에 관한 것이자 만들고 해체하는 것에 관한 것이다(Fürst 1995). 식량에 대한 연구를 통해 젠더 구성에 관한 정답을 찾을 수는 없지만, 식량 연구는 물적 자료를 통해 젠더 관계를 인지하고 차이로서 젠더 관계를 다룰 수 있는 기회를 제공하여, 젠더 관계 유지와 협상에 관한 성찰력을 키우는데 도움이 될 것이다. 또 이는 식량 생산과 식량에 대한 사회적 평가, 이러한 과정에 관련되는 상이한 인생단계 및 사회적 관계 승인에 있어, 여성과 남성 모두 필수적이고도 중대한 개입을 하였음을 인지하고 이해하는데 도움이 된다. 식량에 대한 연구를 통해 위와 같은 관계가 지니는 담론적 성격을 파악할 수도 있는데, 노동 분업은 주어진 것이 아니라 만들어진 것이고, 식량 분배도 마찬가지로 주어진 것이 아니라 합의되고 수행된 것이기 때문이다.

이 장에서는 단순한 생계로서가 아니라 문화적 삶에 있어서 식량이 지니는 중요성에 대해, 그리고 그러한 중요성에 대한 인식을 통해 선사시대에 관해 어떠한 정보를 어떻게 얻을 수 있을지에 관해 고찰하였다. 또 식량 분배와 같은 특정한 상황에서 나타나는 식량과 인간 행위자들의 상호작용의 특징을 어떻게 파악할 수 있을지에 관해 간략히 논의하였고, 이를 통해 식량 분배와 같은 관행이 젠더를 포함한 정체성 구성과 유지에 어떻게 능동적으로 개입할 수 있는지를 알 수 있었다. 이러한 논의들이 고고학적 기록을 통한 젠더 관계 연구에 있어 젠더와 관련된 복잡한 상황에 대한 완벽한 설명이나 대표적인 관점을 제공하는 것은 아니지만, 그럼에도 불구하고 위와 같은 논의에 기반하여 어디서 그리고 어떻게 젠더 관계가 물질적으로 드러나고 그로 인해 어떠한 결과가 나타나는지에 대해 고민해 볼 수 있을 것이다. 또 이를 통해 젠더 차이가 관행적 수행에 영향을 미치고 그러한 차이가 다시 관행을 통해 반복되고 협상되어 재생산된 상황을 이해할 수 있을 것이다.

7장

젠더 입히기: 겉모습을 통한 정체성

내 딸 메간이 처음으로 신발을 고를 때, 우리는 기차가 그려진 짙은 파랑색의 남자 신발과 토끼가 그려진 빨간색 여자 신발 중 한 쪽을 선택할 수 있었다 – 이를 제외하고는 선택의 여지가 없었다!

지금 여섯 살이 된 메간이 나에게 "남자 애들은 보통 어두운 색 옷을 입고 여자애들은 밝은 색 옷을 입는 건 좀 웃긴 일이야"라고 말했다.

옷의 요점

필자는 지금까지 젠더에 관한 유용한 고고학적 개념은 사회가 어떻게 특정 인간 집단을 생성하고 이러한 집단이 어떻게 신체와 그들에게 요구되는 행동 및 사물의 사용 방식과 관계되는가에 관한 것이어야 한다고 주장하였다. 따라서 젠더 정책은 누가 특정 집단의 구성원인가에 관한 인지와 합의에 달려있다. 젠더는 정체성과 차이에 관한 것으로서, 물적 사물은 이에 대한 소통에 있어 중심적인 역할을 하는데, 그 중 사

____그림 7.1 유니폼을 입고 있는 플로랜스 나이팅게일 간호사: 이들 사이의 위계는 유니폼의 세부 장식을 통해 나타남(런던 플로랜스 나이팅게일 박물관 승인 하에 전재)

____그림 7.2 19세기 후반 북부 덴마크의 중형 농장 노동자들의 공식 사진: 옷에서의 차이는 젠더, 연령, 일 서열에 있어서의 차이를 나타냄(덴마크 벤드시셀 역사 박물관 승인 하에 전재)

람들의 외모를 꾸미기 위해 사용되는 것들이 특히나 흥미롭다.

　의복은 사회적으로 부여된 정체성 획득과 그에 대한 소통에 있어 중심적인 매체이다. 이는 '제복'을 통해 가장 뚜렷이 드러나는데, 제복이란 특정한 사회적 위치 그리고 그에 따르는 의무와 권리를 나타내는, 사회적으로 인정된 표준화된 의복이다. 특정한 제복을 입을 수 있는 권리를 얻는 것은 제복이 나타내는 집단의 일부가 되었음을 의미하고, 제복 착용을 통해 그러한 구성원 신분이 시각적으로 표현된다. 의사소통 매체로서 제복이 지니고 있는 특징은 이 외에도 여러 시각적·물질적 측면에서 찾아볼 수 있다. 제복의 코드를 해석할 수 있는 이들 사이에서 제복이 나타내는 구성원 신분은 직접적인 접촉 없이도 시각적으로 소통된다. 모자, 반짝반짝 빛나는 단추, 허리띠, 외투의 스타일 등 제복의 물질적 요소 그리고 이들이 조합되는 특정한 방식을 통해 누가 표상되고 있는지를 알 수 있다. 우리는 집단을 경찰, 해군, 또는 구세군 등으로 시각적으로 인지하여 정확하게 식별할 수 있는데, 우리는 이들을 인지하고 분간하도록 되어 있기 때문에 이렇게 한다. 예를 들어, 그림 7.1과 7.2를 보자. 집단 구성원들끼리만 서로를 식별할 수 있는 상황은 집단에 대한 코드가 그다지 널리 공유되지 않고, 시각적 메시지 해석 가능성에서 집단 구성원과 비구성원이 구분되는 상황이다. 이는, 예를 들어, 동호회 구성원들 간의 유대를 증진시키는 역할을 할 수 있다. 외모에 기반하여 사람을 식별하는 정도는 연극을 통해서도 잘 살펴볼 수 있는데, 연극에서 의상은 젠더, 연령, 부, 직업의 측면에서 인물을 식별하는데 중요하다(Roach and Eicher 1979: 11). 셰익스피어의 열 두 번째 밤과 같은 극이나 투씨와 같은 영화의 줄거리에서는 '잘못된 성'의 옷을 입는 인물로 인해 야기되는 혼란을 통해 젠더와 의복 사이의 관계가 다루어진다. 이 극과 영화에서는 어떻게 옷을 입는가에 기반한 젠더 정체성에 대한 사회적 가정이 감정적/성적 매력과 충돌하는 것으로 제시된다. 외모는 정체성을 드러낸다는 상식적 가정을 통해 위와 같은 줄거리가 제작자의 의도에 따라 효력을 발휘하여 관객에게 이해되는데, 이때 성과 젠더에 대한 혼란 가능성이 이용된다. 외모를 통해 이루어지는 소통의 또 다른 예를 장터의 사진 노점에서 찾아볼 수 있는데, 여기에서는 실제 삶에 있어서의 정체성을 잠시 망각함으로써 즐거움을 얻을 수 있다(Sørensen 1997).

　의복이라는 매체는 그 소통 방식에 있어 극히 다양하고 유연하다. 선사와 역사시대 동안 옷을 입고 입히는 과정에서 과거인들은 여러 가지 목적으로 신체의 두 번째 피부인 사회적 표면을 이용해 왔는데, 주된 용도는 정체성의 건설, 구성원 자격 또는 그로부터의 배제를 구성하는 것이다. 의복과 관련하여 고고학에서 다루어지는 또 다른 주제는 개인이 여러 인생 단계를 거쳐감에 따라 그녀 또는 그의 삶에서 나타나는 여러 변화를 의복이 어떻게 나타내는가이다. 이러한 관계는 민족지를 통해 잘 알려져 있고 외모에서의 의례화된 변화를 수반하는 통과의례를 통해 자주 표현되는데, 그 한 예를 나이지리아 칼라반 족에게서 찾아볼 수 있다. 이 집단에서 의복의 변화가 인생 단계를 나타내는 방식 중 특히 흥미로운 것은 그와 같은 과정이 남성과 여성에게 있어 상이한 형태로 나타난다는 점이다. 칼라반 족 남성에게 의복은 권력과 책임을 나타내고 여성에게 의복은 물리적 발달과 함께 세계에 대한 지식과 행동에 대한 기대에 있어서의 도덕적 발달을 나타낸다(Michelman and Erekosima 1992: 179). 이처럼 의복은 의복에 대한 학습과 사회화를 포함하여 정체성 소통과 구성 과정에 중요한 방식으로 관여할 수 있다.

의복의 물질성을 통해 의복에 대한 가공과 조작이 가능한데, 여러 사회에서 이는 사회적 차이의 소통에 중심적인 역할을 한다. 젠더고고학에서 의복을 연구해야 하는 두 가지 또 다른 이유가 있다. 첫 번째 이유는 의복에 대한 다양한 종류의 증거가 고고학 기록에 잘 남겨져 있기 때문이다. 두 번째 이유는 고고학의 주요 연구 주제인 물적 사물의 능동적 역할과 관련하여 의복을 연구함으로써 의복의 유행 문제를 넘어 사회적 담론에서 의복이 담당한 역할을 보다 구체적으로 분석할 때, 새로운 차원의 의복 연구가 가능해질 수 있기 때문이다.

의복과 고고학: 간략한 개요

외모가 지니는 사회적 중요성에도 불구하고 이에 대해서는 충분한 연구가 이루어지지 않았다. 기존에 이루어진 연구에서는 의복 연구가 마치 양재사로서의 여성의 역할의 연장인 것처럼 주로 여성 연구자들에 의해 다루어지는 특수 분야로 치부되었다. 또는 런던 빅토리아 알버트 박물관의 의상 부서에 전시되어 있는 것처럼 여러 박물관 전시에서 볼 수 있는, 특정 시대의 물질문화에 대한 기술적 재구성 작업의 일부로 간주되었다.

의복과 의상은 문명에 대한 우리의 기대에 전통적 뿌리를 내리고 있고 여러 사회의 기원 신화에서 일정한 역할을 한다. 예를 들어 기독교에서는 우리의 '조상들'이 자신들이 벌거벗었음을 발견하고 자신들을 숨겼던 시기가 매우 강조된다. 이러한 관점의 연장에서, 칼라일이 의상 철학이라는 저서를 통해 인간을 '옷 입은 동물'로 정의했던 것처럼, 의복은 일반적 수준에서 인간 종의 독특함의 일부로서 자주 강조되었는데(Eicher and Roach-Higgins 1992: 9), 다윈과 스펜서에 의해 언급되기도 하였다(ibid.). 의복을 과거에 대한 사회진화론적 설명이라는 측면에서 고려하고 의복의 기원에 특히 초점을 두어 이른 시기를 주로 다룬 좁은 연구 영역이 있는데, 이는 나체에서 의복으로라는 적절한 이름이 붙은 저서를 통해 잘 나타난다: '지구상에서 인간적 삶의 시작에 관해서는 어느 누구도 독단적일 수 없지만, 의복 채용은 그러한 시작을 구분한다 … 야만인과 야수 사이의 주요한 차이는 야만인은 치장을 한다는 점이다'(Hiler 1929에 있는 Sisley Huddleston의 머리말). 이러한 연구에서 인류학자나 심리학자는 겸손이나 수치에 대한 느낌, 성적 매력이나 기능적 필요에 대한 욕망이 옷의 기원에 관한 이유라고 흔히 주장하였다(Hiler 1929, Fischer in Polhemus 1978: 181-2). 이와 같은 연구에 사용된 물질자료의 많은 부분이 고고학적으로 발견된 것이지만, 흥미롭게도 고고학자 자체는 옷에 관한 대개 기능주의적인 이러한 논의에 거의 참여하지 않았다. 그 결과 고고학에서 의상은 당연한 것으로 간주되어, 인간 행태의 중요한 측면을 연구해 볼 수 있는 기회를 놓치고 있다.

솔 택스(Sol Tax: 1979: v)에 따르면, 옷의 비-기능적인 측면이 인류학자들에 의해 더 일찍 고려되지 않은 이유는, 그에 대한 고려를 위해서는 진화론적이지 않은 교차 문화적 시각뿐만이 아니라 상징 체계로서의 문화 이론의 발달을 기다려야 했기 때문이다. 그 이유가 무엇이든, 외모의 사회적 효과와 의미는 최근에 와서야 중요한 연구 주제로 재부상하였고, 이 영역에 대한 관심은 현재 급격히 증가하고 있다(e.g. Barnard 1996, Barnes and Eicher 1992, Craik 1994, David 1992, Eicher

1995). 의상에 대해 이론적 논의가 이루어진 연구는 상대적으로 최근에 와서야 부분적으로 이루어졌다(이에 관한 인류학 문헌 검토를 위해서는 Eicher and Roach-Higgins 1992 참조). 예를 들어 바르뜨(Barthes 1967)는 기호학의 요소라는 저서에서 옷에 대한 분석을 행한 바 있고, 소통이 외모의 주요 기능 중 하나로 인지됨에도 불구하고, 옷에 대한 본격적인 기호학적 접근이 이루어진 경우는 드물다. 기호학은 1971년 보가티레브의 모라비아 슬로바키아의 민속 의상 기능 연구에서 처음으로 폭 넓게 적용되었는데, 여기서 보가티레브는 의상은 대개 대상이자 기호라고 주장하였다(Bogatyrev 1971). 이를 제외하면 의상에 대해서는 별다른 연구가 이루어진 적이 없다. 행태심리학, 인류학, 사회학에서 의상의 사회적 중요성에 대한 평가가 처음 이루어진 것은 대체적으로 1970년대 후반의 일이지만, 고고학은 이에 포함되지 않았다. 고고학에서는 고고학적으로 발견된 옷 복원과 보존에 상당한 에너지를 투자하였지만, 의상의 소통적 측면과 정체성에 대한 개입에 별다른 주의를 기울이지 않았다. 전통적으로 고고학에서 의상은 다소 수동적이고 경험적인 방식으로 다루어졌다.

그러나 최근 우리가 우리의 외모를 형성하는 방식은 사회적·개인적 정체성 형성의 중요한 요소로 인지되고 있다. 외모는 사회적 소통에서 중요한 역할을 하는데, 특정한 활동과 포괄적 또는 배타적 외모를 통해 상이한 형태의 사회적 인성과 범주가 표시되고, 또 이는 차이의 구성, 유지, 협상에 실질적인 효과를 낳는다고 인식된다. 이러한 표시는 사회적 학습의 중요한 측면인데, 사회적 역할은 의복을 통해 부분적으로 실행되고 학습되기 때문이다. 즉, 외모 그리고 외모를 가꾸기 위한 수단은 젠더 정체성 습득 과정과 방식에 일정한 영향을 미친다. 아이들은 자신들의 젠더 정체성에 관한 관념을 자신들이 옷을 입는 방식을 다른 이들의 그것과 비교하여 습득한다고 볼 수 있다. 딸은 자신의 옷과 자신의 어머니의 옷 사이의 유사성을 인지하고, 반면 자신의 아버지와 남자 형제는 자신이나 자신의 어머니와 다른 방식으로 옷을 입음을 발견한다. 우리는 젠더에 따라 적합한 옷에 대한 지식을 습득하고, 더 나아가 이를 통해 "'보이는 것처럼' 행동할 권리와 책임을 배운다. 따라서 젠더화된 의복은 각 개인이 행동에 대한 복잡한 일련의 사회적 기대를 젠더화된 역할로서 내화하도록 고무한다'(Eicher and Roach-Higgins 1992: 19). 이처럼 옷의 젠더화하는 측면은 사람들로 하여금 순응하지 않는 이들에 대해 언급하고 극단적인 경우에는 이들을 추방하게끔 할 수도 있으므로 사회적 (재)강화 기제로 작용한다. 이에 대한 반응으로, 교차할 '무언가'가 있는 상황에서 '교차적 옷 입기'와 같은 현상이 나타나고 또 동시에 사회적으로 의심을 받고 억압된다.

또 옷은 외모에 대한 코드를 통해 자연화되는 사회적 지식의 일부를 구성한다(Kaiser 1983-4). 외모는 개인들 또는 집단들 사이의 관계에 관한 사회적 소통 수단을 제공한다. 사람과 그 또는 그녀의 옷 사이에 존재하는 연합은 특유한 것인데, 특히 옷이 입혀졌을 때 그러하고, 의복은 원칙상 어느 정도 자기 결정과 자기 표현을 할 수 있다. 외모는 사람을 개인으로서 알아볼 수 있는 정보를 제공하기도 하는데(Sørensen 1997). '신체가 입고 있는 옷에 따라 실제화되는 것처럼 옷은 입혀짐으로써 활성화된다'(Craik 1994: 16). 자기에 대한 명시화와 특정 집단의 사회적 구성 사이에 나타나는 긴장은 전복적인 외모 만들기에서 찾아볼 수 있다. 이는 외모 가꾸기는 차이와 같음에 대한 협상이 자주 일어나거나 표현되는 영역임을 시사한다.

각자의 사회에서 생성되는 외모는 중요한 방식으로 젠더화된다. 옷은 사회적 가공물이고(Joseph 1986), 젠더에 적합한 옷에 대해 배우면서 젠더에 따라 적절하게 행동해야 할 권리와 책임에 대해서도 배우게 된다(Eicher and Roach-Higgins 1992: 19). 여성, 소녀, 여아 그리고 남성, 소년, 남아 사이의 차이는 분만실에서의 첫 순간에서부터 색상과 같은 변수의 차별적 부여를 통해 생성된다. 양말, 조끼, 신발과 같이 겉으로 보기에는 '중성적'인 물품이라 하더라도 특정한 문화적 코드에 친숙한 이에게는 이들의 젠더화된 특성이 명백하다. 예를 들어, 북부와 서부 유럽 소년들의 옷에는 어두운 색상, 튼튼한 가장자리, 명확한 기하학적 패턴, 맹수나 기차 문양이 사용되고, 주름이나 나비 장식은 사용되지 않는다. 소녀들의 옷에는 빨강이나 옅은 색상, 주름이나 나비 장식이 사용되고, 부드러움과 곡선이 강조되며, 꽃, 부드러운 패턴과 귀여운 동물로 장식된다. 노동 분업이나 개인성과 아무런 관계도 없는 이러한 차이는 사회적으로 수용된 성격을 그 젊은 구성원들에게 부여한다. 우리의 차이가 어떻게 이해되어야 하고 평가되어야 하는지에 관해 표면상 조용하면서도 분명한 이러한 연합은 여러 의복 품목에서 발견된다. 안경이나 자전거와 같이 표면상 완전히 기능적인 사물도 숙녀용과 신사용으로 디자인되고 소비된다. 옷에 포함된 젠더-코드화는 그 역사적 변화의 일부를 통해 잘 예시된다. 1960년대 사회적 규범에 대한 도전과 특히 이른바 '성적 혁명'은 급진화된 옷을 통해 자주 표현되었다. 이 시기 여성은 기존에 남성의 것으로 여겨졌던 의복의 여러 품목을 정복하거나 차지하였는데, 특히 바지의 경우가 그러하다. 이와 관련된 젠더 구분 중 젠더에 따라 상이하게 협상되는 점을 주목해 보는 것도 흥미롭다. 예를 들어, 여성과 남성 의복에 있어서의 차이는 여성

옷의 지퍼를 바지의 앞이 아니라 엉덩이나 등에 만든다는 점, 여성의 옷은 남성의 옷과 반대로 오른쪽이 왼쪽을 덮도록 단추가 달린다는 점 등에서 찾아볼 수 있다.

> 이렇게 단추를 다는 방식은 앞에 단추를 다는 드레스와 코트가 보다 널리 보급되고 여성의 옷이 반대편에서 고정되는 관습이 등장했던 19세기 중반까지 지속되었다. … 그러나 그 이유는 단순히 빅토리아 여왕 시대에 남성과 여성의 옷을 보다 엄격히 구분하기 위해서였을 수 있다. 그 이유가 무엇이었든, 1900년이 되면 거의 모든 여성의 옷이 오른쪽이 왼쪽을 덮고 남성의 옷은 왼쪽이 오른쪽을 덮도록 디자인되었다(Tarrant 1994: 24).

지금에 와서 보면 이러한 구분은 혼란을 불러일으키지만, 당시에는 중요한 코드로서 사회에 깊이 뿌리를 내리고 있었고 거의 금기와 같은 것이었다. 사람과 옷 사이의 이러한 연합은 여성적이거나 남성적인 특징과 특성을 정의하고자 하는 특정한 젠더 이데올로기에 의해 큰 영향을 받고, 다시 그러한 젠더 이데올로기를 유지하는 역할을 한다. 그러나 의복은 젠더 범주들에 대한 단순한 번역 이상의 기능을 한다. 의복은 그러한 범주들에게 분명한 물리적 실체를 부여하고 단어로 쉽게 표현될 수 없는 정보를 전달한다. 의복의 소통적 능력은 실제로 놀라울 정도이고, 이는 분명 한 사람의 젠더를 나타내는 가장 효과적인 수단 중의 하나이다(Eicher and Roach-Higgins 1992: 17). 우리는 일상적으로 의복의 신호를 받고 적절한 방식으로 그에 대응한다. 따라서 의복에 대한 분석을 통해 사회적 범주의 구성과 상징적 반영에 대해 연구할 수 있다. 젠더고고학은 외모를 사회적 정체성, 특히 젠더 연구에 중심적인 것으로 인지함으로써 큰 도움을 받을 것이다.

방법론과 분석

옷이라는 매체에 접근하는 방식은 많지만 공통적인 점은 옷을 소통 체계의 일부로 인식한다는 것이다(Schwarz 1979). 이에는 차이나 범주, 또 통과의례와 같은 사건에 대한 소통이 수반되지만, 이는 또한 변형, 강제, 감추기, 겉치레, 역할 맡기를 위한 수단을 제공한다. 예를 들어서 역할 맡기의 수단으로서의 옷의 기능은 획득된 지위와 부여 받은 지위 사이의 차이에 대한 고고학적 논의와 관련된다(e.g. Shennan 1975). 또 옷에 대해 할 수 있는 일과 옷으로 되는 일이 있다. 직조 형식, 염색, 도안, 자수, 재단, '건축학적 조립'(Schneider and Weiner 1989: 1)과 같은 변수를 통해 소통의 가능성과 뉘앙스가 생성된다. 상징적인 방식으로 입혀지거나 보여짐으로써 옷은 연령, 성별, 서열, 신분, 집단 소속에서의 변이를 나타낼 수 있다(ibid.: 1). 이에 특정 의복에 대한 권리가 사회적 통제 및 금지의 대상이 되는 경우가 많이 있다. 예를 들어, 중세 시대 옷에 여러 가지 색상을 사용하는 것은 때로 특정 사회 집단의 배타적 권리가 되었고, 영국에서 '정확히 어떤 직물, 모피, 장식이 사회의 각 신분에 의해 사용될 수 있는지를 정의'하고자 한 사치 규제법(Ashelford 1996: 289-290)은 리차드 2세, 헨리 4세, 엘리자베스 1세의 재임 기간 동안 통과되었다. 이러한 옷의 사용을 통해 이 상이한 집단들을 구별할 수 있는 능력이 분명 강화되었을 것이다. 또 다른 예는 17세기 후반 독일 뉴렘버그에서 발견된 규정인데, 이 규정에 따라 사회를 구성하는 각 계층이 옷에 소비할 수 있는 금액이 정해졌다(Roach and Eicher 1979: 12). 그와 같은 규정에 대한 예는 이 밖에도 많은데, 이는 옷과 특정 옷을 입을 수 있는 권리가 차이에 대한 사회적 담론 구성에서 중심적인 역할을 담당함을 나타낸다.

고고학에서 메스켈(Meskell 1996: 8)은 옷, 장식, 자세, 몸짓에 초점을 둔 외화되고 점유되지 않은 신체에 대한 분석을 개별화된 신체의 순환적 역할을 간과하였다는 점에서 비판하였다. 옷, 장식, 인간의 몸 사이의 밀접한 관계는 자주 강조되었는데, 이는 전통적인 민족지에서 중심적인 주제로 나타난다(Polhemus 1978: 176 참조). 그러나 메스켈이 비판하듯, 사회적 관습에 초점을 둔 연구에서 인간의 몸이 본격적으로 다루어지지 않은 이유는 옷을 입은 신체는 점유되고 체화된다는 사실을 간과해서가 아니라 단지 분석의 초점이 다르기 때문이다. 사람들은 옷을 입고, 피부에 닿는 천의 질감을 느끼며, 색상을 알아차리고, 빨강색을 좋아하고 초록색을 싫어한다거나 데이지 패턴이 장미 패턴보다 마음에 든다와 같은 개인적 취향을 갖는다. 또 사회적 규범과 유행이라는 것도 분명 존재하는데, 이들 사이의 차이와 의존 관계는 그 자체가 흥미로운 연구 주제이다. 이러한 사회적 규범과 유행으로 인해 사회 구성원들은 일정한 한계 안에서 옷 스타일에 관해 선택을 하게 된다. 1970년대의 펑크 스타일과 같이 그러한 사회적 규칙에 대한 도전도 그들 자신의 '동료 문화' 안에서 수용되고 공식화된 의복 코드에 기반하여 이루어진다. 옷 스타일에 대한 개인적인 선택과 옷의 직물적 특성에 관한 개인적 경험은 어떤 수준에서는 중요한 문제이지만, 옷의 물질문화가 어떻게 공식화되는지에 관해서는 그다지 중요하지 않다. 다시 말해, 옷은 자기-구성적이고 경험되며 이를 통해 체화되지만, 동시에 사회적 반응에 극히 민감하다. 이는 사람들, 특히 젊은 사람들이 자신과 타인의 옷에 대해 보이는 민감성 및 동료의 반응에 부여하는 중요성을 통해 잘 증명된다. 유행이 이러한 불확신과 순응에 대한 욕망을 이용하는 방식을 통해 유행에 대한 의존은 쉽게 식별될 수 있음을 알 수 있다. 우리는 타인을 통해 옷에 대한 감각을 배우므로, 개개인이 자신의 옷을 발명하거나 옷에 대한 개인적 선택과 장식이 자신만의 독특한 언어를 구성하는 것은 아니다(Roach and Eicher 1979: 7). 사회 집단에 대한 우리의 구성원 자격이 상징되고 표현되는 것은 외모를 통해서이다. 따라서 비록 이것이 개인적 신체를 통해 표현되지만, 이러한 맥락에서 개인적 신체는 여러 가지 측면에서 일차적으로 개인적이기 보다는 사회적 신체로서, 사회화 과정과 존재의 집단성을 상징한다(Polhemus 1978: 151).

이러한 점은 고고학에 특히 적절한데 고고학자는 그 물질적 특성을 통해 외모를 연구하기 때문이다. 고고학에서 외모는 어떻게 상이한 개인들이 구성되고 구분되는지를 분석할 수 있는 매체와 물적 대상을 제공한다는 측면에서 흥미롭고도 중요한 주제이다. 그러한 매체와 대상에 대한 시간적, 공간적, 사회적 변이 분석을 통해 개인들간의 차이가 어떻게 표현되는지, 이는 연령 및 사회적 지위와 같은 상이한 정체성과 어떠한 관계를 갖는지, 또 그러한 관계는 어떠한 중요성을 지니고 있었는지에 관해 연구할 수 있다. 이러한 연구는 성적 차이와 젠더 사이의 관계에 대한 선험적 규정 없이 수행될 수 있다. 예를 들어, 특정 사회에서 칼이 남성적이고 남성화하는 물품으로 간주되었다면, 칼이 묻힌 맥락은 칼과 연합된 사람의 성별 및 성애와 독립적으로, 또 시신이 실제 존재하는지 여부에 관계 없이, 남성성에 관련된 것 또는 남성성에 관해 언급하는 것으로 해석될 수 있다. 이러한 범주들이 설정되었을 때 이렇게 젠더화된 범주들이 어떻게 서로 중복되거나, 물리적인 성적 특성에 기반하여 설정된 범주와 어떻게 다른지를 연구하는 것이 가능할 것이다. 이러한 접근은 최근 호더(Hodder 1997)에 의해 간략하게 소개된 바 있다. 또 성별과 젠더 사이의 관계에 대한 우리의 이해와 독립적으로, 이러한 구성의 상이한 조합을 통해 고고학 기록에 접근할 수 있다면 젠더고고학에 유용하게 쓰일 것이다.

젠더고고학에 대하여 의복이 지니고 있는 가능성을 알게 되었으므로, 다음으로 의복이 실전에서 어떻게 분석될 수 있는지에 관해 살펴볼 필요가 있다. 이를 위해 먼저 외모에 대한 우리의 사고 방식을 바꿀 필요가 있다. 지금까지 외모는 존재의 상태로서 주로 다루어졌는데, 되기의 과정으로서도 연구될 필요가 있고, 또 의복 형식의 재구성과 범주회를 넘어 분석 범위를 확대할 필요가 있다. 인류학에서의 상황도 고고학과 크게 다르지 않은데, 인류학의 경우는 아마도 의복에 대한 기술이 기술적 민족지에 통상적으로 포함되었기 때문일 것이다. 그러나 여기서 '의복이 어떻게 젠더 역할과 관련하여 의미의 보고이자, 젠더 역할을 영속화하거나 변화시키기 위해 사용되는 수단인지를 연구할 수 있는 방법'에 대한 요구에 귀 기울일 필요가 있다(Eicher and Roach-Higgins 1992: 12-15). 예를 들어 아이처와 로우치-히긴스는 드레스를 구성하는 모든 요소들과 그들의 속성에 대한 분류를 통해 의복 형식을 구분하기 위한 방법을 제시한 바 있는데, 이는 고고학에서 통상적으로 사용되는 조합표 작성 방식과 유사하다. 그들의 틀에서 '신체 둘러싸기'는 싸여진 것, 중단된 것, 미리 형성된 것, 또는 이것들의 조합으로 분류되고, 이는 색상, 모양, 표면, 냄새 등의 측면에서 여러 특성을 지니고 있었을 것이다. 그러나 이러한 방법은 여러 조합에 대한 기술적 묘사나 그러한 조합들 내에서의 군집 제시에서 그치고 만다. 고고학에서도 오랫동안 이러한 방식으로 의복 요소를 분류해 왔고, 앵글로-색슨 무덤이나 바이킹 시대 묘지에서 발견되는 의복 부품처럼 여러 패턴과 군집이 커다란 조합 중 일부에서 발견되었다. 그러나 이러한 방법은 이 의상들 내에서 어떠한 유의미한 차이가 어떻게 생성되는지를 이해하는데 별로 도움이 되지 않는다. 이는 부분적으로는 모든 요소들을 동일한 것으로 취급하는 방법 때문인데, 이로 인해 의미가 어떻게 요소들 사이의 관계에 의해 영향을 받는지가 간과된다. 또 부분적으로는 의복을 여러 단일 요소로 환원하는 방법 때문인데, 이로 인해 의복과 관련된 일련의 활동 및 관계가 간과된다. 기본적으로 이러한 방법에서는 의복의 등장이 정적인 생성물로 간주되어 의복의 구성 과정이 간과된다는 점에서 문제가 있다. 이러한 접근에서 의복이라는 매체는 담론의 대상으로 인식될 뿐이고, 역으로 의복이 담론에 미쳤던 영향은 충분히 고려되지 않는다.

이러한 한계를 인식하여 필자는 의복은 별개의 관심사와 원리를 수반하여 상이한 수준에서 조합되는 단일 요소들로 구성된 것으로 파악되어야 한다고 주장한 바 있다(Sørensen 1991, 1997). 물적 사물이 연합되거나 조합이 생성되는 각 시점에서는 소통되는 메시지를 변경, 추가, 변형할 기회가 생성되고 그에 대한 응답이 이루어진다. 고고학자들이 의복 분석에서 주목해야 할 부분은 이러한 과정인데, 차이가 구성되고, 그에 대한 합의가 이루어지거나 도전이 제기되는 것은 이러한 과정을 통해서였기 때문이다. 고고학적 분석은 단일 사물이나 전체 의상에 관한 것이기보다는, 사물이 서로서로와 그리고 신체와 상호작용하는 특유의 방식에 따라 단일 사물에 기반하여 전체 의복을 해체함으로써 보다 건설적이 될 수 있다(Søensen 1997). 또 각 요소는 젠더화되거나 맥락을 젠더화할 능력을 가지고 있기 때문에, 의복 분석에서 행동, 맥락, 사물은 통합되어야 한다. 외모와 그 의미 생성에는 보통 시간적 요소가 개입됨을 고려하는 것 역시 중요하다.

이를 통해 의미에 이르는 여러 경로가 발견되고, 또 매체가 어떻게 구성되는지를 인지하여 상이한 분석적 절차가 개발될 수 있다. 예를 들어 유럽 청동기시대 의복 사용을 통해 나타나는 차이를 고려하기 위해 필자는 세 가지 분석 원리를 제안한 바 있다(Sørensen 1997). 하나는 천, 천 조각들, 전체 의복의 개별적 존재 그리고 그들 사이의 구분과 관련된 것인데, 여기서 이들 각각이 어떻게 관련된 의미와 관행에서 별개의 영역을 구성하는가에 대해 주의할 필요가 있다. 또 이들 중 하나가 그 다음 것이 되기 위해서는 이들을 한 존재의 단계에서 다른 것으로 변형시키기 위한 간섭이 필요하다. 따라서 이러한 단계들의 각각은 상이한 의복이 나타낼 수 있는 특수한 상황을 제공한다. 옷감을 가지고 치마, 블라우스, 또는 가운을 만들 수 있지만, 그에 대한 결정을 내림에 있어 이러한 가능성이 협상된다. 따라서 젠더 식별과 이데올로기는 여러 구성 수준에서 상이하게 인지될 수 있다.

두 번째 원리는 위와 같은 사물이 사용되는 방식과 관련이 있다. 사물이 거쳐온 단계 및 물리적 속성과 특성 때문에, 다른 사물과의 결합을 통해, 그리고 사물이 물리적으로 신체 위에서 구성되는 방식 또는 의복의 부분으로 첨부되는 방식을 통해, 개별적 사물을 통해 차이가 생성될 수 있다. 예를 들어 결혼 반지 자체는 반지를 끼고 있는 이가 기혼자임을 나타내는 것 이외에는 별다른 의미를 지니지 않는다. 만일 그 반지가 세습된 것이라면 그 외의 의미도 지니고 있을 테지만 말이다. 결혼 반지는 정교하게 만들어진 다른 여러 반지와 함께 젠더, 결혼 여부, 부를 나타내는 여성의 소유물의 일부로 간주될 수 있다. 한편 어떤 나라에서는 같은 손가락에 두 개의 결혼 반지를 끼고 있는 것은 과부 또는 홀아비임을 나타낸다. 이처럼 사물은 상이한 목적의 소통에 사용될 수 있다. 이러한 방법은 선사시대의 여러 상황과 관련하여 유용하게 쓰일 수 있는데, 예를 들어 장례 절차나 구상적인 묘사에 기반하여 특정한 맥락에 놓이고 특정한 맥락에서 쓰인 사물의 의미에 접근해 볼 수 있다. 이러한 맥락적 접근법이 여러 상이한 시대의 드레스를 연구하기 위해 적용된 바 있는데, 외모를 젠더화하기 위한 시도로서 앞으로는 어디서 어떻게 외모가 동일성과 차이를 구성하는데 개입되었는지에 초점을 둘 수 있다.

필자의 세 번째 원리는 사물과 신체 사이의 연접과 직접적으로 관련되는데, 이러한 관계는 상이한 방식으로 문화적으로 구성될 수 있고, 이를 통해 다시 협상과 분화가 이루어질 수 있는 여지가 만들어진다. 이러한 관계는 탈부착이 가능한 핀이나 목걸이와 같은 사물 사이에서의 관계와 같이 일시적이고 차이와 변화에 지속적으로 개방되어 있다. 여기서 그러한 사물의 사용은 의도적이고 통제 가능한데, 이들은 단추, 허리 고리, 또는 모자 위의 장식처럼 일시적으로 고정될 수 있으면서도 탈부착이 가능하다. 이렇게 의복의 일부를 이루면서 탈부착이 가능한 사물들은, 각각이 상이한 맥락에서 사용될 때와 달리, 매번 사용될 때마다 새로운 협상을 요하지는 않는다. 또 지름이 고정되어 있는 목걸이나 팔찌, 발찌의 경우처럼 사물과 신체의 관계는 지속적인 것이 될 수도 있다. 민족지적·고고학적 기록에 잘 나타나 있는 이러한 사물은 사회적 신체의 일부가 된다. 민족지를 통해 알 수 있듯이, 특정한 장식이나 문신과 같이 신체 위에 남겨진 영구적인 혼적은 한 사람의 인생에서 전이적인 단계를 나타내기 위해 자주 사용된다. 예를 들어 안다만 섬 사람들의 경우, 유아기에서 성인기로의 통과를 나타내기 위해 피부에 상처를 내기도 한다(Roach and Eicher 1979: 12). 이러한 표시는 구성원 자격에 대한 시각적 표현이 된다. 여기서 물적 사물과 신체 사이의 잠정적 관계를 인지하는 것이 중요한데, 그렇게 '체화된' 사물이 개인에 대해 언급할 수 있는 방식은 매우 독특하고 따라서 이것이 개인적·집단적 수준에서 도전을 받거나 협상될 수 있는 방식 역시 독특하다. 특히 신체와 물적 사물 사이에 만들어질 수 있는 정적인 관계는 양자 간의 관계가 반드시 일시적인 것만은 아님을 의미한다. 그러한 사물들은 문신이나 피부에 낸 상처와 같이 신체에 고정되어 있고, 되돌릴 수 없으며 영구적인 표시이 될 수 있다. 이러한 분석 원리는 사물을 통해 드러나는 분화 전략에 대한 연구를 가능케 한다는 점에서 젠더고고학의 발전을 위해 중요하다. 이러한 전략은 물적 사물을 통해 표현되므로 고고학적 조합에서 쉽게 찾아볼 수 있고, 따라서 이러한 전략 분석을 통해 선사시대 사회에서의 차이 생성과 그에 대한 강조를 새로운 시각에서 이해할 수 있다.

의복에 관한 어떠한 연구에서도 분명한 젠더 범주화를 나타내는 것으로 보이는 특정 요소들이 발견될 것이다. 그들 중 일부는 차이에 대한 보다 모호한 메시지를 나타낼 것이고, 또 젠더화되지 않은 것으로 보이는 요소들도 있을 것이다. 아마도 젠더에 대한 범주화가 의복의 모든 측면에서 항상 현존하지는 않았을 것이고, 항상 담론적으로 사용된 것도 아닐 것이다. 의복에 대한 젠더화는 두 가지 과정을 통해 일어난다. 하나는 젠더화된 사물의 포함인데, 이는 의복의 일부 품목이 될 수 있지만, 의복의 모든 품목이 반드시 젠더화된 사물로 이루어지는 것은 아니다. 예를 들어 청동기시대 칼은 아마도 젠더화된 사물이었을 것인데, 몇 가지 형태의 장신구, 특히 머리카락, 목, 허리, 또는 모자와 같이 특수한 형식의 의복을 위해 디자인된 사물도 젠더화된 것일 수 있다. 또 다른 젠더화 과정은 물품의 '조작'을 통해 일어나는데, 여기서 물품은 차이를 생성하는 방식으로 조합되고 구성된다. 한 가지 요소를 조합에 더함으로써 전체 메시지가 완전히 달라질 수 있다는 점에서, 이는 의복의 젠더화 과정에서 물질문화가 담당한 중심적 역할을 증명하고, 물적 사물과 행동이 교차되는 곳에서 협상과 변화가 이루어질 수 있음을 나타낸다.

선사시대 옷과 정체성

선사시대에 옷을 입은 사람의 외모는 사회적 역할이 학습되고 표현되는 매체였다. 그러한 사회적 역할의 의미는 개인들 또는 집단들 사이의 관계를 소통하는 외모 코드에서 자연적인 것으로 형성되고 만들어졌다. 이러한 의미는 단순한 것도 아니고 정적인 것도 아닌데, 사회의 문화적 구조의 일부를 구성하였고 그러한 구조에 대한 중요한 정보를 제공할 수 있다. 지금까지 필자는 외모는 사회적으로 중요하고 차이를 구성하기 위해 외모가 사용되는 방식은 분석 가능하다고 주장하였다. 여기에서는 고고학 기록, 그리고 물질문화의 위와 같은 측면을 이해하기 위한 연구에 이용 가능한 일련의 증거, 또 그러한 증거가 젠더화된 사람 구성에 이용되는 방식에 대해 간략히 살펴볼 것이다.

옷을 입은 사람에 관한 파편적 증거는 고고학 기록에 풍부하여, 옷이라는 매체가 사회적 차이 구성에 이용된 방식을 추적하고 분석하기 위해 사용될 수 있다. 앞으로의 연구는 이러한 의미 그리고 그에 대한 표현이 시간의 흐름에 따라 변하는 방식에 관한 것이 될 것이다. 이는 개인이 기념되고 시각적으로 소통되는 상이한 단계를 거침에 따라 나타나는 개인의 인생 주기에서의 변화와 사회적 시간 모두와 관련된다. 의미는 상이한 수준에서 생성되고 이는 서로 중복되어 성별과 젠더와 같은 상이한 정체성을 서로 연결한다는 것 또한 분명하다.

이미 언급한 것처럼, 인간 진화에 대한 초기 연구에서는 인간이 동물과 다른 점에 대한 기호로서 몸을 가리고자 하는 인간의 욕망과 의복이 자주 강조되었는데, 고고학에서는 인류 초기 단계에서부터의 의복에 대한 증거에 지속적인 관심을 보여왔다. 의복의 등장을 문명 단계로의 전이를 나타내는 것으로 보는 단순한 진화론적 접근에는 문제가 있지만, 의복에 대한 초기 증거를 연구하는 데에는 충분한 이유가 있다. 10장에서 논의될 것처럼 기원 자체에 대한 지나친 관심은 별 효용이 없다. 그렇다고 하여 이러한 현상들을 단순히 특정 시기에 나타난 무언가 특유한 것, 당시의 사회적 관행과 산물로 치부해 버리고 만다면, 이들이 당시 사회적 상호작용과 소통에 영향을 미친 방식에 대해서는 알 수 없게 된다. 의복에 대한 초기의 증거는 집단 정체성과 자아 인식에 대한 문제를 제기하게끔 한다. 신체의 일부이자 외모를 꾸미기 위한 수단으로서 의복은 인간 문화사의 일부이므로, 의복의 등장과 지속적인 변형 및 문화적 표현으로서 의복의 존재가 연구되어야 한다. 이 점이 인지되지 않는다면, 의복을 신체의 자동적이고 자연적인 연장물로 봄으로써 의복을 당연한 것으로 여기게 되는 오류에 빠질 수 있다. 이에 옷을 문화적 언어라기 보다는 필수품으로 보는 사고에 대해 검토해 볼 필요가 있다.

인류사 초기의 의복에 대한 연구 주제로서 당시 신체 장식이 무엇과 관련되고 사람들이 어떻게 사회의 신체와 관련되었는지에 대

해 생각해 볼 수 있다. 신체 장식품의 등장은 펜던트와 목걸이의 발견율이 상대적으로 높은 후기 구석기시대로 거슬러 올라간다(10장 참조). 이러한 물품은 목걸이, 팔찌, 특유의 머리 모양과 함께 허리감개와 유사한 형태를 띠는 옷을 입은 것처럼 장식된 토우의 증가와 함께 증가된다(그림 7.3). 부족한 증거이나마 이에 기반하여 당시인들이 가지고 있었던 일정한 관심에 대해 추론해 볼 수 있다. 위와 같은 물적 증거는 신체를 장식의 대상으로 드러내는데, 신체 장식품은 집단 내에서 여러 종류의 차이를 만들어 내고, 그러한 차이가 쉽게 감지될 수 있게 한다. 선사와 역사 시대를 통해 반복적으로 등장하는 주제이고 민족지에서도 알려진 것처럼, 토우의 정교한 머리 모양은 당시 머리 및 머리카락이 중요하게 여겨졌음을 시사한다. 머리카락이 상징적으로 중요한 의미를 지니는 경우는 물론 많이 있다(Polhemus 1978: 123–133; Treherne 1995). 머리카락의 상징적 중요성은 사회적–성적 상태에 있어서의 변화를 나타내는 의례에서 두드러지게 되는 경우가 많은데, 이때 머리카락은 여러 가지 방식으로 한 사람의 연장물로서 표상된다. 머리카락을 손질하거나 자르는 행동은 머리카락을 정돈, 변형, 통제하는 의식으로서 중요한 의미를 지닐 수 있다. 예를 들어 홀파이크(Hallpike 1978)는 그러한 행동이 어떻게 통과의례의 일부로서 수행되는 사회로의 상징적 재진입 의례와 관련되는지를 보인 바 있다. 머리카락을 가리거나 자르는 미망인, 또는 성인이 되거나 결혼한 여성은 머리카락을 가리고 다녀야 한다는 규칙에 관한 여러 예를 통해서도 성애와 머리카락 사이의 관련성 및 이와 연관된 통제와 격리 문제가 강조된다. 예를 들어 머리카락을 자르는 미망인은 여성으로서의 자신을 지우는 것으로 해석되기도 한다.

선사시대 사회에서 옷이 지녔던 중요성을 보다 자세하게 살펴보기 위해 청동기시대의 경우를 생각해 보자[*]. 청동기시대에는 옷 그리고 옷과 관련된 사물들이 함께 모여 의복을 구성한 범주들이었다. 청동기시대의 의복 재구성에 대해서는 여러 논란의 여지가 있지만, 참나무관 무덤에서 완전한 의상이 발견된 경우가 많은 북부 유럽 자료가 당시의 의복 재구성을 위한 중요한 증거로 쓰이고 있다(Bender Jørgensen 1991). 보존이 잘 된 덴마크 무덤에서 출토된 증거에 기반하여 이루어진 복원 결과에 따르면 당시에는 세 가지 종류의 기본적인 의복이 사용되었다. 하나는 칼과 남성 인골이고, 다른 둘은 여성 인골과 공반되는 여러 장식물들로 이루어진다. 당시의 여성들은 그 의복에서의 차이를 통해 두 개의 집단으로 구분된다. 지금까지 발견된 자료를 통해 볼 때, 당시의 여성 의복에서 나타나는 그와 같은 차이가 겨울과 여름 옷처럼 죽거나 매장된 시기에 있어서의 차이나 여성의 연령이나 부에 직접적으로 관련된 것이 아님은 분명하다. 북유럽 청동기시대 의복은 당시 사회에서 범주적 정체성이나 집단의 특수한 지위에 기반하여 여성이 시각적으로 차별화되었을 가능성을 나타낸다. 이에는 물리적 또는 '도덕적' 발전이나, 재생산 또는 '결혼'과 같은 계약으로 인해 생긴 젠더 정체성에 기반한 집단 구성원들간 분화가 수반되었을 가능성이 매우 높다. 북유럽 자료는 세부적인 면에서는 매우 정교하지만 표본 수가 적어 우리에게 알려진 의복이 규범적인 것이기 보다는 독특한 것이 아닌가라는 의문이 제기될 수 있다. 독일 남부 중기 청동기시대 여성의 의복 자료도 그 구성에 있어서의 차이를 통해 구분되는데(Sørensen 1997,

---

[*] 여기서 청동기시대는 주요 사례로 사용될 뿐이다. 청동기시대 물질자료가 매우 풍부하기는 하지만, 다른 시대의 자료를 통해서도 외모 구성에 대한 연구가 가능하다는 점이 강조될 필요가 있다.

Wels-Weyrauch 1989), 의복 중 한 종류는 가슴 부분에 장식이 되어 있고 또 다른 종류의 의복은 허리 주변 부분에 장식이 되어 있다. 이러한 차이는 부, 사용된 형식, 지역적 특징에 있어 나타나는 차이와 교차하여, 당시 사회에서 여성들 내에서의 차이가 사회적·개념적으로 인지되었을 가능성을 제시한다. 이 넓은 지역의 여성들의 외모가 물리적으로는 장식품과 의복 부속품의 상이한 지역적 형식을 통해 표현되었지만 개념적인 측면에서는 동일한 기본적 원리에 근거하여 크게 둘로 구분되었는데, 이는 당시에 그와 같은 구분이 지역 공동체의 범위를 훨씬 넘어 서로 다른 지역간에 유지되었음을 시사한다. 필자는 이러한 의복의 구성은 단지 젠더 불균형과만 관련된 것은 아니고, 여성의 외모에서의 차이는 여성들 내에서의 차이의 유지 및 표현과 관련되었으므로 남성들로부터 상대적으로 독립된 것으로 보았다(Sørensen 1997). 다시 말해 이러한 차이는 여성들 사이에 있었고, 남성들로부터의 구분과 직접적으로 관련된 것은 아닌 것으로 보인다. 중부와 북부 유럽의 중기 청동기시대 젠더 차이의 의미에 대한 이러한 해석은 남성과 여성이 관계적인 범주라기 보다는 서로 구별되고 별개의 범주인 것으로 보이는 경우가 많은 당시 사회의 다른 측면과도 잘 들어맞는다. 의복 복원을 목적으로 하는 분석을 넘어 외모의 사회적 의미를 이해하기 위한 청동기시대 의복 연구는 상대적으로 최근에 이루어진 발전이다. 그러나 이러한 연구 영역의 발전 가능성, 그리고 외모와 정체성 구성 및 소통 사이의 관계 파악 가능성은 분명하다.

의복에 대한 훨씬 더 풍부하고 다양한 증거, 그리고 외모 구성과 외모에 대한 강조는 구석기시대 이후의 시대에서도 찾아볼 수 있는데, 이에는 문헌 기록이 남아 있는 시대도 포함된다. 이러한 시대에 대해서는 이미 여러 연구가 이루어졌고, 대규모의 자료 분석이 로마와 그 이후 시기에 대해 수행되었다. 이를 통해 사회적 지위, 연령, 젠더, 성별의 교차가 증명되었고, 그러한 담론의 패턴과 지역적 경계도 확인되었다. 젠더 이데올로기라는 측면에서의 특정한 함의 문제가 일반적으로 다루어지는 것은 아니지만, 몇몇 연구를 통해 의복 및 외모와 관련된 관행에 젠더가 어떻게 연관되고, 이는 보다 넓은 사회적 관계와 또 어떻게 연관되는가에 대한 고찰이 시작되었다(e.g. Lucy 1997).

이러한 자료에서 젠더가 지니는 중요성은 명확하다. 그러나 젠더의 여러 가능성과 요소에 기반하여 외모라는 매체를 통해 표현된 젠더는 여러 상이한 형태를 띨 수 있다는 점 또한 마찬가지로 명확하다. 예를 들어, 로마 제국의 북서 지방에서 '갈리아' 코트는 기본적인 의복이었다. 남성과 여성 모두가 이 코트를 입었고, 따라서 이 옷의 형식은 남녀 공용이었다. 그러나 남성의 코트는 그 길이가 무릎까지 내려오고 여성의 코트는 발목이나 종아리까지 내려왔다(Allason-Jones 1989: 109). 이에 이 코트가 특정 젠더의 것으로 보이게 되는 것은 이 코트가 착용되었을 때이다. 젠더에 대한 보다 구체적인 표현은 숄, 의복 부속품 및 장식품과 같은 추가적인 의복과 사물 사용을 통해 가능해졌을 것이다. 이러한 추가적인 정교화는 일차적으로 신분에 관계된 것으로 보이는데, 당시 외모 꾸미기는 신분에 의해 큰 영향을 받았을 것이다. 또 자신들의 신체를 장식하고 돌보는 것에 많은 공을 들인 로마인들은 (Carr와의 사적 대화; Hill 1997) '자기에 대한 기술'(e.g. Treherne 1995)의 중요한 예를 제공하는데, 이는 여러 형식의 세면도구, 향수와 같은 물질, 거울의 공통적 사용을 통해 알 수 있다(Allason-Jones 1989). 젠더와 다른 사회적 관심사 사이의 교차, 특히 권력의 상이한 측면 분석에 대해 이처럼 풍부한 물질자료가 지니고 있는 잠재력은 명백하다. 예를 들어, 로마 확장기 원주민과 외국인들의 외모 꾸미기 방식을 비교하여, 그러한 측면이 어떻게 10장에서 논의될 식민화와 문화화 정치에 대한 젠더의 개입을 드러내는가를 검토해 보는 것은 매우 흥미로운 작업이 될 것이다. 로마 제국기 외모에서 나타나는 그다지 크지 않지만 그럼에도 불구하고 명백한 지역적 차이는 외모의 강제적 성격과 함께 젠더가 종족성이나 지역주의와 같은 다른 연대와 교차되는 방식을 분석해 볼 수 있는 기회를 제공한다. 이와 관련된 물질 자료를 통해 특정 지역 여성의 인생 국면 변화에 따라 의복에 나타나는 변화를 연구해 볼 수도 있다(Allson-Jones 1989: 114). 마찬가지로 명확한 양상이, 아직 신석기시대의 양상만큼 본격적으로 연구되지는 않았지만, 청동기시대(e.g. Schumacher-Matthäus 1985, Shennan 1975), 철기시대(Lorenz 1978), 또 앵글로-색슨이나 바이킹 시대와 같은 이후의 시기에도 발견된다(Brush 1988; Hägg 1983; Jesch 1991: 14-18). 젠더-성별 상관관계와 인생 국면을 함께 고려함으로써, 사람들이 나이가 들면서 신체가 변함에 따라 젠더 차이가 어떻게 지각되고 재조정되는지, 특히 남성과 여성이 그러한 변화를 겪음에 따라 어떻게 평가되는지, 또 이들이 같은 또는 다른 변수를 통해 평가되고 서열화되는지 등에 대해 검토해 볼 수 있다. 예를 들어 어떤 공동체는 모든 구성원들을 생산에 대한 그들의 공헌에 기반하여 평가하고, 다른 공동체에서는 여성은 재생산 관념을 통해 평가되고 남성은 정치적 권력에 따라 구분될 수 있다. 이미 언급한 것처럼, 나이지리아 칼라반 족은 후자의 예인데, 이들의 사례는 젠더 문제의 복잡성을 잘 나타내어 젠더 이원성이나 균형에 대한 단순한 관념에 도전을 제기한다. 칼라반 족의 사회에서는 인생 국면과 위계적 질서의 영향을 받으며 남성과 여성이 상이한 기준을 통해 사고된다. 즉, 여성에게 허용된 모든 인생 국면을 통해 여성들은 원칙상 모두 진보하지만, 남성의 경우 오직 일부만 높은 지위에 오를 수 있다(Michelman and Erekosima 1992: 179-80). 이 경우 남성과 여성 사이, 그리고 남성 내와 여성 내라는 여러 수준에서 전개된 불균형이 발견된다. 이와 함께 남성 내의 불균형은 여성의 경우와 다른 기반을 가지고 있다. 외모에서의 변화를 포함한 통과의례 등을 통해 이루어지는 인생 단계에 대한 사회적 인식과 문화적 표시는 인간의 가능성에 대한 인식을 표현하므로 젠더 차이가 개인적 삶에서 구성되게 되는 주요한 문화적 기제 중 하나일 수 있다(연령의 중요성에 대한 논의에 대해서는 Sofaer-Derevenski 1997, 1998 참조).

담론의 망

옷에 대한 재구성주의적인 역사는 사회에서 옷이 어떠한 역할을 하고 무엇을 가능하게 하는가를 이해하는데 별 다른 도움이 되지 않는다. 그러나 재구성주의적 접근을 통해 알 수 있는 한 가지 중요한 점이 있는데, 다양한 변이, 사용된 매체의 복잡성, 사람들이 살면서 겪는 변화, 다른 관심사와의 교체에도 불구하고, 옷을 입음으로써 우리는 특정한 종류의 사람으로 보여지게 된다는 것이다. 또 옷에서 나타나는 차이를 통해 젠더 범주의 관점에서 사람들을 시각적으로 구분하는 것이 가능해진다. 이러한 젠더 범주들이 보다 정교화되어, 사람들 사이에 존재하는 사회적으로 구성된 또 다른 차이를 표현하게 되는 경우가 많다. 그러나 이로 인해 외모를 통해 표현되고 구성되는 남성과 여성 범주의 공통성이 없어지는 것은 아니다. 물론 이러한 범주들은 사람들이 자기 자신에 관해 가지고 있는 의식이나 성적 정체화와 반드시 일치하지 않거나 그와 모호한 관계를 맺고 있을 수 있는데, 이는 또 다른 문제이다.

젠더 조직은 이 외에도 옷의 여러 다른 측면에 의해 영향을 받았을 것인데, 그러한 측면 역시 연구되어야 한다. 예를 들어, 옷 생산에는 그에 필요한 여러 요소들의 가공을 위한 여러 단계가 수반되는데, 이러한 과정 중 어디에서 어떠한 역할을 남성 또는 여성이 담당하였는가는 흥미로운 연구 주제가 될 수 있다. 그 자체가 상징적 매체가 될 수 있는 옷의 특성 또한 중요하다. 예를 들어, 옷은 가치 있는 것으로 여겨지는 상품이 될 수 있고, 이 경우 조직화된 교환 체계에서 옷이 담당하는 특정한 역할을 통해 젠더 정치에 영향을 미쳤을 것이다. 이러한 측면은 잉카 제국(Dransart 1992: 145), 메소포타미아 우르 III기(Wright 1996b), 멕시코 아즈텍(Brumfiel 1991)의 물적 자료를 통해 확인되고, 에게해의 선형 문자 B와 같이 널리 알려진 고고학 기록을 통해 분명하게 드러난다(Barber 1994; Killen and Olivier 1989).

옷의 여러 차원 중에서도 필자는 이 장에서 사회적 차이 구성을 위한 수단과 표현으로서 외모 가꾸기와, 사회적·도덕적 관습과 전통 소통에 있어 외모 가꾸기가 담당한 역할에 초점을 두었다. 필자는 옷의 물리적 속성을 통해 이러한 측면을 연구하는 것에 관심을 두었는데, 이는 젠더 구성에 대한 고고학적 연구에 필요한 출발점이기 때문이다. 외모에서 나타나는 변이는 같음과 다름에 관한 것, 범주에 대한 소통으로서 평가되어야 한다. 젠더고고학은 해당 사회가 이러한 차이에 대한 사회적 지각을 어떻게 유지하고 협상하였는지 검토하고, 그러한 차이가 도전을 받거나 변화하게 되는 단기적 전략에서 물적 자원이 어떻게 이용되었는지를 조사하기 위해, 옷에 대한 증거와 함께 옷이 구성되는 방식 및 시간의 흐름에 따라 나타나는 그러한 방식의 변화를 연구한다.

8장

공간의 젠더화

어렸을 때 나는 외할아버지와 외할머니의 집을 자주 방문하였는데, 거기서 남자들은 외할아버지의 방이었던 서재에 모였고, 여자들은 부엌에 모였다. 나는 이 두 장소가 서로 매우 달랐던 것으로 기억한다. 부엌은 밝고, 크고, 떠들썩한 활기찬 공간이었다. 나는 창문을 통해 들어온 빛 줄기와 여자들이 떠드는 소리를 기억한다. 반면 서재는 어두웠고, 책과 먼지 냄새가 났지만 외부와 차단되어 아늑하고 조용하였다.

젠더화된 공간

공간은 우리가 어디에 있고 누구인가에 대한 체화된 경험에 깊은 영향을 미치므로, 젠더 구성을 위한 또 다른 물리적 근원이다. 젠더화된 공간에 대한 또 다른 중요한 예가 커캄(Kirkham 1996: xiv)에 의해 제공되는데, 커캄은 여성 임원을 위해 특별히 장식된 방과 욕실이 빌바오에 있는 호텔에 어떻게 도입되었는지를 기술한다. 그녀의 묘사를 읽으면서 나는 연어색 벽, 기묘한 파스텔 수채화 또는 프린트, 말린 꽃다

발이 있는 고급 시장의 공공 장소에 있는 여자 화장실을 떠올렸다. 이것이 여성적인 공간에 대한 통념일까?

공간과 공간이 조직되는 방식은 지각과 행동에 영향을 미치고, 이것이 일상적 관행이 되었을 때 관습으로서 침전된 의미를 얻는다. 공간 조직은 관행이 어디서 일어나야 한다거나 일어날 수 있는지를 지시하는 행동 코드가 공간적으로 구체화된 것이다. 이는 차이의 생성에 영향을 미치고, 금지와 허가에 대한 표현을 하기 위해 필요한 매체를 제공한다. 따라서 공간은 개인의 주관적 체화감에 영향을 미치고 사람들을 사회의 구성원으로서 특별하게 구성된 집단에 속한 것으로 승인되도록 도움을 준다. 공간은 사회적일 뿐만이 아니라 개인적이고, 이는 젠더화된 정체성 획득과 그 내용 협상에 있어 개인적 수준과 사회적 수준 모두에서 영향을 미친다. 이러한 특성을 통해 공간은 젠더 수행을 위한 무대를 제공한다. 또 공간적 구조는 외부 형태를 포함하여 상이한 수준에서 '존재하고,' 이들의 잠정적 의미와 이들이 물리적 행동에 영향을 미치는 방식을 통해 체화된 주관성이 제공된다. 이러한 수준들 사이의 구분과 관계는 공간에 대한 사회적 이해가 다양한 방식으로 협상될 수 있음을 의미한다. 특히 사회적 공간은 인지적 공명과 물리적 충격을 통해 영향을 받고 정서에 영향을 미친다. 또 공간에 대한 이해는 경계와 문지방을 통해 공통적으로 표현되지만, 이들의 형태나 의미도 고정된 것이 아니다. 공간은 대개 그 물리적 현현을 통해 의미를 지니면서도 사회적 단계로서 담론적으로 이해되고 존재하게 된다. 이러한 속성, 특히 고정된 관계의 결핍으로 인해 공간을 통한 젠더 이해와 수행이 가능해지지만, 젠더 분류, 내용, 의미는 젠더와 다른 가능성과의 차이에 기반하여 공간에서 규정됨에 따라 존재하게 된다. 젠더의 물질화에 대한 여러 다른 경우에서처럼 물적 구분과 사회적 구분 사이의 연합은 금지, 규칙, 법, 또는 금기를 통해 유지된다. 통상적으로 유지되는 강력한 사회적 관습이 없다면 이러한 구분은 그 존재의 기반을 잃고 쉽게 사라지게 될 것이기 때문이다. 이처럼 공간 조직은 사회적 차이가 만들어지고 학습되는 매체이지만, 동시에 그러한 차이가 변형되고, 구분이 전복되며 관습이 도전을 받게 되는 영역이기도 하다. 또 공간은 상황에 따라 상이하게 해석될 물리적 매체를 제공한다. 따라서 공간은 사회적 차이에 대한 구분이 평소에는 잠재적 상태로 존재하다가 특정한 상황에서 일깨워지는 관행의 영역이다. 그래서 같은 공간적 무대에서 일상의 관행과 통상적 행동이 사회적 질서의 의례화된 또는 이데올로기적 버전과 선명하게 대조될 수 있다. 예를 들어, 현대 유럽의 어떤 교회 의식 중 자리 배열은 통상적으로 젠더에 관한 이원적 관념에 기반해 있다. 비록 여러 다른 활동들은 젠더와의 관계에서 훨씬 더 다면적인 성격을 띠게 되었지만 말이다. 마찬가지로, 일요일 만찬이나 중요한 가족 행사에서의 자리 배열과 같은 가족 관행의 일부는 분명 젠더에 기반한 것이지만, 같은 질서가 다른 식사 또는 가족 활동에서 반드시 유지되는 것은 아니다.

따라서 공간 구조와 같은 물질성은 사회적 관계 유지와 그에 대한 도전 모두에 유용한 매체임을 깨닫는 것이 중요하다. 기존의 사회적 관계를 고정하고자 하는 시도와 바꾸고자 하는 시도 모두에 있어 그러한 관계를 보이기 위한 물적 수단이 필요하다. 사회 관계에서의 변형과 점진적 변화에도 이러한 형태가 참조된다. 따라서 공간 구조는 젠더 관계의 반영물이 아니다. 젠더 관계는 공간이 이해되고 그에 대한 반응이 나타나는 방식을 통해 체화되고, 공간은 그러한 젠더 관계 수행을 위한 매체를 제공한다.

　이처럼 공간적 접근에 대한 통제는 차이와 가치에 관한 메시지가 따라 다니는 포함과 배제의 행동이고, 따라서 공간에 대한 접근 허용과 공간에 대한 권리 부여는 정치적 행동이다. 이는 정치적 운동과 요구에서 자주 표현되어 왔다. 공간에 대한 접근성이 갖는 상징적 중요성을 최근 일부 여성주의 집단들이 아토스 산에 접근할 수 있는 권리를 주장 또는 요구한 예를 통해 살펴볼 수 있다. 아토스 산이 위치해 있는 그리스 반도는 동부 기독교 수도원파에 속한 수도사들이 이주하여 개발한 곳으로서, 가장 유명한 수도원 '공화국'이다. 명상과 여성 배타적인 철학에 대한 강조는 이들의 자기 인식적인 역사와 목적 의식, 즉 자신들만의 특유한 자아 생성에 중요한 요소이다. 남성 또는 여성에게만 접근이 허락되는 여러 공동체와 건축물이 있지만, 남성 전용 공화국 선포라는 공간의 정치에 휘말리게 됨으로써 아토스 산은 젠더 정치를 도발시켰다. 이러한 선언을 하는 남성들의 권리에 도전을 하는 것은 여성 집단의 중요성을 나타내기 위한 정치적 행동이 될 수 있다.

　공간 조직은 고고학에서 전통적으로 다루어져 온 연구 분야인데, 공간 조직 연구를 통해 여러 종류의 경계가 정의되었고 그와 관련된 일련의 활동이 설명되었다. 이때 공간 조직은 특정 장소 내에서 이루어진 행동과 함께 공동체 사이의 상호작용을 유의미하게 하는 물리적 틀로서 파악되었다. 단일 유구에서부터 영토나 대규모 경관에 이르는 상이한 규모의 공간 조직 연구에서 젠더는 중요한 변수이다. 공간과 젠더 사이의 다양한 관계에 대한 완전한 논의는 이 장의 범위를 넘어서는 것이다. 이에 아래에서는 공간 조직에 대한 고고학적 연구에서 주목해 온 공동체의 일상적 삶과 관련되는 지어진 공간에 대해 중점적으로 살펴보고, 현상학을 경관 연구에 적용함으로써 나타나는 문제 중 일부를 간략히 살펴볼 것이다.

고고학자들은 상이한 공동체들의 공간 조직 연구를 통해 이러한 공동체들이 자신들과 자신들의 상이하게 구성된 구성원들에 대해 어떻게 그리고 어떠한 수준에서 성찰하였고 코드화하려고 했는지를 검토한다. 또 공간 조직의 형태 및 그와 관련된 관행을 비교하고, 공간 구조 내에서 나타나는 변화를 관찰하여, 시간을 통해 어떻게 공동체가 어느 영역에서는 자신들을 변형하거나 재발명하는 반면 다른 요소들은 변함없이 유지하였는가를 이해할 수 있을 것이다.

고고학과 공간

입지, 유적, 문화와 같이 여러 기본적인 고고학 용어와 개념들이 공간에 대한 가정에 기반해 있기 때문에, 공간에 대한 인식과 사용은 학문으로서의 고고학 초창기부터 발견된다. 보다 구체적인 공간적 모델이 이후 제시되었는데, 이들 중 일부는 인문지리학으로부터 뚜렷한 영향을 받았다. 그러나 사회 관계와 공간 조직이 어떻게 서로 연결되는지에 대한 보다 구체적인 논의는 인문지리학으로부터의 지속적이고도 강력한 영향과 함께 사회인류학과 사회학적 논쟁에 근거하여 보다 최근에 와서야 이루어졌는데, 특히 시-공간적 지리학과 공간적 논리, 구문론, 의미론을 둘러싼 논의들이 그러하다(이에 관한 논의에 대해서는 Parker-Pearson and Richards 1994c: 29ff 참조). 그러나 이러한 논의들이 공간과 젠더의 교차 문제 연구를 위해 구체적으로 적용된 경우는 드물다.

고고학에서 젠더 관계에 대한 뚜렷한 이론적 논의는 구조주의의 영향을 받아 처음으로 이루어졌다고 할 수 있다. 이원적 대립에 대한 구조주의의 강조는 젠더화된 공간 연구의 많은 부분을 계속해서 지배해왔고, 최근에는 경계 지어진 공간으로서의 우주론 구성이나 공간에 투영된 신체 연구에서도 찾아볼 수 있다(Parker-Pearson and Richards 1994c: 10ff). 이원적 대립에 대한 구조주의적 접근은 힝리(Hingley 1990), 호더(Hodder 1990), 파커-피어슨(Parker-Pearson 1996)의 연구에서와 같은 공간의 사회적 의미 연구에서도 중요한 이론적 배경으로 참조되었다(이에 관한 논의에 대해서는 Brück 1997: 69-75; Gilchrist 1997 참조). 젠더 연구와 관련하여 위와 같은 접근이 안고 있는 심각한 문제는 차이와 일련의 활동들을 대립이나 이원적 구조로 정돈하여 그를 보편화하려는 경향이다. 이러한 과정에서 젠더 범주는 고정된 것으로, 공간 조직에 대한 젠더 관계는 정적인 것으로 취급되어, 젠더 차이가 가치 및 관행과 맺고 있는 가변적인 관계 및 젠더 차이가 생성되고 분화되고 또 도전을 받게 되는 방식에 대해서는 구체적인 분석이 이루어지지 않았다. 공간의 연속성으로 인해 공간에는 어떠한 구분도 부과될 수 있으므로, 공간은 의미 생성의 가능성을 가지고 있을 뿐, 공간이 지니는 의미와 공간에 대한 구분이 미리 존재하는 것은 아니라는 점이 간과되고, 대신 공간은 절대적인 경계와 '실제적인' 구분을 지니고 있는 것으로 제시된다. 이처럼 명백한 문제에도 불구하고 고고학에서 구조주의는 널리 사용되어 왔는데, 아마도 구조주의가 오른쪽:왼쪽, 밖:안, 어두움:밝음, 공적:사적 등 물질 자료에서 무엇을 찾아야 할지 안내를 하기 때문일 것이다(그림 8.1). 젠더를 '관찰'할 수 있는 능력에 대해 확

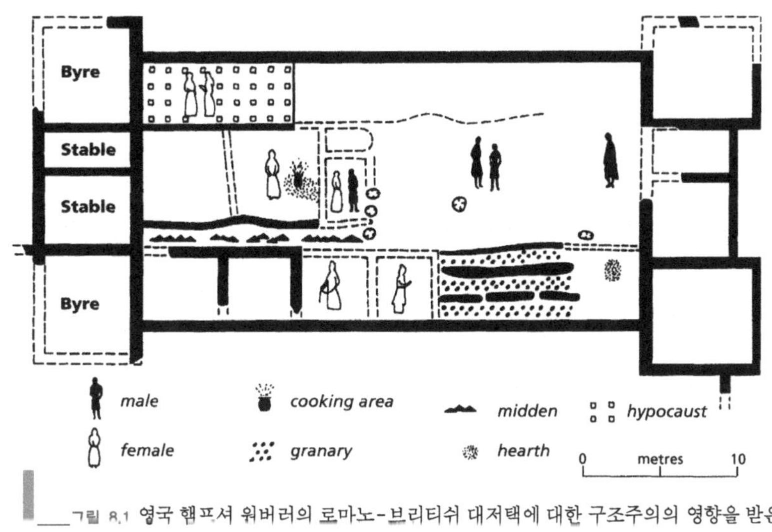

___그림 8.1 영국 햄프셔 워버러의 로마노-브리티쉬 대저택에 대한 구조주의의 영향을 받은
젠더 해석(Hingley 1990 수정; 저자와 에딘버그 대학 출판사 승인 하에 전재)

신이 부족한 고고학에게 이러한 선택지는 분명 매력적인 것이다. 그러
나 만일 그러한 구분이 사람들이 어떻게 자신들의 구성된 공간을 만들
고 지각했는지와 거의 또는 전혀 관계없는 단지 추상적이고 시간을 초
월한 구조라면, 이는 서로 다른 공동체에 보편적인 세계 질서를 부여하
는데 도움이 될 뿐이고, 각 공동체 안의 공간에서 사람들이 어떻게 구
조화되어 살았는지에 대한 연구에는 장애가 될 것이다. 이와 같은 비판
적 입장의 발전을 가정적:공적 또는 개인적:공적 대립을 둘러싼 논쟁의
중대에서도 찾아볼 수 있다. 역사적으로 봤을 때 위와 같은 대립적 개
념은 근대에 와서 나타난 것이고 따라서 선사시대 사회와 같이 오래 전
에 존재했던 과거 사회에 적용하기에는 무리가 있을 수 있다는 점이 지
적되었다(e.g. Arwill-Nordbladh 1998). 위와 같은 표면적 대립을 명
백하게 구분할 수는 없다는 점도 지적되었는데, 그러한 대립은 언제나
맥락적으로 구성되기 때문이다. 그래서, 예를 들어, 이전에 공적이었

던 공간이 사적인 공간이 될 수 있고, 그 역도 성립할 수 있다(Parker-Pearson and Richards 1994c: 9). 이러한 비판에서 발견되는 중요한 점은 공간적 구조와 범주는 안정적이고 고정된 것이 아니라 관행을 통해 나타나고 변할 수 있다는 점이다.

부르디외의 연구는 구조주의적 접근과 관련이 있지만 그럼에도 불구하고 구조주의에 대한 비판적 입장을 유지하고 관행의 감정 이입적 측면을 강조한다는 점에서 구조주의와 중요한 차이를 보이는데, 특히 '아비투스' 개념이 중요하다(Bourdieu 1977: 72ff). 부르디외는 아비투스를 '과거의 경험을 통합하여 지각, 이해, 행동의 기반으로서 매 순간 기능하여 무한히 다양화된 과업 성취를 가능케 하는 지속적이면서도 치환 가능한 경향의 체계'로 기술한다(ibid.: 82-83; 강조는 원 저자에 의함). 그 효과에 대해서는 다음과 같이 서술한다:

규정된 즉흥에 대한 영구적으로 내재된 생성 원리인 아비투스는 생성 원리 생산의 객관적 조건에 내재된 규칙성을 재생산하는 경향이 있는 관행을 만들어 낸다. 동시에 아비투스를 구성하는 인지적이고 동기화하는 구조에 의해 정의된 것처럼, 아비투스는 상황에 객관적인 가능성으로 기입된 요구에 적응한다(Bourdieu 1977: 78).

고고학에서 아비투스는 구조주의적 원칙을 구성하는 것이면서도 다음과 같이 이해된다는 점이 특히 중요하다:

목적에 대한 의식적 겨냥을 전제하지 않거나 목적을 성취하기 위해 필요한 작동법을 습득하지 않고서도 목표에 객관적으로 적응된, 어떠한 점에서도 규칙에 대한 맹목적 준수의 산물이 되지 않고 객관적으로 '규정되고' '규칙적' 일 수 있는 관행 및 표상 생성과 구조화 원리에 대한 원리(Bourdieu 1977: 72).

여기에서는 행위 및 개인과 사회 사이의 상호작용이 중심 주제가
되는데, 부르디외의 연구는 구조의 고정성과 행동과 개인의 유동성을
함께 고려할 수 있는 차원을 제시한다. '집단적 행동이 사건을 생성한
다거나 그 반대라고 하는 것은 사실인 만큼 사실이 아니다'(ibid.: 82).
공간 정돈과 그에 대한 실제 경험이 '아비투스의 주입'을 가능케 하는
방식, 즉 젠더를 포함한 일련의 믿음, 가치, 사회 관계의 재생산에 대
한 부르디외의 강조는 공간에 대한 후기과정주의적 연구 발달에 중요
했다. 이러한 영향은 공간을 사회적 관행의 매체이자 산물, 특히 사회
관계가 생산되고 재생산되는 매체로 보는 접근에서 특히 잘 나타난다
(Barrett 1994; Brück 1997; Gilchrist 1994; Parker-Pearson and Rich-
ards 1994c: 3).

케냐 엔도 주거 복합체 내에서 이루어진 활동에 대해 구조화가 지
니는 공간적 의미를 분석한 무어(Moore 1986, 1987)의 연구 또한 크게
두 가지 측면에서 고고학에 큰 영향을 미쳤다. 하나는 의미의 공간적
구성이 어떻게 똥과 재와 같은 산물 또는 쓰레기뿐만이 아니라 건축물
과 관행에 영향을 미치는가와 관련된다. 여기에서는 단순히 삶의 의미
없는 잔존물이기 보다는 사회적·정치적 구조화 과정에 있어서의 동반
자일 수 있는 광범위한 물적 잔존물이 강조된다. 이보다 덜 참조되는
두 번째 점은 사람들의 자기 표상뿐만이 아니라 규칙과 규정을 통해 표
현되는 이상과 실제 사이의 명백한 차이인데(Moore 1987), 이상으로서
일어나는 것의 실체가 '대처' 관행에 의해 절충될 수 있다(ibid.). 관념적
인 체계로서의 젠더와 관행으로서의 젠더 사이의 차이와 긴장으로 볼
수 있는 이 문제에 대해서는 9장에서 다시 살펴볼 것이다. 9장에서는
여러 형태의 접촉이 관행에 영향을 미침에 따라 어떻게 기존 젠더 체계

를 침해하고 부식시켜, 이상적인 체계와 실제 체계 사이의 불일치를 명백하고 도전할 만한 것으로 만드는지가 논의될 것이다.

부르디외와 무어의 영향이 계속되는 가운데, 보다 최근에는 사람들의 고유성과 이들 행동의 대부분이 지니는 모호하고 우연적인 성질에 대한 관심이 증가되었다. 예를 들어 영국 남부의 전기와 중기 청동기시대 유적에 대한 분석에서 부뤽은 사람들의 세계 내 삶을 가능케 하는 가치와 이해라는 측면에서 공간적 조직의 중요성을 강조한다. 여러 다른 고고학자들의 경우와 마찬가지로 부뤽이 부르디외의 이론에서 특히 주목하는 부분은 관행에 대한 강조이다. 부뤽에게 있어 '아비투스'의 해석적 영향은 다음과 같다.

> 아비투스의 애매한 논리는 전략적 행동에 여러 가능한 선택지를 만들어 낸다; 행위자는 특정한 방식으로 행동하게 되는 경향이 있지만 꼭 그렇게 하게 되는 것은 아니다. 아비투스는 문법처럼 사람들로 하여금 무수히 많은 상이한 상황들에 대처할 수 있도록 하는 일련의 생성 원리로 작용한다. 따라서 아비투스는 제한적이라기보다는 본질적으로 혁신적이다. 비록 생각될 수 있는 전략들만이 … 실행에 옮겨질 것이지만 말이다(Brück 1997: 74-75).

공간의 물리성, 특히 건축물의 물리성이 사회 관계를 구조 짓는 수단으로서 어떻게 사용될 것인가에 대한 광범위한 관심도 있었다(Barrett 1994, Gilchrist 1994, Thomas 1993). 공간의 범주화, 그리고 공간의 분절화와 구분은 상이한 사회적 역할 구성에 영향을 미칠 수 있는 가능성을 가진 것으로 인식되고 있다. 사회 집단은 특정한 공간 구조나 장소에 대한 접근 금지를 통해 생성될 수 있다. 따라서 공간에 대한 범주화는 사람에 대한 범주화와 정돈을 가능케 하고, 이러한 질서에 대한 사람들의 관계를 통해 특유의 사회적 정체성이 구성될 수 있다(e.g. Barrett 1994: 14-17). 그러나 이러한 효과들은 사회적 역할과 권력 구조라는 다소 추상적인 개념으로서 연구되었고, 공간적 구조를 통해 젠더가 어떻게 협상되는지에 대해서는 구체적인 관심이 부족하였다. 사물의 물리적 구조와 건축적 질서가 사람들의 움직임 그리고 공간에 대한 해석과 사용을 일정한 방향으로 이끄는 방식에 대한 이해는 젠더 연구에 큰 도움이 되는데, 이에 대해서는 뒤에서 다시 논의할 것이다.

젠더의 측면에서 공간 조직의 중요성은 건축물의 물리성이 사회 관계를 구조 지을 뿐만 아니라 사회 관계를 경험하기 위한 수단으로 사용될 수도 있다는 점이다. 공간은 분절화와 배제를 위한 물리적 기회를 제공하여, 사람들을 전략적 또는 일상적으로 구분하기 위한 도구가 될 수 있다. 예를 들어 특정 종류의 공간에 대한 접근권이 특별하게 정의된 사람들에 의해 배타적으로 소유될 수 있다. 교회의 성물 보관소가 이에 대한 적절한 현대적 예인데, 성물 보관소에 대해서는 시각적 접근이 통제됨에 따라 그 중요성이 더해진다. 이러한 현대적 예에 대응하는 선사 시대의 사례는 거석물에 대한 접근과 거석물 안에서 일어났던 활동에의 참여가 어떻게 배제와 통제의 관행으로 이해되었을까 하는 문제에서 찾아볼 수 있다(e.g. Thomas 1993). 공간을 통한 또 다른 형태의 사회적 구분이 칼리지 공동체의 나머지 구성원들보다 펠로우쉽을 높게 평가하는 전통적인 케임브리지 칼리지에서 다른 식탁들과 직각을 이루어 이들보다 약간 높게 마련된 '높은 테이블' 사례를 통해 발견된다.

최근의 이론적 논의에 따르면 물리적 · 지각적 반응, 그리고 행동과 의미를 물질적으로 틀 지우고 정착시켜야 할 필요를 통해, 공간에 대한 반응이 나타나고 공간은 유의미한 문화적 장소가 된다. 구성된 공

간, 의미가 부여된 요소들은 차례로 적절한 행동을 위한 방향을 제시하
는데, 이에는 적절한 행위자에 대한 관념도 포함된다. 공간 조직은 따
라서 권리를 통해 정의된 정체성이 전복될 수 있는 가장자리를 제공할
뿐만 아니라 사회적 정체성에 대한 관념을 강화한다. 부르디외에게서
받은 흥미로운 영향은 규칙 또는 규범과 행동 사이의 관계의 모호함 자
체가 어떻게 행동을 위한 새로운 현장과 기회를 생성하는지를 인지하
게 되었다는 점이다. 새로운 의미가 가장 쉽게 나타날 수 있는 곳은 관
습 사이의 '공간'이다. 사회적 구분과 분화는 누가 특정한 장소를 통해
움직일 수 있거나 그 장소에 접근할 수 있는지를 통제함으로써 유지되
고 재생성된다(Brück 1997: 59 참조). 일정한 사회적 역할과 권력 구조
가 공간 조직을 통해 재생산되지만, 사회적 범주의 역동적이고 변동 가
능한 성질과 기존에 수용된 의미에 도전을 제기할 수 있는 능력은 이들
이 어떻게 '작동'하는가에 있어 실질적으로 중요하다. 생성된 차이의 범
주들은 사람들이 그들을 인지하고 존경하는 정도에 따라 존재하는데,
이는 변동에 가장 개방된 요소들이 젠더 협상에 있어서도 가장 유의미
한 것일 수 있음을 의미한다.

또 다른 주요한 주제는 공간이 어떻게 신체에 영향을 미치고 신체
를 통해 표현되는가인데, '환경은 우리의 행동과 의미를 통해 존재한
다. 환경은 외적 사물도 내적 경험도 아닌 실존적 공간이다'(Parker-
Pearson and Richard 1994c: 3-4)라고 보아 '건축적 공간은 실존적 공
간의 구체화이다'(ibid.: 4)라는 주장으로 이어지기도 한다. 그러나 실
존적 공간은 일상적 또는 물리적 행동에 관해 아무것도 시사하는 바가
없지만, 건축적 공간은 일상적 또는 물리적 행동에 달려 있다는 점에서
이들 사이에는 분명한 차이가 있다. 실존적인 것이 형태로서 구체화되

기 위해서는 관행과 반복 그리고 공간적 의미에 대한 수행이 교차해야 한다. 따라서 구체화는 물리적 관행을 통해 형태를 불러오고 반복적 사용을 통해 의미를 구성한다(ibid.: 5). 또 다른 중대된 관심의 영역은 공간의 구조화가 어떻게 현장이 무엇에 관한 것인가에 대한 해석을 제한하거나, 이끌거나, 그에 영향을 미치는가, 그리고 그 현장에서 전개된 사회적 관계를 어떻게 형성하는가에 관한 것이다(e.g. Brück 1997: 69; Barrett 1994: 13-32). 건축물의 물리성에 대한 이러한 강조는 반복, 수행, 관행을 통해 건축적 공간이 어떻게 의미를 얻고 또 의미를 생성하는가를 나타낸다. 체화된 경험에 대한 공통적인 관심에도 불구하고, 그와 함께 일상적 관행 및 사회적 이해 문제도 중요시하는 위의 접근과 보다 현상학적인 접근 사이에는 미묘하지만 중요한 차이가 있다.

현상학과 경관의 공간

최근에 나타난 성과 중 하나로, 인지와 현상학적 의미에 대한 관심, 특히 공간에 대한 신체적 경험의 측면에서의 관심을 들 수 있다. 이러한 발전을 가장 잘 보여 주는 예가 틸리(Tilley 1994)의 영향력 있는 연구인데, 이는 세계-안에-있음을 통한 의미와 이해의 기반으로서의 개인의 주관적인 체화된 경험에 관한 하이데거와 메를로-퐁티의 연구에 기반하였다. 틸리는 이를 인지적 공간 그리고 경관 및 대규모 기념물과 관련하여 논하였는데(ibid.: 17), 그의 연구는 만들어진 환경 일반에 대한 논의와도 관련된다. 현상학은 존재의 성격에 대해 보편적으로 적용 가능한 해석을 제공하고자 한다. 그에 따르면, 물질 세계는 존재를 구성하고, 신체는 공간적 경험의 중심이며, 따라서 경험 정돈을 통해 경험이 형성된다. 이는 경관은 자원과 환경으로서보다는 경관이 제공하는 체화된 경험의 측면에서 접근되어야 함을 의미한다. 고고학에서 이는 대지나 공간에서 경관으로의 전환, 또 이와 함께 독립적인 변수로서가 아니라 인간 주체와 주체가 행동하는 공간 사이에 수립된 관계를 통해 구성되는 것으로서의 대지에 대한 관심의 변화를 나타낸다. 따라서 사람들이 그들의 주변에 의미를 부여함에 따라 물리적 공간을 문화적 경관으로 변형시키는 문화적 행동과 지각으로 관심이 향했다. 다시 말해서 '공간은 사회적 관계 그리고 자연적·문화적 사물에 의해 생성된다'(ibid.: 17).

위와 같은 관점은 물리적 자원이 분포하는 장소로서의 환경이라는 기존의 주요한 관점을 대체하였다. 틸리(Tilley 1994: 1)에 따르면, 공간에 대한 기존의 주요한 관점에서는 경사도, 기후, 토양, 물 공급, 자원의 계절적 변이와 같은 변수에 초점을 두고, 이를 인구, 기술, 방목 체계, 영역성, 교환망에 대한 통제, 경제 활동을 위한 사회 조직과 같은 요소의 영향을 받는 것으로 보았다. 어떤 면에서는, 틸리(ibid.: 9)가 주장하듯, '일반적으로 공간은 인간 활동이 일어나는 추상적 차원이나 용기로 간주'되었던 것이 사실이다. 그러나 틸리가 이렇게 대조적인 것으로 제시한 접근은 사실은 어쩌면 그렇게 대립적인 것이 아닐 수도 있다[*]. 특히 기존 접근에서 중요시된 대지의 물리적 속성 그리고 자원의 측면에

---

[*] 틸리(Tilley 1994: 2)는 '경제적 합리성이라고 추정되는 것과 문화적 또는 상징적 논리 사이의 차이를 양극화하자는 것이 아니라 이들이 서로의 구성에 도움이 된다는 점을 제시'하고자 한다. 그러나 공간에 대한 상이한 접근에 관한 그의 설명은 이 둘을 대립적인 것으로 제시하는 경향이 있다(e.g. Tilley 1994: 8). 또 경관에 대한 연구에서 경제적·생계적 문제를 소홀히 다룸으로써 그의 연구는 양자가 상반된 것이라는 인상을 준다.

서 대지에 대한 해석이 공간이 장소로서 단순히 행동과 이해를 위한 수
동적인 무대로 개념화되어야 함을 의미하지는 않는다. 예를 들어서 생
계 활동이라는 측면에서 해석되었을 때, 공간은 상이한 방식을 통해 관
행적·인지적으로 사람들에게 영향을 미치고 관여하였던 여러 별개의
영역으로 분화된 것으로 자주 제시되었다. 또 환경 결정론과 맑시즘 사
이의 차이처럼, 자원에 대한 강조로 인해 개인, 사회, 환경 사이의 관계
에 대해 근본적으로 상이한 해석이 나올 수 있으므로, 기존의 접근을
모두 동일한 것으로 보기도 어렵다. 공간에 대한 기존 연구가 공간을
행위와 의미로부터 분리시킨 것은 사실이지만(ibid.: 9), 그렇다고 하
여 틸리(ibid.: 11)가 주장하듯 기존 연구에서 공간이 아무것도 아닌 것
은 아니다. 공간에 대한 지각과 경험을 강조한다고 하여 자원 생산지로
서의 공간의 중요성을 부인하는 것은 아니지만, 공간에 대한 최근의 연
구에서 생계 활동에 충분한 주의가 기울여지지 않은 것은 사실이다. 당
시 입지 결정에 있어 생계 관행이 중요하게 고려되었다고 하더라도, 그
곳에서 살며 이루어지는 관행을 통해 경관은 일련의 자원으로부터 문
화적·감정적으로 유의미한 경험으로 변형된다. 또 다른 사조, 예를 들
어 상이한 버전의 맑시즘에서, 이데올로기, 문화적으로 구성된 장소에
대한 유대 등의 중요성이 인정되지만, 생산 수단으로서의 대지와 대지
가 이용되는 방식이 그럼에도 불구하고 해당 사회에 대한 기술과 이해
에서 보다 중요한 위치를 차지할 것이다. 이처럼 대지에서 경관으로의
인식 변화에는 사회의 성격에 대한 우리의 지각과 상이한 종류의 관행
과 관련된 몇몇 측면에서의 변화가 수반되고, 사회의 우선적 또는 중요
한 구조로 고려되는 것에 영향을 미친다. 이러한 접근에서는 개인을 의
미를 구성하는 경험 주체로 주목하는데, 이는 우리가 사회를 이해하는

방식을 변화시키고, 이것이 이러한 논쟁이 실질적으로 중요한 이유이다. 경관에 대한 현재의 양분화된 접근과 관련하여, 예를 들어, 입지 선택에 대한 이해가 어느 한 가지 요인이나 신체적 경험에 의해 결정되는 것이 아님을 인지할 필요가 있다. 그러한 이해는 우리가 경제적 합리성과 연관시키는 지각, 사회적 기억 및 이유를 포함한 일련의 개인적 그리고 집단적 동기를 복합적으로 고려한 이후에 가능하다. 이는 틸리가 주장하듯 현상학적 접근과 충돌되는 것이 아니다. 존재에 초점을 두는 현상학적 접근에서는 의미의 다원성과 자기와 공동체 사이의 상호작용이 충분히 검토되지 못하는 경향이 있다. 이는 선사시대 경관에 대한 보다 완전한 이해에 장애가 된다. 선사시대 경관은 자연적·문화적 사물 및 물질적 가능성과의 상호작용을 통해서뿐만이 아니라, 서로에게 그리고 이전 세대에 대응하며 이러저러한 일들을 같이 해 나가는 사람들에 의해 구성되는 것이다.

경험하는 주체의 중심성 그리고 신체적 전환이나 이동을 통한 의미 생성에 있어 지각의 역할은 매우 흥미로운 주제이다. 그러나 신체적 경험이 의미가 되게 됨에 따라 다른 의미들이 무관하거나 다원적 의미 중 하나로 묻히게 되는 경향이 있다. 모든 의미의 근원으로서 개인적 경험에 초점을 두는 것과, 차이의 도구로서 공간적 구조를 평가하는 것 사이에는 긴장이 존재한다. 개인적 이해와 사회적 이해 사이의 상호작용과 상호 강화 효과는 이러한 논쟁에서 거의 다루어지지 않고 있다. 우리가 다루어야 할 문제들은, 예를 들어, 전-의미(기존의 (맥락화된) 경험으로 인해 경험하게 되는 의미로서, 전-이해에 대한 리꾀르의 주장과 관련될 수 있음; 이 개념의 고고학적 적용에 대해서는 Arwill-Norbladh 1998: 244-246과 Moore 1990 참조)로서의 사회적 의미가 모든 의미에 영향을 미치는가이다. 이러한 문제가 더 깊이 검토되기 전까지는, 현상학적 접근이 젠더 구성 및 유지 분석에 공헌할 수 있는 여지는 지극히 한정되어 있는 것으로 보인다. 젠더는 존재에 관한 것이자 젠더에 대한 사회적 인식과 맥락화에 관한 것이기 때문이다.

인문 지리학으로부터 받은 상당한 영향에도 불구하고, 고고학은 이 분야에 대한 여성주의와 젠더 연구의 성과에 관해 거의 아는 바가 없다. 공간의 상이한 차원을 통한 젠더의 상징적 구성 문제는 지리학에서 오랫동안 소홀히 다루어지다가 1970년대 중반 이후부터 점차 관심을 받게 되었는데, 지리학자들과 유사한 문제를 다루는 고고학자들에 의해서는 거의 다루어지지 않았다. 여성주의 지리학자들이 가지고 있는 염려 중 하나는, 고고학에서와 마찬가지로, 장소/입지와 사회적 수행으로서의 정체성 및 젠더 사이의 관계이다(e.g. McDowell and Sharp 1997). 건축학에서 다루어진 공간에 대한 정치 문제 역시 고고학에서는 간과되었다(e.g. Colomina 1992). 이러한 논쟁에 관한 본격적인 연구는 이 장의 범위를 넘어서는 것이기는 하지만 젠더고고학에 흥미로운 것이 될 것이다.

공간의 사회적 차원에 대한 이론적 논의는 관행이 어떻게 사람들이 자신들과 자신들의 주변을 이해하게 되는 방식에 관련되는지에 대한 우리의 이해를 크게 제고시켰다. 이러한 논의에서 나타나는 두 가지 상이한 강조점을 구별해 볼 수 있는데, 관행을 경험으로서 강조하는 것과 수행으로서 강조하는 것으로서, 이들은 서로 연관되었을 것이지만 분석을 위한 별개의 초점을 제공한다. 이를 공간과 젠더의 교차 문제에 연결함에 있어 핵심적인 점은 관행을 경험으로서 강조하는 것은 개인에 초점을 두는 반면 수행에 대한 강조는 수행을 통해 개인의 정체성과 집단 구성원 자격이 협상되는 집단적인 영역의 문제로 나아간다. 개인적 경험을 넘어서는 정체성에 관한 관심에서 젠더고고학은 두 번째에 초점을 두어야 한다. 이는 공간적 마주침에 대한 현상학적 접근을 거부하는 것이 아니라, 상이한 접근들 중 어느 것이 우리의 이해에 도움이 되는지를 인식하자는 것이다. 현상학은 개인들이 주변의 물질 세계를 경험하고 이해하게 되는 방식을 명확히 제시하기 때문에 중요해 보일 수 있으나, 그러한 경험과 상호작용이 어떻게 상이한 집단들의 구성 과정의 일부가 되는지에 관한 분석적 안내를 제공함에 있어서는 덜 유용하다. 아래에서 필자는 이러한 관계에 대해 더 깊이 살펴보고자 하는데, 이는 특히 차이가 어떻게 물질적 가능성에 연결될 수 있는지를 검토하기 위해서이다. 필자는 이를 통해 젠더 영향 그리고 그에 대한 분석 가능성을 고고학적인 공간적 증거에서 발견할 수 있으리라 굳게 믿는다.

고고학은 공간적 구성과 그 효과 문제를 일상적으로 다루므로, 고고학 전통 그리고 공간적 관행과 수행에 관한 고고학적 증거와 이론에 기반하여, 젠더와 공간 구조가 서로 어떻게 영향을 주고받는지에 관한 문제를 건설적으로 다룰 수 있다. 이때 중요한 점은 공간이 어떻게 젠더와 젠더 구성에 관한 문제에 이미 개입되어 있는가를 검토하는 것이다. 위와 같은 문제들 중 일부로서, 아래에서는 주거의 측면에서 공간 구성에 대해 간략히 살펴보고자 한다.

주거와 집

고고학자들은 통상적으로 유구, 물질, 경계, 그리고 이들과 함께 발견되는 다른 구조에 기반하여 취락으로부터 물질을 구분한다. 이러한 차이는, 예를 들어서, 취락 내에서 일어나는 것에 관한 공간적 정돈에 의해 형성되는 활동 영역이라는 관점에서 해석된다. 아니면, 가구(e.g. Clarke 1972), 친족(e.g. Ellison 1981), 젠더(e.g. Parker-Pearson 1996), 또는 신분과 위계(e.g. Fletcher 1995)라는 사회적 용어로서 해석된다. 공간은 권리와 접근성에 대한 협상이 일어날 수 있는 곳이라는 인식이 증대됨에 따라, 그러한 관행이 고고학 자료에 기반하여 어떻게 식별되고 분석될 수 있는가에 관한 문제가 더욱 더 중요해지고 있다. 따라서 현재 진행되고 있는 논의의 함의를 평가해 볼 필요가 있다.

먼저 강조되어야 할 점은, 위와 같은 논의의 다수가 공간 조직은 맥락적 표현이고, 요소와 개념 사이의 관계에 대한 물질화라고 본다는 것이다. 두 번째로는, 사회적 관계가 공간 조직에 은유적으로 나타난다는 주장은 공간적 구분이 사회적 구분을 구체화하거나 사회적 구분의 연장이나 변형이 됨을 의미하고(Gilchrist 1994, 1997; Moore 1986: 88), 우주론, 신념 체계 또는 죽음에 대한 태도와 같이 공동체 내의 다른 관심사에 대해 정보나 모델을 제공할 수 있음을 인지하는 것이 중요하다(e.g. Hugh-Jones 1979; Parker-Pearson and Richards 1994b, 1994c).

후자에 대한 예는 주거와 죽음 사이에 연관성이 있다고 상정되는 선사시대 도처에서 발견된다. 세계와 '집'에 대한 모델이자 속함의 장소로서 주거는 죽은 이가 안치된 공간에 의해 자주 모방된다. 예를 들어 유럽 선사시대에는 주거에 관한 모델이나 은유적 표현을 사용한 무

___그림 8.2 북부 독일 후기 청동기시대 집 모양 유골 단지의 예(Oelmann 1959 수정 후 전재)

덤에 대한 예가 여럿 있다. 장례 용기를 상징적 주거의 형태로 만든 공동체가 있는데, 북부 독일 후기 청동기시대 주거 모양 유골 단지(그림 8.2), 폴란드의 루사티안 문화, 또는 젠더와 신분에 관한 관념에 의해 영향을 받은 내부 건축 공간을 모방하여 만들어진 방에 죽은 이가 '쉬도록 모셔진' 예들이 이에 속한다. 이들 중 마지막 예는 남부 독일 호치도프의 무덤과 같은, 중부 유럽의 부장품이 풍부한 철기시대 무덤을 통해 잘 살펴볼 수 있다(Biel 1985). 여기서 무덤방은 홀과 같은 방으로 보이는데, 그 벽은 직물로 주름이 잡혀 있고, 바닥은 깔개로 덮여 있으며, 벽과 바닥에는 큰 단지, 음주 세트, 네 발 달린 탈 것 등 여러 종류의 물품이 갖추어져 있다. 시신은 성장을 한 채로 청동제 소파 위에 누워 있다(그림 8.3). 그 효과로 원근법적 공간이 형성되고(Olivier 1992: 58),

238

그림 8.3 남부 독일 전기 철기시대 무덤인 호치도프의 부장품이 풍부한 묘실: 주거 건축 및 내부 공간과의 유사성이 명확함(Biel 1985)

무덤방과 주거 사이에 매우 명백한 연관이 만들어진다. 또는 죽음과 삶 사이의 관계가 죽은 공동체 구성원이 주거 바닥 아래에 묻힐 때처럼 주거에 대한 물리적 연관을 통해 강조된다. 이러한 예는 남동 이베리아의 순동시대(Chapman 1990) 및 발칸지역의 거의 같은 시기에서 발견된다(Coles and Harding 1979).

여러 학문 분야에서 주거, 그리고 집, 머리, 가슴에 관한 여러 은유적 성격이 사회 관계 구성을 위한 초점으로 인지된다. 이는 또한 고고학에서 젠더가 연구의 초점으로 잘 자리잡은 몇몇 안 되는 물질성 영역 중 하나이다. 이러한 부류의 젠더고고학이 질크리스트(Gilchrist 1988, 1994)에 의해 발전되었는데, 질크리스트는 사회적 질서가 중세 여자와 남자 수도원의 건축학적 형태에 미친 영향을 각기 해석하기 위해 이 방법을 사용하였다. 젠더는 공간에도 나타난다는 그녀의 중점은 다른 선사시대 연구자들에 의해 더 깊이 연구되었다.

주거는 그와 관련된 가정적[*] 활동으로 인해 젠더와 여러 명백한 연관을 지니는데, 이는 여러 가지 방식으로 접근되었다. 이들은 '안과 밖'이나 '사적과 공적' 사이의 대립과 같은 구조주의적 사고를 통해 이러한 두 영역 사이의 상이한 정도의 침투성과 투명성이 논의되면서 특히 널리 분석되었다. 그러나 주거는 특정 종류의 사회화된 사람들 생성에 중점적으로 개입되기 때문에 중요한 공간 구조물이다. 주거/가구의 이러한 측면은 이전의 가족과 같은 단위 중심으로 조직된 소규모 사회에서 보다 중요했을 것이다. 당시에 새로운 사회 구성원의 사회화와 '교육'은 핵심 공동체 내에서 중점적으로 이루어졌을 것이다. 여기서 젠더와 같이 사회적으로 수립된 차이는 '수용된 권력 차이 그리고 이데올로기와 관련된 규범적 이해 및 관행에 기반한다'(Moore 1994: 91)는 점을 다시 강조할 필요가 있다. 주거/집은 이러한 이해에 근거하여 젠더와 권력 차이를 수행하기 위한 주요 장소로서, 즉 가장 작은 사회적 단위 수준에서, 행동의 가능성과 수단(음식 공유, 아이들의 사회화, 자리 배치, 접근 등)을 보유하고 있는 공간이다. 이러한 측면 때문에 어떤 학자들은 '가구 구성원들 사이의 계약적 관계'라는 개념을 제안하기도 하였다(Moore 1994: 91). 이러한 계약은 계약 파기에 관한 선택지와 가능성에

---

[*] '가정적 활동/영역'이라는 용어와 그와 관련된 여성 그리고 여성의 낮은 지위나 가치에 관해 많은 논의가 있었으므로 여기에서 다시 재론될 필요는 없다(고고학적 논의로는 Arwill-Nordbladh 1998; Brück 1997; Picazo 1997: 60; Tringham 1991 참조; 인류학적 논의로는 Moore 1994와 Strathern 1984 참조). 필자는 '가정적'이라는 용어를 주거와 같은 공간과 관련하여 일어나는 활동을 폭넓게 지칭하기 위해 사용한다. 이곳에서 사람들은 자고, 먹고, 여러 생계, 수공업, 여가 활동에 참여할 뿐만이 아니라 일상적으로 상호작용한다. 선사시대 전 시기 동안 가정이라는 특정 공간은 여러 가지 방식으로 가치 및 젠더와 연합되었겠지만, 이 책에서 그러한 연합은 상정되지 않는다.

대한 인식뿐만이 아니라, 관계가 취하는 형태에 대한 일련의 합의된 이해 그리고 권리와 의무에 대한 의식으로서 특징지어질 수 있다. 계약적 관계와 협상에 대한 개념 모두 합의에 도달하기 위한 행동을 지칭한다는 점에서 명확한 유사성을 보인다는 것에 주목할 필요가 있는데, 이는 가정 공간 안에서 일어나는 젠더 협상 이해에 도움이 될 것이다.

무어(Moore 1994: 87-88)는 사회인류학은 권력과 이데올로기에 관한 문제가 가구 안에서의 흥정 능력에 영향을 미치는 방식을 어떻게 정확하게 검토할지에 초점을 두어야 한다고 제안하였다. 이에 반해 고고학자들은 가구 안에서 일어나는 흥정과 협상에 가구의 물질적 형태가 어떻게 이용되고 그로 인해 어떠한 영향을 받는지를 조사해야 할 상황에 있다. 그러나 이는 무어(ibid.: 87-9)가 경고하듯, 가구는 반드시 경계 지어진 것으로 여겨진다는 것을 의미하지는 않는다. 그보다는 가구의 다른 차원에 더해, 가구 구성원들이 활동하는 물리적 현장은 분화에 대한 또 다른 매체를 제공하고, 이러한 물리성은 차이 유지 및 협상과 관련된 분기점과 전환점을 만들어 냄을 의미한다. 이는 서구 문화에서 남성이 여성에게 문을 열어주는 '관습'과 이러한 관습이 1960년대 이후 거부된 경우를 통해 잘 예시된다. 이 경우, 문은 젠더 차이 수행을 위한 공간적 초점으로 사용된다. 문이 열리길 기다렸다 문을 통과하면서 여성은 남성의 보호와 지도 아래 놓인 수동적이고, 약하며, 얌전한 존재가 된다. 이에 반해 문을 열어주는 남자는 적극적이고, 강하며, 뚜렷한 의지를 지니고 있고, 상대방을 이끌 줄 아는 보호자가 된다. 이처럼 겉으로 보기에는 단지 정중한 관습에 문제를 제기하는 것은 젠더 역할과 가치에 관한 보다 넓은 협상의 일부이다.

가구 안에서는 상이하게 젠더화된 개인들이 공존하고 상호작용하는데, 이들 간의 차이가 유지되기 위해서는 그러한 차이와 관련된 물질성과 지속적인 수행을 통해 그 차이가 명확히 표현되어야 한다. 예를 들어 어느 가정에서 열린 저녁 식사에서 가족 구성원들은 똑같은 모양의 의자에 앉고 초대된 손님은 다른 모양의 의자에 앉도록 한다면, 또는 이 외에 다른 방식으로 가족 구성원들과 손님을 구별하여 앉게 하고 접대한다면, 이들간의 차이가 재생산될 수 있다. 따라서 주거를 여성의 영역으로 선험적으로 가정하는 대신, 서로 다른 참여자들이 주거를 여성의 공간으로 이해하는데 합의가 이루어진다면 여성의 공간으로 간주될 가능성이 있는 공간적 구성물이지만, 시간의 흐름에 따라 주거와 관련된 활동과 맥락이 변한다면 주거의 젠더 관련 의미도 변할 수 있는 장소로 접근해야 한다.

의미의 확산이나 (재)기입에 대한 개념이 이러한 의미가 어떻게 만들어지고, 동의되며, 도전 받는지를 이해하는데 도움이 될 수 있다. 예를 들어, 바렛(Barrett 1994), 토마스(Thomas 1993), 틸리(Tilley 1994)는 건축물이 어떻게 건축물에 대한 이해에 제약을 가하여 의미의 확산을 중단시키는지에 관해 다양한 방식으로 접근하였다. 이때 연결을 만들기 위해, 넘어섬을 시각화 하기 위해, 또는 변화를 제시하기 위해 사용될 수 있는 특정한 건축물적 요소의 현존은 특히 유용한데, 건축물적 요소는 의미 표현과 수행에 중심점을 제공함으로써 의미에 영향을 미칠 수 있기 때문이다. 건물, 울타리, 담, 화덕 등이 그러한 건축물적 요소인데, 이들은 공간을 정의하고 구조 지으며, 장소의 특정 부분에서 어떠한 활동이 일어날 수 있는지를 제약한다. 이러한 중심점은 특정한 장소를 연결하거나 구분하는 칸막이, 복도, 통로, 입구를 통해서도 제공된다. 따라서 건축물은 범주와 의미가 접목되어 이후 도전을 받을 수 있는 물리적 형태를 제공한다.

이와 관련하여 고려되어야 할 또 다른 점은 이상적인 관행과 실제 관행 사이의 모호함은 건축물에 표상된다고 가정되는 사회적 의미와 관련될 뿐만이 아니라 공간적 구조와 요소들 자체에 영향을 미친다는 것이다. 의미와 범주의 측면에서 모호하고 협상이 가능한 여지를 포함하지 않을 정도로 공간이 엄격하게 정의되고 유지되는 경우는 없기 때문이다. 사회적 관계에 대한 객관화 가능성과 함께, 공간은 이러한 관계가 중단되고, 존재하게 되지 않거나 모호하게 되는 움직임과 지점을 수반한다. 공간적 관계는 또 항상 이러한 관계를 한정하는 것과, 밖에 있거나 배제된 것을 수반한다. 따라서 관습에 대한 반응은 공간적 관계 내 여러 수준에서 잠정적으로 드러날 수 있다. 즉, 지속적인 재확인에 대한 의존에서, 그 재규정과 신체적 수행에서, 그러한 관습에 의해 통제되지 않거나 식별되지 않는 지대에서 말이다. 이 중 마지막에 제시된 지대는 연결 지대로 개념화될 수 있는데, 이들은 사람들을 공간적 경험으로 유도하지만, 이들 자체는 범주화되지 않으므로 문화적으로 비가시적이다. 이들은 차이의 분리를 가능케 하지만, 이들에 대한 정형적인 인식의 부족으로 인해 이들이 앞으로 관습으로 포함될 것인지는 가능성으로 남겨진다. 여기서 공간적 관계에 존재하는 모호함이 발견된다. 방이 문 바깥쪽에서 시작되는가, 문 앞에서 시작되는가, 문 안쪽에서 시작되는가, 그리고 문의 안쪽은 어디인가와 같은 문제 말이다.

주거가 어떻게 젠더 구성과 경험에 영향을 미칠 수 있는가에 대해 고찰하기 위해, 불연속성, 변환, 협상에 대한 명백한 가능성을 지니고 있는 또는 모호한 공간의 속성을 고려하는 것이 유용할 것이다. 이러한 현장은, 예를 들어, 상이한 행동과 지각이 연결될 수 있는 물리적 공간이다. 이는 접근, 침투성, 초점, 경계와 연결 등에 관련될 수 있고, 이들은 이미 언급한 것처럼 화덕, 벽, 문간, 출입구, 문턱, 울타리, 부속실, 분할, 복도 등과 같은 형태를 띨 수 있다. 주거는 이러한 요소들로 구성되고, 단독으로 또는 여러 조합을 통해 권리와 의무를 협상하는데 사용될 수 있는 장소이다.

이러한 구조물 중 특히 흥미로운 것이 화덕인데, 화덕은 집단의 유지와 관련된 일련의 지속적이고 주요한 활동을 공간적으로 고정시키는 역할을 하기 때문이다. 이에 화덕은 '집단의 삶에 있어 중요한 물질적·상징적 초점으로 기능했다'(Picazo 1997: 59)고 볼 수 있는데, 이는 화덕의 입지와 화덕이 다른 활동에 영향을 미쳤던 방식을 통해서도 알수 있다. 일상 활동의 중심으로서 화덕은 일상 유지와 사회화라는 지속적이고 상호작용적인 과정에 관련되었을 것이다(ibid.: 60, 이에 대해서는 음식과 사회화 사이의 관계에 대한 5장에서의 논의 참조). 선사시대 주거는 내부의 공간 구조라는 측면에서 상대적으로 미분화되었지만 공통적으로 화덕을 가지고 있었고, 화덕은 보통 주거의 중앙에 위치하여 행동의 초점이 되었음에 주목할 필요가 있다(그림 8.4와 8.5). 화덕은 다양한 형태를 띤다. 화덕은 남동 유럽의 신석기시대와 전기 청동기시대 텔 유적에서 발견되는 붙박이 가구와 같은 형태(e.g. 헝가리 토스제그 화덕(Gimbutas 1965))나 발칸지역 후기 신석기시대 또는 전기 순동시대 빈카 문화의 내장형 오븐/화덕과 같은 형태에서부터 주로 타다 남은 잔존물로 구성이 된 훨씬 단순한 구조에 이른다. 일부 지역에서 화덕은 여러 상징적 활동이나 사물과 결합되는데, 그러한 예 중 하나가 청동기시대 스위스에서 발견되는 화덕이다. 스위스에는 모서리가 둥글게 처리되어 황소의 뼈와 생식력을 표상한다고 통상적으로 해석되는 다수의 '장작 받침쇠'가 취락 내에서 화덕과 밀접히 연관되어 발견되는 경우가 많은데(Wyss 1971), 코테일로드-에스트의 호수 유적에서는 그러한 장작 받침쇠가 주거지에서 96개나 발견되었다(Arnold 1986). 화덕가가 장소로서 지니는 사회적 중요성은 일정한 공간적 규칙에 따라 화덕이 분포된 여러 유적을 통해서도 시사된다. 이러한 특징은 아브리 파타우드(Champion et al. 1984: 70-73)의 후기 구석기시대 유적처럼 매우 이른 시기의 유적에서도 관찰되고, 프랑스 도르동에 있는 중기 구석기시대 유적(Mellars 1996: 295-301)이나 북부 유럽의 중석기시대(마글레모시안) 유적에서도 그 가능성을 찾아볼 수 있다(Grøn 1991). 화덕의 중심적 여할은 남동 유럽의 텔 유적처럼 층위가 잘 형성되어 있는 유적 중, 수 백 년에 걸쳐 전체 취락이 재건축되고 화덕도 몇 단계의 재건축 과정을 거쳤음에도 불구하고 화덕의 위치는 변하지 않은 경우를 통해서도 살펴볼 수 있다. 화덕과 취락 단위 내 화덕의 위치가 폴란드 비스쿠핀의 전기 철기시대 취락(Scarre 1998)과 같이 매우 표준화된 경우도 다수 있다(그림 8.4b와 8.4c).

화덕에서 관찰되는 이러한 다양성을 통해 요리와 같은 기본적인 활동이 얼마나 다르게 조직되어 건축물에 표현되고 얼마나 자주 주거에 중심적인 것으로 경험되었는지를 알 수 있다(그림 8.5). 또 화덕을 통해 이루어지는 음식 준비, 접대, 먹기와 같은 활동들이 조직되고, 통제되며, 경험된 방식에 있어 얼마나 많은 차이가 있는지도 볼 수 있다. 조리가 다른 영역과 통합되어 공동체 내의 다른 영역 및 관심사에 영향을 미치는 방식이 다양한 것처럼, 조리와 같은 관행이 사회적 공간 내에 물질적으로 정착되는 방식은 지극히 다양하다. 이러한 장소 및 그와 관련된 행동의 젠더화는 특수한 것일 수 있다. 이에 대해 피카쏘(Pica-

a

zo 1997: 66)는 조리와 관련된 행동의 사회적 의미 고려의 중요성과, 일
상 유지 활동은 그 사회적·시간적 맥락과 표현에 따라 달라질 수 있으
므로 반드시 젠더화된 행동이라고 가정될 수 없음을 지적하였다. 그렇
다면 젠더와 관련된 활동과 장소를 분류하기보다는, 그러한 활동과 장
소가 어떻게 젠더에 영향을 미치고 젠더를 수반하였는가를 분석할 필
요가 있다. 이에 대한 예로서 피카쏘는 그리스 전기와 후기 신석기시
대 테살리안 마을 조리 시설의 공간적 분포에 대한 할스테드의 분석을
참조하여, 조리 시설이 처음에는 주거 사이의 개방된 마당에 위치했다

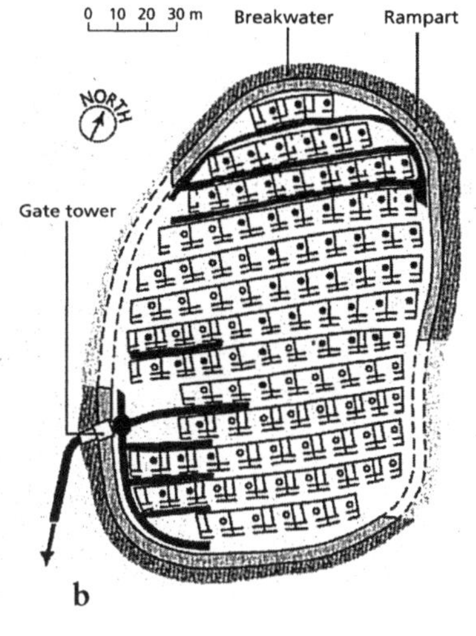

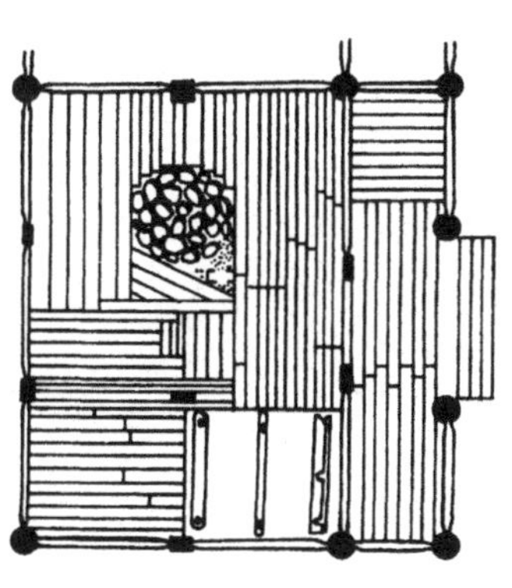

___그림 8.4

a 스웨덴 보후슬랜의 오븐/화덕이 있는 철기시대 주거지 복원: 주거 내부 공간에서의 이러한 구조의 물리적 우세는 주거 내에서의 움직임뿐만이 아니라 여러 활동의 계획과 실행에 영향을 미쳤을 것임을 시사함

b 폴란드 비스쿠핀의 전기 철기시대 취락 평면도: 원은 주거 내 화덕의 표준화된 위치를 나타냄 (검은색 원은 발굴 조사된 화덕을 나타내고 흰색 원은 조사되지 않은 경우를 나타냄; Rajewski 1959와 Scarre 1998 수정 후 전재)

c 폴란드 비스쿠핀 취락 내 한 주거지의 평면도: 석제 화덕의 중심적 위치를 나타냄 (Rajewski 1959 수정 후 전재)

가 이후 실내에 또는 닫힌 마당에 위치하게 됨을 보였다. 피카쏘는 이를 조리된 식량을 어느 정도 공동체 구성원들 간 공유하다가 가구를 위해 가구 내에서 음식을 조리하고 소비하는 것으로 변하였던 것으로 해석하였다(Halstead 1989, Picazo 1997: 66에서 인용). 여기서 중요한 점은 '이러한 변동은 다른 경제적 변수 및 다른 생산 영역과 관련되어 있지만, 이는 생계 유지 활동이 내재되어 있는 사회적·시간적 순서의 측

그림 8.5 노르웨이 로가랜드의 후기 철기시대 롱 하우스 복원: 화덕의 중심적 위치와 효과 (노르웨이 스타반거 박물관 승인 하에 전재)

면에서 분석되어야 한다'(ibid.: 66)는 것인데, 젠더가 개입되는 것은 이 부분이기 때문이다.

고정적 또는 유동적인 주거와 주거의 여러 부속 시설은 건축적 공간으로서, 젠더 정체성의 승인을 포함하여 내가 누구인지를 배우는 장소이다. 주거는 사회의 핵심 단위와의 일차적 관계가 수립되고 전개되는 현장이다. 주거에 대한 이러한 이해를 통해 주거를 고고학적으로 연구하기 위해 필요한 중요한 정보를 얻을 수 있다.

고고학, 젠더, 공간

공간 조직을 지속적인 사회적 협상의 산물(Bourdieu 1977, Moore 1986)로, 또는 지속적인 공동의 사업(Brück 1997, Evans 1988a)으로 볼 때, 그리고 공간 조직이 사회적 범주와 정체성을 전달하는 정도를 이해할 때, 공간과 젠더가 어떻게 교차하는지가 매우 명백해진다. 여기서 중요한 점은 지속적인 수행으로서 젠더 관계가 전개되는 현장이 공간 구조를 통해 만들어지는 방식과, 특정한 관행을 중심으로 차이에 대한 평가, 재협상, 수행이 이루어져 특정한 물적 형태에 대한 투자가 이루어지는 방식을 파악하는 것이다. 과정으로서, 관행을 통해 유지되는 차이로서, 권리와 의무에 대한 협상된 계약으로서 젠더에 대한 관심이 증대됨에 따라, 더 이상 공간과 젠더 사이의 교차 문제를 공간이 어떻게 젠더와 부합되는가 또는 젠더를 반영하는가라는 측면에서 접근할 수 없게 되었다. 건축물에 대한 젠더화는 유물 분포나 공간적 구분이 어떻게 젠더화된 활동에 대응하는가에 관한 것이 아니라, 합의된 젠더 의미에 대한 관여와 그러한 의미 수행을 통해 사람들의 젠더화된 정체성이 어떻게 승인되고 변하는가에 관한 것이다. 젠더 관계의 시간적 변화와 변형을 통해 공동체가 젠더 정체성과 그 상관물을 어떻게 재해석하는지를 이해할 수 있고, 젠더 관계에 있어 전이적인 지점과 모호한 위치를 통해 젠더 계약에 의해 쉽게 지배되지 않거나 젠더 계약이 도전 받고 있는 부분을 파악할 수 있다.

공간적 지식과 경험은 사회적인 것으로서, 주관적 경험을 이끌고 해석하는 다양하게 구성된 우리-집단들과의 상호작용 과정을 통해 학습된다. 개인은 자아에 대한 경험에 공간이 미치는 효과를 통해 물리적·정신적으로 사회적이 된다. 이러한 프로젝트의 일부로 개인은 자신을 공동체의 젠더화된 구성원으로서 배우고 경험하는데, 이는 다시 개인의 물리적·사회적 공간에 대한 해석과 이해에 영향을 미친다.

이 장에서는 젠더와 공간 사이의 관계는 단순히 공간에 따른 젠더 구분에 관한 것이 아님을 보이고자 하였다. 젠더는 공간적 구성에 관련되어 있고 공간적 구성을 통해 경험된다. 공간적 격리 문제가 중요한 수녀원과 겉으로 보기에 미분화된 선사시대의 여러 주거지들 모두 젠더의 영향을 받는다. 젠더에 대한 고고학적 분석은 젠더가 상이한 형태의 공간적 구성에서 어떻게 경험되고, 학습되며, 수행되는지에 관한 연구로 나아가야 한다. 또 격리된 공간이든 미분화된 공간이든 그러한 공간 안에서의 역학 관계가 기존 의미의 변화에 따라 어떠한 영향을 받는지를 살펴볼 수 있어야 한다. 공간과 젠더 사이의 관계를 위와 같은 상호작용으로서 연구한다면, 선사시대의 젠더화된 삶에 대한 단순한 표상을 넘어 젠더화된 삶의 여러 측면들에 대한 추적과 이해가 가능해질 것이다.

9장

접촉: 단명한 삼각관계

메간이 그녀의 새로운 남동생을 처음으로 만났을 때, 그녀는 그에게 선물을 가져다 주었고, 그도 메간을 위한 선물을 준비했다. 그들이 가끔 서로 나누는 이야기들 중의 하나는 그날 주고받았던 선물에 관한 것이다.

간통 – 상대 바꾸기

사회적 구성물로서 젠더를 이해한다는 것은 젠더를 맥락에 따라 변화 가능한 것으로 이해하는 것이라는 점이 이제는 명확해졌다. 젠더가 관습의 형태를 띠는 지속적인 합의의 결과로서 이해됨에 따라, 권리와 의무에 대한 계약적 타협으로서 협상이라는 개념이 중요해진다. 8장에서 시작된 계약적 관계에 대한 논의 – 가구 내 노동 조직의 측면에서이든, 성적 행동의 일부로서이든, 또는 결혼 생활에 대한 기대에 있어서든 – 가 여기서 다시 문제가 된다. 계약적 관계가 정해지는 것은 그 계약에 의해 영향을 받는 사람과 관행을 정의하는 맥락 내에서이다. 이는 계약에 대한 해석에 따라 계약 맥락이나 계약 주체와 대상에 대한 이해가 달라질 수 있으므로, 이에 대한 합의가 이루어져야 함을 의미한다. 예를 들어, 혼인 관계에 대한 규범적 이해(Moore 1994: 91)로서의 혼인 계약은 '보다 넓은 경제 영역에서 가구가 놓여져 있는 위치에 따라 변한다'(ibid.: 91). 화이트헤드(Whitehead, Moore 1994: 91에서 인용)는 더 나아가 '모성의 구성과 같은 젠더 이데올로기로 인해 개인이 흥정과 재협상 과정에서 사용할 수 있는 전략의 종류는 한정되어 있는데, 이는 급진적인 사회경제적 변화기에 특히 그러하다'고 강조한다. 여기서 주목되는 점은 계약적이고 합의된 협정으로서 젠더 관계는 항상 논의와 협상에 개방되어 있지만 변동 상황에서 특히 취약하고 변하기 쉽다는 것이다.

　　사회 관계에 대한 개입이자 사람들과 집단들 사이의 새로운 상호 작용으로서 계약은 젠더 합의에도 영향을 미친다. 그에 따른 동맹, 성실, 행동에 있어서의 변화를 간통에 의해 야기되는 '삼각관계'라는 고전적 사례를 통해 잘 살펴볼 수 있다. 불쾌할 수도 있는 이러한 비교를 하는 이유는 이 책에서 주목하는 변화는 사회에 대한 추상적인 개념에 관한 것이 아니라 서로에 대한 사람들간의 관계에 관한 것임을 강조하기 위해서이다. 앞서 논의된 것처럼, 결혼에 의해 형성되는 것과 같은 관계는 행동에 대한 여러 기대에 기반하는데, 이에는 권리와 의무 개념이 수반된다. 결혼 서약은 이러저러한 방식으로 서로에게 행동하겠다는 약속으로서, 그 약속에 대한 대가로 특정한 권리를 얻는다. 이러한 서약은 사적인 관계에 관한 것이면서도 통상 공적인 행위로 수행된다. 간통으로 인해 이러한 약속이 깨지면 결혼 조정에 대한 권리가 제 삼자에게로 넘어간다. 그 결과 기존에 성립된 합의가 깨지고, 그러한 합의를 통해 수립된 젠더 관계가 어지럽혀진다. 이처럼 새로운 상대의 등장은 기존의 관계를 손상시키는데, 이것이 간통과 접촉 사이의 유추를 통해 필자가 강조하고 싶은 점이다. 합의된 계약의 파기와 기존 관계의 분열은 결혼의 수준에서든 '문화'의 수준에서든 사회적 관계에 대한 급진적인 재협상을 불러와 사회 체계에 단절을 낳을 수도 있다. 겉으로 보기에 조화롭고 연속적인 상황이라고 하여 젠더 협상이 이루어지지 않은 것은 결코 아니지만, 사회 관계가 분열되는 상황에서는 젠더 관계가 그에 실질적으로 개입되어 다시 정의될 가능성이 높다. 이에 젠더 관계가 사회 변동 과정에서 결정적인 역할을 한 선사시대 사회의 상황이나 시기에 주목하여 젠더와 정치적·문화적 형성 사이의 관계를 규명해 볼 수 있다.

접촉과 혁신

간통을 비유이자 출발점으로 사용하여, 새로운 상대와의 접촉을 통해 상호작용이 시작되거나 새로운 물질이나 사고가 기존 맥락에 도입되는 상황을 알아볼 수 있을 것이다. 전자와 같은 경우는 콜럼버스가 아메리카 대륙에 도착한 이후 그리고 세계 곳곳에서 식민지화가 이루어진 기간 동안 가장 두드러지게 경험되었을 것이다. 그러나 중요한 접촉은 우리의 보다 오래 전의 과거에서도 찾아볼 수 있다. 오래 전 유럽에 '현대인이 등장'한 것과 같은 '상황'에서, 그러한 상황의 지속 기간이 길었든지 짧았든지, 유럽의 토착 주민은 새롭게 도착한 주민의 현존을 자발적이었든 아니었든 수용해야 했을 것이다. 새로운 형태, 물질, 사고의 도입은 새로운 주민의 유입만큼 직접적인 방식으로는 아니라 하더라도 기존 사회 관계에 변화를 가져왔을 것이다. 기존 사회에 아직 통합되지 않은 사물이나 사고는 기존 관계와 문제를 일으켜 기존 관계를 분열시킬 수 있다. 야금술의 발달과 같은 기술적 혁신이나 수입품과 같이 이국적인 물품은 그 자체로는 움직이지 못하는 사물이라고 하더라도 사회적 변화를 야기할 수 있다(멀리서 온 사물의 가치에 관한 본격적인 논의를 위해서는 Helms (1988) 참고). 이처럼 새로 온 사람이나 사물에 대해서는 미리 설정된 권리와 의무 또는 역할이 없기 때문에 기존 사회에 수용되어 그들의 '자리'가 주어질 때까지 사회에서 자유롭게 부유하여 기존 관계에 간섭할 것이다. 이에 이들을 수용하기 위해서는 기존 사회에서 일이 처리되는 방식과 그러한 일을 하는 사람들 사이의 관계가 재조정되고 재협상되어야 하는데, 젠더 관계는 이러한 협상의 일부가 될 것이다.

사람들간 접촉의 영향과 신기술, 또는 친숙하지 않거나 이국적인 사물 및 사고와 같은 혁신의 사회적 중요성은 민족지적으로 잘 알려져 있다. 잘 알려진 사례로서 오스트레일리아에서 돌도끼를 대신하기 위해 쇠도끼를 수입한 경우(Sharp 1952)나, 멜라네시아와 그 이웃 지역에서 관찰되고 전통적으로 '화물 숭배'의 측면에서 논의되는 일련의 활동을 들 수 있다.

논쟁이나 사악한 마술 등으로 인한 사회적 분열 없이 조화와 합의를 이루면 화물이 도착할 것이라고 전해진다. … 예언가들은 화물의 도착을 바라며 이를 위한 일정한 행동을 규정했는데, 이에는 지정된 날에 여는 대규모 집회, 비행장, 부두, 창고, 그리고 새로운 마을의 조성, 깃대와 단주파 라디오 안테나 기둥 세우기, 화폐 묻기나 세탁, 성적 방종이나 금욕, 무덤에 돈과 꽃 바치기, 군대식 행진과 훈련, 특히 춤이 포함된다(Lindstrom 1996: 85).

보다 최근에는 선교 활동과 개발 부서가 이들의 문화에 '지장'을 주어 접촉으로 인한 또 다른 골칫거리로 여겨진다(e.g. Moore 1994: 102-4).

여러 사례 연구를 통해 볼 때 접촉은 다양한 방식으로 사회적 관계와 조직에 문제를 일으킬 수 있는데, 그 결과는 항상 변화이다. 이는 보통 문화 변용의 문제가 되어, 분열, 권력과 통제의 지역망 붕괴나 변화, 정체성과 독립성의 상실을 낳는다. 동시에 새로운 동맹 기회가 제공되고, 기존의 비주류 집단에게는 상호작용에 대한 전통적 관행과 경로를 우회할 수 있는 여지가 생긴다. 이는 오스트레일리아 열대 케이프 요크 반도의 서해안에 있는 이르 요론트 집단에 쇠도끼가 수입됨으로써 기존의 돌도끼 교역에 내재되어 있던 가치와 권력 관계에 문제가 제기된 경우(Sharp 1952)를 통해 잘 살펴볼 수 있다. 쇠도끼 수입이 미친 여러 영향들 중에서도 이 연구에서는 성인 남성이 돌도끼 생산과 사용을 통제한 결과 나타난 성별과 젠더 위계의 붕괴가 강조된다. 쇠도끼가 수입되기 전, 일상에서 돌도끼를 널리 사용하였던 여성들은 돌도끼를 얻기 위해 남성들에게 의존했다. 도끼 빌리기는 친족 관계의 승인이면서 권력과 지배 구조의 일부였고, 이때 도끼는 젠더, 성별, 친족 관계의 일반화 및 표준화 수단이었다(ibid.). 선교사가 가져와 모든 젠더, 연령, 친족 집단이 이용할 수 있었던 쇠도끼의 도입은 성인 남성의 도끼 독점을 중단시키고 생산 활동에서 여성의 남성 의존도를 낮추었다. 이것이 이들의 젠더 관계 및 문화적·정치적 삶에 미친 영향은 막대했다.

접촉의 고고학

세계의 역사는 사람들간 상이한 수준에서 이루어진 접촉에 대한 이야기이다. 고고학에서 접촉 문제는 주로 사물 이동의 기제와 이유(e.g. 교역과 교환), 사람 이동의 동기(e.g. 침략과 이주), 불균등한 문화적 관계(e.g. 중심-주변 모델)라는 측면에서 다루어졌다. 그러나 접촉이 젠더 구성과 경험에 미치는 영향에 대해서는 충분히 연구되지 않았다. 젠더 관계에 접촉이 미친 영향에 대한 고고학적 연구는 주로 아메리카 대륙 '접촉기'의 고고학이나 오스트레일리아 고고학에서 이루어졌다. 이처럼 접촉의 사회정치적 측면이 '구세계'에서는 그다지 연구되지 않은 반면 이러한 신세계에서 문제가 된 몇 가지 이유가 있다. 이 지역들은 상대적으로 최근에 단기간에 형성되었다. 또 특수한 학문적 이유도 있는데, 미국과 오스트레일리아에서 젠더고고학은 유럽에서보다 인류학 및 민족지와 보다 밀접한 관련을 갖는다. 이로 인해 사회적 그리고 최근의 역사적 변화가 젠더 관계에 미친 영향에 대한 분석이 상대적으로 용이하다. 그러나 미국과 오스트레일리아에서도 변화의 과정보다는 전이 시기에 대한 연구가 주로 이루어졌고, 접촉으로 인해 젠더가 어떠한 영향을 받고 어떻게 사용되었는가에 주목하기 시작한 것은 최근에 와서의 일이다.

접촉과 젠더 관계를 연구함으로써 접촉과 분열에 대한 일반적 이해에 공헌함과 동시에, 젠더가 매우 동기화되고 전략적으로 이용되며 동시에 변화와 분열에 취약하게 되는 상황에 주의를 기울일 수 있다. 초기 젠더와 여성주의 연구에서 식민지화는 주로 변화의 촉매로 해석되었는데, 이에는 남성과 여성 관계에 미친 막대한 영향도 포함된다.

예를 들어, 에티엔느와 리콕(Etienne and Leacock 1980)은 식민지화에 대한 그들의 초기 연구에서 젠더 관계의 변화는 다음과 같은 여성의 지위, 권력, 권리 상실을 야기한다고 주장하였다: '모계 사회는 세습의 문제로 인해 부계제로 떠밀려 간다; 여성의 생산 활동은 남성에게로 넘어간다; 정치적 권력은 남성에게만 부여된다; 여성은 경제적 생산에서 주변화된다; 여성은 성폭행에 노출된다'(Trocolli 1992: 99, Etienne and Leacock 1980에서 언급됨). 그러나 식민지화와 젠더 사이의 관계는 위와 같이 일반화된 해석에서보다 훨씬 다양하다. 에티엔느와 리콕(Etienne and Leacock 1980: 17, Trocolli 1992: 99에서 인용)도 여성은 수동적인 희생자가 아니라 자신이 처해져 있는 상황을 이용할 수 있는 존재라는 진술을 통해 그러한 다양성을 인정하였다. 그러나 이들의 연구에서는 그러한 접촉과 관련될 수 있는 여러 반응들과 여러 변형된 젠더 관계가 충분히 고려되지 않았고, 왜 그러한 차이가 가능한지에 대한 설명도 제시되지 않았다. 이에 반해 1980년대 전반 이후 젠더 연구에서 이루어진 성과에 기반하여, 이제는 '접촉 시기'를 젠더 구성과 유지에 대한 보다 심도 깊은 연구가 가능한 문화적 상황으로 접근할 수 있다. 특히 젠더 역할에 대한 강조에서 협상과 관행을 통한 젠더 구성에 대한 강조로의 연구 관점 전환을 통해 얻은 성과에 기반하여 접촉이 기존의 동맹 관계 및 권리와 의무에 미친 영향을 상이하게 구성된 사람들의 측면에서 살펴볼 수 있다.

최근의 연구를 통해 접촉은 성적 정체성, 노동 분담, 생산 능력, 기술과 지식에 있어서의 차이에 따라 사람들에게 상이한 영향을 미친다는 것이 분명해졌다. 또 접촉을 통한 상호작용에 있어 사람들은 이미 상이하게 구성된 채로 접촉하여 상이한 위치에서 상호작용하는데, 이는 식민지 개척자 또는 다른 종류의 접촉을 시도하는 사람과 식민지화에 종속되는 사람 또는 접촉에 노출되는 사람 모두에게 적용된다. 식민지 개척자가 선교사의 형태로 오는가, 모피를 얻기 위해 덫을 놓는 사냥꾼의 형태로 오는가, 또는 군인으로 오는가의 문제는 그러한 사람이 토착 여성과 어떠한 관계를 맺는가, 즉 이들의 관계에서 그녀가 잠정적인 개종자인가, 노동자인가, 부인인가, 첩인가, 노예인가, 사회적 교환과 정치적 동맹의 일부인가, 뜻하지 않은 성관계를 갖게 되는 이인가, 또는 학대와 멸시의 대상인가 등의 문제에 큰 영향을 미친다.

예를 들어, 16세기와 17세기 스페인의 영향으로 인해 나타난 중미와 북미 남부 여러 지역에서의 문화 변화와, 그보다 약간 늦게 아메리카 북부에 선교사, 군인, 사업가 등이 증가하면서 나타난 변화에 대해서는 기록이 잘 되어있다. 이러한 사례 연구를 통해 접촉이 지역 공동체의 문화적·경제적 행동에 미친 영향에 대해 구체적으로 접근해 볼 수 있는데, 이에는 젠더 계약도 포함된다. 이러한 연구에 따르면, 원주민 남성과 여성은 신체에 있어서의 성적 차이뿐만이 아니라 생산 활동과 전통 기술에 있어 내적으로 자리잡은 차이로 인해 서로 다른 방식으로 접촉의 영향을 받는다. 특히 그들의 행동 영역이 변경되는 방식에 있어 변화의 정도나 측면에 큰 차이가 있다.

역사적 기록과 고고학적 연구를 종합해 볼 때, 어떤 접촉 상황에서 여성은 분명한 희생자였다. 예를 들어, 남미의 잉카와 중미의 아즈텍에서 스페인 정복기 동안 여성들은 정치적·경제적 권력을 잃고 성폭행을 당하였다(Levy and Claassen 1992: 121-122). 다른 지역에서는 접촉의 영향이 보다 미묘한 방식으로 나타나 보다 복잡한 사회적 변화망이 만들어졌다. 어떤 경우에는, 여성들이 그들의 지위를 향상시키고 자원과 교환 체계에 접근하기 위한 수단으로 성적 접촉을 이용하였다고 보기도 한다(ibid.: 121). 예를 들어, 플로리다의 티무칸 지역에서는 스페인 남성과 원주민 여성이 함께 거주하는 예가 흔하였고, 이러한 결합에서 생긴 아이들은 원주민 아이들보다 서열이 높은 것으로 평가되었다(Trocolli 1992: 95). 당시 변화하고 있는 사회에서 원주민들이 높은 사회적 지위를 얻을 수 있었던 유일한 통로는 여성이었다. '결혼, 첩제, 노예제를 통해 두 문화 가구가 사회적으로 자리잡자 원주민의 토착적 지식과 생산이 스페인의 가정적 영역으로 직접 통합되었다'(ibid.: 99).

접촉, 특히 식민지화의 형태로서의 접촉은 생산 관계와 생산물에 영향을 미치는데, 이러한 변화는 '식민지화는 여성과 남성의 생산 역할의 보완적 성격에 기반한 생산 관계를 변경시켰다'와 같은 방식으로 흔히 제시된다(Trocolli 1992: 96). 그러나 그러한 접촉 전의 보완적 관계가 자연적으로 주어진 것이 아니라, 같은 문화에서 온 동반자들 사이에서라도 그 자체를 합의된 관계로 본다면, 변화 능력과 의지를 인지하기가 쉬워진다. 또 여러 동시대 기록물이 제시하듯 식민지 여성들이 전형적으로 식량과 공예 생산에 관련되었을 가능성이 있는데, 이는 식민지 개척자들이 바라고 필요로 하는 산물이었을 것이다. 기존에는 남편을 포함한 여러 남성들과 또는 여러 남성들을 통해 생산물을 교환하였던 여성들이 식민지 상황에서는 보다 넓은 교환 체계에 대한 접근권을 얻어 기존의 지역적 위계 관계에 덜 의존하게 되었을 것이다. 플로리다 티무쿠아 인들의 사례 등을 통해 볼 때, 식민지화가 여성의 삶, 전통적인 의존관계와 동반자, 사회 일반에 미친 영향은 여성의 역할에 대한 평가 절하라는 초기 여성주의 연구에서 제시된 견해보다 복잡하고 다양하다는 것을 알 수 있다. 실제로 어떤 접촉 상황에서 원주민 여성들은 적어도 얼마 동안은 자신들의 위치를 고양시킬 수 있었고, 특히 이들은 원주민 남성들보다 접촉을 통해 많은 것을 얻었다. 티무쿠아의 경우, '이러한 상호작용의 결과로 잡종의 혼혈 문화가 등장하였는데, 가정과 생계 영역은 원주민 (여성의) 방식으로 지배되었고, 공적 영역은 스페인 (남성) 전통에 의해 지배되었다'(ibid.: 99).

여기서 문화적 격변에 대처하기 위한 전략과 관련된 특정한 잠재력을 가지고 있는 상이하게 젠더화된 집단들에 대한 그림이 떠오른다. 캐나다 서부의 크리족과 오지브와족을 기술하면서 데븐은 이러한 차이에 대한 생생한 사례 연구를 제공한다. 접촉 전의 공동체에서는 젠더 역할이 두드러져 '권위, 생산적·재생산적 활동, 공간적 배열, 음식 분배와 같은 일상의 모든 측면에 침투되어 있었던 것으로 기술되어 있다. … 각 성별은 사회적·생산적 단위의 필수적이면서도 자율적인 부분이었다'(Devens 1991: 510). 선교와 모피 무역 도입은 이러한 균형을 파괴하여 어떤 경우에는 젠더에 기반한 반목을 야기하였는데, 원주민 남성과 여성이 이러한 변화에 관여함으로써 얻을 수 있는 바가 달랐기 때문이다(ibid.: 511). 예를 들어, 뉴프랑스에서 선교는 종종 분열적 요인으로 작용하였는데, 남성들은 천주교와 정착적인 삶의 방식을 채택하고자 한 반면 여성들은 기독교적인 가치와 젠더 역할에 저항했기 때문이다(ibid.: 511). 선교의 영향이 뉴프랑스에서는 주로 이데올로기적이고 상업적인 측면에서 나타났지만, 선교가 젠더에 기반한 이해관계를 심화 또는 손상시킨 방식이 모든 곳에서 같은 것은 아니다. 예를 들어, 북부 대서양의 이누이트 여성들은 남성들보다 빨리 선교의 영향을 받았고(Levy and Claassen 1992: 125), 유사한 양상이 오스트레일리아에서도 발견된다(Sharp 1952). 이는 아마도 적어도 부분적으로는 기존의 젠더 관계로 인해 남성과 여성이 변화에 동화됨으로써 잃거나 얻을 수 있는 것이 달랐기 때문일 것이다. 따라서 변화에 대한 반응에서 젠더에 기반하여 나타나는 차이는 지위와 정체성 유지 과정의 일부일 수 있다(Devens 1991: 512 참조).

데븐스는 접촉의 여러 상이한 차원과, 상이하게 구성된 집단들이 그러한 상호작용의 전혀 다른 측면에 관여하게 되는 방식에 주목한다. 캐나다 북서지역이 또 한번 시사적인 예가 되는데, 이곳에서는 선교 활동이 모피 교역을 통한 경제 활동에 의해 보완된 만큼 선교 활동이 유일한 형태의 접촉은 아니었다. 이러한 접촉으로 인해 기존 사회 관계의 분열이 심화되고 여성은 기존의 경제적 지위를 잃게 되었다. 이와 같은 과정에서 유럽 상품에 대한 인디언들의 의존이 증대됨에 따라 무역용 모피를 얻기 위한 남성 사냥의 방향이 바뀌었고, 그로 인해 가죽 가공이나 옷 만들기와 같은 여러 여성 생산 활동이 변하거나 중단되었다. '모피 확산에 관한 젠더 관계가 변함에 따라 공동체 복지에 대한 여성 공헌의 중요성은 퇴색되었다'(Devens 1991: 512).

상이하게 구성된 사람들에게 접촉이 미치는 영향에 있어 위와 같은 차이가 나타나는 데에는 여러 가지 이유가 있을 수 있다. 이러한 이유들 중의 하나는 식민지 개척자로 남성과 여성이 모두 포함되었는가, 아니면 남성만 유일하게 또는 거의 유일하게 포함되었는가와 관련된다. 그린랜드 노스 취락은 전자의 경우에 해당하는데, 여기에서는 정착자와 원주민 사이의 상호작용에 대한 증거가 거의 발견되지 않았다(McGovern 1985). 러시아 바이킹의 경우에도 비슷한 예가 발견되는데, 스탈스버그(Stalsberg 1987: 95)는 무덤에서 발견된 유물 조합에 기반하여 당시 여성이 스칸디나비아 인구의 상당 부분을 구성했다고 주장하였다. 이에 반하여 스페인의 중미 정복의 여러 경우 남성만 또는 거의 남성만 관여하였다. 또 다른 주요한 요소는 생계 용품과 위신품 생산의 지역적 조직 방식과, 접촉 이전 생산품과 기술 사이의 분리 정도와 관련된다. 아메리카 대륙의 여러 지역에서 원주민 여성의 제작품은 대개 시장 가치를 유지하였지만 남성의 제작품은 유럽 상품으로 대체되었다(Levy and Claassen 1992: 111). 한편 이누이트나 오스트레일리아 원주민 등의 경우에서는 위와 같은 경향을 찾아보기 힘든데, 이들의 특정한 음식 문화로 인해 새로운 시장을 통한 개종 가능성이 보다 제한되었을 수 있기 때문이다. 접촉은 토착적인 젠더 관계에 변화를 낳지만, 접촉이 지역 공동체에 미치는 특정한 영향은 접촉이 이루어지는 특정한 맥락에 좌우된다.

자료 자체에 내재되어 있는 편파성을 극복하기 위해 자료를 비판적으로 해석할 필요가 있지만, 접촉기 고고학은 변화와 반응의 범위와 속도에 관한 다면적인 기록이 있다는 점에서 연구하기 좋은 분야이다. 그 연구 결과는 접촉 과정에 대한 직접적인 기록이 부재하는 시공간에 대해 당시 접촉 상황에서 중요하게 여겨졌던 것이 무엇인지를 추정하기 위한 참조 자료로 사용될 수 있다. 이와 관련된 유럽 자료로는 네안데르탈과 해부학적 현대인의 만남, 또는 초기 농경인과 중석기시대 수렵채집인의 만남과 같은 서로 다른 초기 주민 집단들 사이의 접촉 가능성에서부터, 로마 제국이나 바이킹의 습격과 같은 유럽에서의 여러 식민지화와 확장 움직임에 이른다. 위와 같은 사건들이 정복과 문화 변용이라는 측면에서 모두 식민화와 유사한 것은 아니지만, 상이하게 구성되고, 상이한 기술적 지식을 소유하며, 특유의 이데올로기적·문화적 맥락에 의해 형성된 사람들의 만남에 관한 것이라는 점에서는 공통적이다.

　로마 제국의 확산을 예로 들자면, 이른바 로마화 과정이라는 것은 분명 상호작용에 관한 것이다. 로마화는 원주민과 외국인에 관한 것, 그리고 이들이 특정한 시공간에서 서로에게 영향을 미쳤던 방식에 관한 것이다. 젠더 관계가 이러한 상호작용의 일부였음 또한 명백한데, 로마 군대와 이후 정착한 여러 서열의 로마인들은 토착 남성과 여성으로부터 그리고 그들과의 관계에서 상이한 것을 필요로 하고 욕망하였을 것이기 때문이다. 그러한 차이는 여러 상품 생산자에 대한 접근뿐만이 아니라 성적·사회적 상호작용과 관련된 것일 수 있다. 이로 인해 여러 상호작용하는 집단들 자체가 변형되었을 텐데, 이들은 그들이 맺은 새로운 관계의 측면에서 이해되고 지각되어야 한다. 접촉의 결과는 단순히 수동적인 문화 변용과 쇠퇴가 아니라 모방과 선택이라는 적극적인 형태를 띠기도 한다. 이때 새로운 존재 방식이 정의되고 자아에 대한 의식과 사회적 정체성이 영향을 받는다. 이에 대한 예는, 로마 제국이 프랑스 서부, 북해 연안의 저지대, 영국으로 확장함에 따라 나타난 새로운 양식의 의복 채용과 신체와 외모에 대한 관심 변화 등에서 찾아볼 수 있다. 즉, 손톱 정리기, 귀이개, 족집게와 같은 특정한 몸단장 도구나 향수와 같은 새로운 물품이 나타나고, 장식품처럼 이미 잘 자리 잡힌 사물의 형태가 바뀐다. 면도기와 같은 몇몇 사물은 신체와 사회적 정체성 표현에 대한 새로운 태도의 일부가 됨에 따라 그 중요성이 다시금 부각된다. 이것이 어떻게 기존 젠더 관계의 분열과 새로운 젠더 관계의 부상을 수반하는지에 대해서는 지금까지 거의 연구되지 않았다. '로마화'의 이러한 측면이 지니는 중요성이 강조되는 것은 최근에 와서의 일이고, 이로 인해 로마화에 대한 분석이 점점 더 대인간 접촉에 있어서의 강렬한 변화라는 측면에서 접근되고 있다(Hill 1997, Meadows 1994). 이러한 과정에 젠더 관계가 개입되었고 그로 인해 젠더 관계가 영향을 받았음은 명백하다.

기술과 새로운 것의 위험

접촉의 영향이 새로움 자체, 이데올로기적 움직임, 이국적이거나 외국의 사물과 같은 다른 분열적인 요소나 현상에 미친다면, 이러한 다른 상황들 역시 사회적 계약으로서의 젠더 협상에 미친 영향이라는 측면에서 분석될 수 있다.

오클리(Okley, Ardener 1975)에 따르면, 집시 여성은 외부인과의 특별한 관계를 남성에 대한 종속 문제를 해결하기 위해 사용한다. '따라서 오염 금지를 통해 표현된 외부인이 가지고 있는 고정 관념과 내부인이 가지고 있는 이상 사이의 괴리는 대립 집단들의 여성과 남성 사이의 환상 교환에 의해 어느 정도 메워진다'(Ardener 1975: 55). 제3자, 외부인, 또는 새로 온 것, 멀리서 온 것은 상상과 욕망의 대상이 될 수 있다(Helms 1988 참조)는 사고를 통해, 접촉에 대한 기존 연구에서처럼 단순히 억압과 강제적 요소를 찾는 것이 아니라, 새로운 분석 영역을 열 수 있다. 위에서 제시된 것처럼 넓은 의미에서 은유적으로 해석된 접촉은 기업가적이고 자발적인 방식으로 이용될 수도 있을 것이다. 이때 접촉은 위치를 다시 정의하고 기존 가치에 도전하기 위해 사용되는 내부로부터의 힘일 수 있다. '키 크고 피부색이 어두운 이방인을 조심해'와 같은 표현에서처럼, 전통적으로 위험한 것으로 간주되는 외국인과 젊은 여성 사이의 결합은 분명 내부로부터의 권리에 대한 잠정적인 도전과 관련이 있다. 이처럼 외국의 사물과 외국과의 접촉이 위신과 연관되어, 이러한 물품과 접촉을 통해 공동체 사이의 관계가 매우 격앙되고 모호해질 수 있다.

이는 기술적 변화에서 나타나는 사회적 관계에 대한 도전을 통해서도 살펴볼 수 있다. 예를 들어, 선사시대 유럽에 청동과 철이 도입된 것은 한편으로는 물리적 자원의 가용성, 이를 인지하고 조작할 수 있는 지식과 기술, 새로운 사물의 제작과 분배에 필요한 노동력 조직, 또 다른 한편으로는 일련의 새로운 활동과 산물에 관한 의미와 가치 구성을 수반한 복합적인 과정을 통해서였다. 이러한 혁신적인 현상의 여러 측면이 분석되었지만, 그러한 여러 요소들의 전반적인 복잡성과 상호 연관성은 모호한 채로 남아 있다. 그러나 청동과 철의 도입은 나름의 방식으로 지역 공동체와 노동력이 조직되고 생산물이 교환되는 방식을 분열시켰음이 분명하다. 쉐넌(Shennan 1993: 67)은 중부 유럽 전기 청동기시대 야금술에 관련된 사회적 맥락에 대해 논의하면서, 주요 구리 생산 지대에서는 '구리로 인해 증대된 번영에 기반하여 청장년층이 노년층으로부터 독립하였다'는 흥미로운 주장을 하였다. 연령 집단이 젠더에 의해 영향을 받으므로, 연령에 기반한 사회 관계의 재정립은 거의 모든 경우에 있어 젠더 관계에 영향을 미친다(연령과 젠더 사이의 상호 관계에 대한 고고학적 논의로 Sofaer-Derevenski 1997, 1998 참조). 쉐넌의 해석에는 여러 젠더 함의가 따른다. 예를 들어서, 청장년층의 해방은 다른 생산 활동에서의 협력에 영향을 미쳤음이 분명하고, 많은 경우 이들의 노동력은 다른 이들의 노동력으로 대체되어야 했을 것이다. 따라서 청장년층이 노년층으로부터 독립하였을 때, 청장년 남성들이 버리고 간 생산 영역에서 여성들은 자신들의 중요성을 증대시켰을 수 있다. 연령 위계와 노동에서 나타난 위와 같은 변화가 '결혼' 연령뿐만이 아니라 그러한 관계의 협정에도 영향을 미쳤을 것으로 보인다. 이로 인해 집단 내에서 소녀와 젊은 여성들이 차지하는 위치도 변해 이들은 새로운 협정을 통해 보다 큰 독립성을 얻을 수 있었을 것인데, 그러한 협정이 노년층 사이에서만 동의된 것은 아니기 때문이다. 이러한 명백한 가능성에도 불구하고 전기 청동기시대 중부 유럽에서의 사회 관계는 여전히 기술적 변화는 남성에게 도움을 준다는 가정 하에 이를 여성 지위 하락과 동일시하는 관점에서 해석되고 있다(e.g. Robb 1994, Shennan 1993: 148-50).

위와 같은 해석에서는 개인으로서 그리고 사회적 집단으로서 여성이 자신이 원하는 지위와 권리를 얻기 위해 사회 관계 분열 또는 관습과 규범에 대한 도전을 자신에게 유리한 방향으로 이용하였는가의 문제에 대해서는 주의를 기울이지 않는다. 전기 청동기시대의 공동 묘지 중 여럿이 부장품이 풍부한 여성의 무덤 및 남성의 무덤을 포함하고, 중기 청동기시대 여성의 무덤은 그 조합에 있어 더 풍부해졌고 더 다양해졌다(e.g. Sørensen 1997). 사회 관계에서의 변화와 동시기 무덤 의례에서 나타나는 이러한 특징은 새로운 기술로 인해 남성에 대한 여성의 복종이 증대되었다는 견해를 지지하는 것으로 보이지 않고, 또 여성들 간 내적인 구분은 순전히 여성이 결혼한 집단의 사회적 위치에서 나온다는 주장을 뒷받침하지도 않는다(e.g. Shennan 1993: 151). 이 시기 젠더 관계의 분열에 대한 관심은 이미 표현되었지만, 그러한 분열의 사회적 함의에 관한 보다 자세한 연구는 아직 이루어지지 않았다. 특히 상이하게 젠더화된 집단들 모두가 자신들의 정체성과 지위를 향상시키기 위해 기술적 혁신에 전략적으로 대응하였을 것이고, 젠더화된 정체성이 반드시 남성-여성 위계 내에서만 정의되지는 않음을 깨닫는 것이 중요하다.

구리와 이후의 청동이 사회적 전략의 일부로 이용된 방식에 영향을 미쳤던 핵심적인 요인들 중 하나는 원료의 물리적 부족인데, 이는 바꾸어 말하면 원료에 대한 통제가 가능했음을 의미한다. 이와 달리 철은 유럽 대부분의 지역에서 이용 가능하기 때문에 철의 도입은 아마도 그러한 독점과 통제에 지장을 주었을 것이다. 이처럼 상이한 기술 혁신이 사회적으로 미친 영향은 달랐을 것이고, 철 제작 기술 혁신은 사회적 분화와 지역주의 과정에 개입되었을 수 있다. 철 제작 기술이 청동 제작 기술보다 복잡하기 때문에, 철 제작 기술의 등장은 철 전문가의 발전과 보다 엄격한 노동 분화를 낳았을 것이다. 이에 이러한 기술적 변화가 젠더 협상과 변형에 영향을 미친 방식에 대해 검토해 볼 필요가 있다.

마지막으로, 혁신과 낯선 사물을 연구할 때는, 사고와 이데올로기가 미친 영향 역시 주요 변화 원인으로 고려해야 한다. 후기 청동기시대 유럽 여러 지역에서의 화장 의례의 확산은 이에 대한 중요하고도 흥미로운 예이다. 화장묘의 상이한 지역적 버전에서 관찰되는 변이는 상이한 공동체가 그러한 혁신에 어떻게 대응하였는지에 관한 중요한 시사점을 제공한다. 예를 들어, 덴마크에서 이러한 전통의 첫 몇 백 년 동안에는 큰 석관에 묻히거나 천으로 '둘러싸인' 화장된 뼈나, 화장된 뼈 위에 '올바른' 자세로 놓인 사물과 같이 이전의 매장 의례에서 온 요소들의 다양한 조합과 새로운 화장 관행이 공존한다(그림 9.1). 이를 통해 상이한 지역 공동체가 어떻게 혁신적 사고와 행동 형태를 이해하고 번

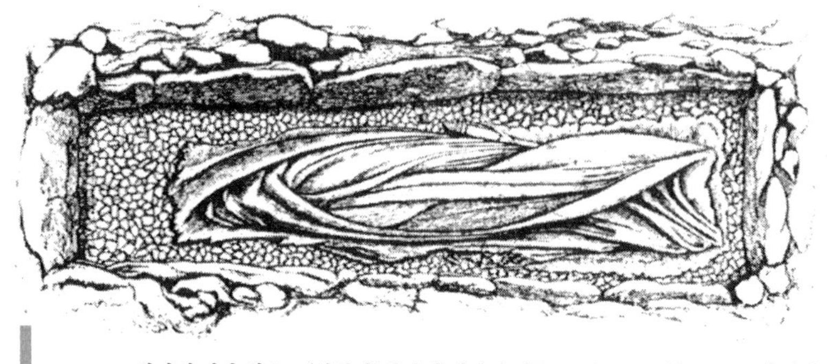

그림 9.1 화장된 뼈가 천으로 '입혀져' 석관에 매장된 예(Brøndsted 1966, Herbst에 기반)

역하여 그에 형태를 부여했는지, 또 지역 공동체에서 누가 처음으로 이러한 변화에 의해 영향을 받았는지를 살펴볼 수 있다. 아직 체계적으로 조사되지는 않았지만, 적어도 일부 지역에서는 화장 의례 채택에 젠더 정치가 관련된 것으로 보인다는 점이 주목되는데, 예를 들어 네덜란드에서는 초기의 모든 화장묘가 여성묘이다(Lohof 1994).

젠더와 접촉, 접촉으로서의 젠더

젠더는 사람 사이의 접촉의 결과로서 나타난다. 상이하게 구성된 집단간 강요된, 필요한, 또는 자발적 상호작용을 통해 사람들은 자신들의 동맹 관계와 자기 인식을 바꾼다. 상이한 가치 체계 사이의 접촉과 같은 만남을 통해 사람과 사물의 평가와 의무에 관한 여러 내적 체계에서의 위치가 변한다. 따라서 접촉은 생계 생산과 같은 영역에서 기본적인 변화를 낳을 것이고, 이는 새로운 상품의 발달과 새로운 종류의 음

268

식 채용 및 새로운 방식의 소비를 조장할 것이고, 의복의 지역적 모드에 영향을 미쳐 기존 모드를 변경시킬 것이다.

이러한 대립 그리고 권리와 의무의 측면에서 젠더에 관한 합의에 미치는 영향을 이해하고자 할 때, 접촉에 대한 여러 예가 도움이 되는데, 그러한 예는 사회적 관계가 재정의되고, 당시인들 스스로의 전략적 방어와 연구자의 엄밀한 조사 모두에 개방된 사례 연구로 쓰일 수 있기 때문이다. 접촉 고고학, 특히 변화하는 사회적 상황에서 역동적인 작용을 한 요소로서 젠더에 대한 관심의 발달은

> 토착인들의 행위에 초점을 두어야 할 필요성을 [깨닫게 도와준다] … 외부 문화 요소의 소비는 능동적이고, 동기화된, 창조적인 과정이다 … 원주민과 식민지 개척자 집단 모두 권력의 지역적 구조에서 지속적인 변형을 생성하였던 상이한 이해관계와 사회적 활동 논리에 의해 추진된 복잡한 상호작용망에 연결되었다(Dietler 1995: 90-91).

이는 여성이 언제나 전략적으로 자신의 사회적 지위를 향상시키려 했다거나, 접촉이 항상 여성에게 유리하게 작용했다는 것이 아니다. 오히려 위에서 언급한 일련의 사례 연구는 접촉이 지역적인 젠더 관계에 미친 영향은 매우 다름을 나타낸다. 그러나 역시 위에서 제시된 사례를 통해 알 수 있듯이 접촉은 항상 젠더 관계에 영향을 미친다. 외부의 문화적 가치나 친숙하지 않은 물적 사물의 도입뿐만이 아니라 새로운 동반자의 현존은 기존 사회 관계를 변경시키는데, 특히 서로 다른 성별을 지닌 사람들 사이의 관계를 변경시킨다(Devens 1991: 512). 과거의 공동체들은 자신들의 삶에 대한 그러한 중단을 통해 그리고 그에 응답하며 살았다. 따라서 기술, 사물, 관행, 사람이 교차하는 부분에 주목하여,

상이하게 조직된 사회 내에서 젠더 계약이 그 기본적 가정과 물질적 기반이 도전을 받을 때 어떠한 영향을 받고 어떻게 재협상되는지를 심층적으로 탐구할 수 있다.

10장

시작: 젠더화되기에 관하여

우리는 금붕어를 가지고 있었다. 그녀는 스칼렛이라고 불렸다!

젠더화된 세계, 또는 시작을 돌아보기

세계는 젠더화되어 있다는 것은 너무나도 당연해 보인다. 이것이 생성하는 차이에 대한 관념이 우리의 사고에 침투하는데, 이는 우리 주변 세계에 대한 우리의 명칭에 옷을 입히고, 담론적·관행적 행동에 영향을 미친다. 젠더는 강력한 은유이다. 어떤 나라는 여성으로 칭해지고, 산봉우리는 남성 또는 여성으로 의인화될 수 있으며, 배는 여성적이고, 여러 사물이 고유하게 젠더화된다. 우리는 젠더화된 세계에 살고 있다. 이론적으로 이의 담론적 성격이 점차 인지되고 있고, 규범적 관행으로서 젠더는 계속하여 수행되고 경험된다. 인간 사회는 그 막대한 변이에도 불구하고 젠더화된 공동체라는 점에서 유사해 보인다. 그러나 정말 그러한가? 고고학의 시간적 깊이는 고고학이라는 학문을 우리의 경험 영역을 벗어난 아주 먼 과거의 인류와 접촉케 한다. 이러한 인간들은 인류사의 시작에 위치한다. 앞의 네 장에서 물질문화가 젠더를 소통하고 젠더를 관행적 행동에 연관시키며, 관행적 행동을 통해 젠더에 영향을 미치게 되는 방식에 대해 다루었다. 이 장들에서는 젠더 문헌에서 일반적으로 그러하듯, 젠더의 문화적 구성이 여느 사회에서든 가능성으로 존재하는 것으로 상정되었다. 이에 반해 이 장에서는 인간의 최초 역사에 대한 연구가 어떻게 젠더 존재와 인지에 대해 의문을 제기하는지를 살펴볼 것이다. 고고학은 젠더의 기원이나 생성을 고려함에 있어 고유한 위치를 차지한다. 그러나 이 장의 목적은 구석기시대를 젠더화하는 것이 아니라 그러한 시도에 의해 제기되는 주요 문제들에 대해 고찰해보는 것이다.

대중적이고 담론적인 수준 모두에서 일반적으로 인간은 다른 종들과 다르고, 인간의 '문화' 생산은 인간만이 지니고 있는 특징 중 하나라고 상정된다. 그러나 이러한 독특함을 상정함으로써 언제 그리고 어떻게 그러한 특유성이 나타났고 어떻게 인류나 문화적 행태의 기원이 식별될 수 있는가에 관한 문제가 즉각적으로 제기된다. 문화적이자 사회적 현상으로서의 젠더에 대한 지속적인 강조와 생물학적 본질주의에 대한 거부에서 젠더 연구는 위와 같은 인간의 특유성을 상정한다. 젠더 연구에서 문화의 존재는 당연한 것으로 가정되고, 어느 정도는 성별에 대한 현재의 논의에서도 그러한데, 가정으로서 이는 우리의 이론적 기반에 내재되어 있다. 문화의 상태가 의문시된다면 젠더의 존재 또는 적어도 젠더의 성격에 대한 가정 역시 문제가 될 수 있다. 1989년 캘거리에서 열린 '젠더고고학' 차크물 학회에 제출된 글을 통해 필자는 이 점에 주목하게 되었다. 당시 알려진 가장 이른 시기의 호미니드였던, 에

티오피아 하다르에서 발견된 인류 화석인 루시에 관해(Hager 1997a: 10), 발표자는 이 화석 인류가 여성이었는가에 관한 문제를 루시가 자신이 여성임을 알았는가에 대한 문제로 돌림으로써 젠더에 대한 전체 관념에 문제를 제기했다. 이를 통해 개인의 수준에서 자신이 여성이라는 것을 아는 것은 문화적 지식이라는 점이 강조된다.

기원 탐구는 여러 측면에서 이데올로기적으로 문제가 있을 뿐만이 아니라 단순화의 문제를 수반할 수 있다. 이에 대한 반응으로서 제기된 비판(Conkey 1997, Dobres 1988, Hager 1997b, Nelson 1997 참조)을 통해, 기원을 찾고자 하는 연구가 어떻게 궁극적으로는 현재의 목적을 위해 이용되고, 특히 젠더 체계를 영구적이고 본질적으로 정적인 것으로 제시함으로써 현재 또는 최근의 젠더 체계에 뿌리와 정당성을 제공하는지를 알 수 있다. 이는 심각한 오류이자 결과이다. 이러한 문제에도 불구하고 사람들 사이의 차이에 대한 문화적 반응으로 우리가 인지하고 있는 것의 존재가 중요한 이유는 문화에 대한 젠더 의존 때문이다. 고고학에서 다루어지는 시간적 깊이로 인해 어디서 그리고 어떻게 젠더가 물질적 형태가 주어지는 특유한 관행이자 관심사로서 사회에 들어섰는지에 관한 문제를 다루는 것은 고고학자의 책임이다. 필자도 이러한 문제의 한계와, 진보, 독특함, 진화론에 관한 개념에 영향을 받는 고고학적 분석의 거의 불가피한 경향을 알고 있지만, 이는 문화적 관행에 대한 투자이자 문화적 관행을 통해 발명된 젠더 이해에 실체를 부여할 수 있는 중요한 영역이라고 생각한다.

젠더 문제는 선사시대의 다른 어느 시기보다 구석기시대 연구에서 보다 명확하게 또 널리 인지되어 왔다. 또 1970년대 사냥꾼으로서의 남성 모델은 초기 인간 사회 해석에서 점차 지배적이 되었고, 당시 젠더 논쟁의 요점을 잘 정리하였다. 젠더 관계는 문화적으로 내재되어 있다는 새로운 인식을 가지고, 기존 가정에 대한 새로운 문제와 비판을 통해 구석기시대로 다시 돌아가 볼 수 있을 것이다. 구석기시대 젠더에 관한 한 부류의 문제는 '젠더가 항상 존재해 왔는가? 언제 그리고 어떠한 상황에서 그리고 어떠한 맥락에서 젠더가 존재하게 되는가?'이다 (Conkey 1991: 87, n. 4). 또 다른 류의 접근은 물적 사물의 생산, 사용, 폐기를 통해 표현된 젠더 관계를 조사하는 것이다. 이러한 접근에서는 보통 여성의 현존과 공헌을 증명하고 생계 생산과 같은 영역에서 남성에 비해 여성의 중요성을 재평가하는 것에 몰두하였다. 그 결과 여러 자원의 생산과 식단적 가치에 많은 관심이 주어지거나, 각 젠더가 사용한 도구를 확인하는 것에 초점이 맞춰졌다. 이러한 연구의 중요성은 여성의 공헌과 여성이 어떻게 지금까지 비가시적인 활동에 가치를 부여했나 하는 점에 주목하였다는 점이다. 그러나 이들 역시 열량 섭취의 측면에서의 중요성과 공헌을 단순하게 동일시하거나, 다소 정적인 젠더에 따른 노동 구분을 제안하였다는 점에서 한계가 있다. 구석기시대와 관련된 초기 젠더 연구의 대부분이 과거에 여성을 포함시키고, 고고학 기록에서의 여성의 현존을 증명하여, 여성을 인간의 조상과 뿌리의 일부로 자리매김하고, 역사에 여성이 공헌한 바를 주장하기 위한 욕망에서 나타났다. 이러한 초기 논의에서 중요한 역할을 하였던 질만은 위와 같은 모델이 여성주의 영향 때문이라기 보다는 자료에 대한 반응으로 등장하였다고 보았다(Hager 1997a: 6). 그러나 이들은 그 본질에 있어 동시대적 영향에 대한 고고학 학문의 일반적 반응과 유사했다. 여성주의적 비판과 재해석에 관한 두 영역이 연구의 초점이 됨에 따라 초기의 도전에서 나온 발전 또한 고고학 학문 일반과 같은 경향을 따른다.

후자의 접근에서는 특히 구석기 조합의 일부를 젠더화하고 초기 '예술'
을 재해석하고자 했다.

여성주의적 비판

구석기시대에 대한 젠더화된 해석에 도달하기 위해서는 먼저 노골
적인 성차별적 가정을 '걸러내고,' 기존의 해석틀이 어떻게 구성되었는
지에 대해 비판적이고 성찰적인 이해, 즉 어떤 것이 그 경험적 기반이
었고, 무엇이 그 이론적 기반이었으며, 기존 주장 중 일부는 추정에 불
과하였는가 등에 대한 비판적 고찰이 필요하다. 유럽 중심적 또는 종족
중심적 편견과 같은 다른 편견은 우리가 자료를 어떻게 조직하고 해석
에 어떻게 도달하는가 하는 문제 모두에 깊이 자리잡고 있는 것으로 점
차 인식되고 있다(e.g. Conkey 1997). 과학에 대한 일반적인 여성주의
적 비판 역시 구석기시대 연구로까지 확장되었고, 겉으로 보기에 명백
한 사실이 실제로는 일련의 젠더 가정에 달려 있다는 것이 드러나, 초
기 인류 및 그들의 행태와 사회에 관한 지식의 많은 부분의 추론적 근
거에 대해 비판적으로 재고하게 되었다(Hager 1997a: 3-4; Wylie 1997:
44ff). 그 결과 구석기시대 연구에 관한 존재론적 틀뿐만이 아니라 인식
론적 기반에 대해서도 실질적인 문제가 제기되었다. 이를 통해 현재적
이고 정치적인 가정에 대한 비판적 인식이 특히 증대되었고, 고고학자
와 과거인 사이에 수립되는 관계가 문제시되었으며, 젠더와 정체성에
관한 기본적 관념도 공격을 받았다(Conkey 1997).

재해석: 노동 분업과 과업 분화

　구석기시대 여성의 비가시성이나 그들을 사소하게 여김에 대한 반응으로서, 역할, 특히 노동 분업 연구를 통해 젠더 관계에 대한 새로운 성찰력을 얻기 위해 과업 분화 접근과 같은 방법 개발에 초점을 두어왔다. 구석기시대 연구에서 사용된 것처럼, 콘키와 스펙터(Conkey and Spector 1984)의 강조를 통해 영향력을 얻은 과업 분화 접근은 구석기시대 사회 여성의 중요성과 공헌을 논리적으로 주장하기 위해 수렵채집사회 과업 분화 및 남성과 여성의 과업 연관 일반에 관해 보편적인 가정을 사용한다. 이러한 초점은 쌍으로 이루어지는 짝짓기 체계와 함께 젠더에 의한 노동 분업이 호미니드 진화 적응에 관한 여러 모델에서 담당한 중심적 역할에 큰 영향을 받는다. 이러한 모델은 젠더는 대개 실용적·상징적으로 노동 분업의 기반(Zihlman 1991: 64)이고 이는 보편적 현상(Binford 1992, Willoughby 1991: 284)이라는 가정에 기반한다.

　이러한 접근은 스페인 쿠에르토 드 라 미나에 있는 막달레니안 후기 구석기시대 암각화에 대한 콘키(Conkey 1991)의 연구를 통해 잘 예시된다. 여기서 콘키의 관심은 여성의 현존을 증명하는 것보다 젠더를 수반했을 수 있는 일련의 상이한 활동과 맥락을 물질문화가 어떻게 드러냈는지를 검토하는 것이다. 이러한 해석은 암각화 유적은 특정한 때를 제외하고는 흩어져 생활하는 수렵채집인들의 계절에 따른 결집 장소로서, 평상시보다 많은 사람들이 함께 모였던 현장이므로, 젠더 개념과 관계가 작동을 한 맥락을 구성한다는 가정에 기반한다(Conkey 1991: 72). 이는 여성의 물리적 식별에 의존하지 않아도 되는 '젠더화'된 접근 중 하나이다. 젠더가 겉으로 보기에 무성적인 전형적 구석기시대 조합에 어떻게 관여될 수 있었는지를 알아보기 위해 이와 같은 해석에 대해 보다 자세히 살펴볼 필요가 있다.

콘키(Conkey 1991: 73)는 이 유적을 성별과 연령에 따른 사회적으로 유의미한 분화가 있을 수 있었던, 다양한 생산 활동에 종사한 한 무리의 사람들이라는 관점에서 보았다. 유적에서 출토된 가공된 뼈와 뿔 표본은 광범위한 뼈와 뿔 가공이 있었음을 보여준다. 작살이 제작되었고, 작살에 난 구멍은 실과 끈의 제작과 사용, 더 나아가 다수의 바늘에 의해서도 상정되는 직조의 가능성을 제시한다(ibid.: 76). 미완성 바늘은 이들이 유적 안에서 만들어졌음을 시사한다. 다른 뼈와 뿔 도구는 그물과 밧줄을 만들기 위한 것이었을 수 있다. 유적에서 이루어진 활동에는 석기 제작, 자루 다듬기(곤봉), 가죽 다듬기(긁개), 식물 가공(긁개), 뼈와 뿔에 새기기(조각칼), 복합 도구(세석기, 뿔 가지로 만든 도구) 사용이 포함된다. 유적 밖에서는 조가비와 이에 구멍내기, 안료, 뿔, 뼈 구하기, 여러 생태계에서 수렵과 채집하기, 도살과 가공하기 등 다른 활동이 이루어졌다. 이 모든 활동이 어느 한 집단이나 개인에 의해 독점되었다고 보기는 어려우므로, 콘키(ibid.: 77f)는 당시 사회적 분화가 이루어져 있었다고 해석하였다. 민족지 유추를 사용하여 콘키는 당시 여성들이 실, 끈, 직조를 수반하는 생산 활동에 관여했다고 제안하였다. 콘키는 또한 특정한 도구와 시설을 사용한 이들이 그 제작과 유지에도 주로 관여했을 수 있다고 보았다. 이러한 단순한 가정에 동의하지 않는 이가 있을 수도 있지만, 분명 개연성이 있다. 또 여성을 끈이나 줄과 연관시키는 본래 보수적인 가정에도 불구하고, 위와 같은 주장을 통해 여성이 관여했을 수 있는 영역의 범위가 넓어졌다. 콘키(Conkey 1991: 78)는 여러 수준의 생산 활동에 관한 여성의 적극적 관여에 대해 다음과 같이 요약하였다:

우선 어린 자녀가 있는 성인 여성들이 주로 끈과 그물을 제작하였고 이러한 생산물 사용과 관련된 활동 – 즉, '옷,' 저장용 가방, '텐트'를 위해 가죽 깁기, 조개를 캐고 그물로 운반하기, 작살에 끈을 껴 낚시에 사용하기, 끈을 만들기 위해 식물 자원 채집하기, '그물' 울타리를 설치하고 덫을 놓기 – 에 주로 종사하였다고 가정해 보자. 이 여성들은 가죽 가공을 위해 자기 자신의 긁개와 바늘을, 낚시를 위해 자기 자신의 작살을 만들었을 것이다. 이는 이 여성들이 그러한 도구를 만들기 위해 뿔, 부싯돌 또는 규암을 다루어야 했음을 시사한다. 조개 채집에 관여함으로써 이 여성들은 조가비에 구멍을 내어 걸기, '옷'에 장식하기, 그리고/또는 그러한 조가비의 장거리 교환과 연관되었을 수 있다.

콘키는 또 이러한 기술이 점유인들 사이에 나뉘어졌고 동시에 그러한 구분을 생성하였으며, 그러한 분담은 상이한 과업이 계획되어야 하고 서로에게 의존했을 수 있는 만큼 사회적 질서와 함께 긴장을 가져왔다고 보았다.

위와 같은 해석이 놀라울 만한 것은 아니라 해도 만족스럽고 고무적인 것이다. 이 해석은 상상적 도약 없이, 노동 분업에 관한 관습적 가정에 의존하여, 1914년이라는 아주 오랜 전에 발굴된 물질에 대해 설득력 있는 해석을 내렸으며, 여성을 공동체 유지에 매우 적극적으로 관여한 것으로 제시하였다. 또 젠더 이데올로기가 변형될 수도 있는 긴장의 영역이 있었음을 지적하였다. 사례 연구로서 과거의 젠더화는 새로운 발굴 기술이나 방법론 개발이 아니라 문제를 파악할 수 있는 날카로움과 그에 상이한 방식으로 접근할 수 있는 능력에 달려 있음을 보인 점도 중요하다.

젠더 연구와 인간의 기원

인간 기원의 문제, 인간 진화의 상이한 단계 및 인간성 정도의 구분 연구에 많은 투자가 이루어졌다. 그러한 단계는 예를 들어서 수렵, 도구 사용, 두발 걷기나 두뇌 크기 증가와 같은 '중요한' 형태적 변화 등을 통해 구분된다. 873c³이 호모 하빌리스와 호모 에렉투스 사이의 전이적 두뇌 크기로 사용되는 것처럼 말이다(Lewin 1989: 128). 약 삼백 팔십 만 년 전 탄자니아 라에톨리의 용암류 위를 호미니드가 두 발로 걸었을 때부터(Champion et al. 1984: 26) 유럽과 세계의 다른 지역에 이른바 '현대인'이 등장했을 때까지의 시기에 대해서는 인류 화석과 한정된 범위의 단순한 사물이 주어진 연구 자료의 전부이다. 인간다움을 정의하는 특정한 측면의 기원을 자리매김하기 위해 진화론과 영장류 비교생물학이 일반적으로 이용된다(Marchant 1991: 50; Zihlman 1991). 이러한 연구에서는 그 성격과 목적으로 인해 성적 분업과 같이 행태적 차이에 의해 해석되는 형태학적 차이가 주로 다루어진다. 여기서 성별에 따른 행태적 변이에 주어지는 중요성은 성적 차이의 기원과 진화가 고유한 연구 영역이 되었음을 의미한다. 이러한 이유로 인해, 인류사의 이이른 시기의 자료는 사람들 사이의 사회적 차이에 관한 직접적인 증거를 제공하지도 않고 분명하고 반복적인 문화적 표현을 포함하는 것도 아니지만, 젠더가 이 시기 연구에서 해석의 쟁점이 되어 왔다.

구석기시대 고고학에 대한 가장 이르고 가장 현저한 여성주의 공헌의 일부는 이러한 논쟁과 직접적으로 연관되고, 위에서 언급하였듯이, 1970년대 사냥꾼으로서의 남성 모델에 대한 비판의 형태를 띠었다(이러한 논쟁에 대한 여성주의 논의를 위해서는 Balme and Beck

1993과 Hager 1997a 참조). 이러한 해석은 19세기에 뿌리를 두고 있는데 1960년대에 특유의 진화론적 모델로 발전하였다(이러한 발전에 관한 자세한 논의를 위해서는 Hager 1997a, Nelson 1997: 71ff, Zihlman 1997 참조). 여기에서는 수렵과 육류 섭취를 인간을 다른 영장류로부터 구분하는 행태로 보면서 수렵의 증거와 수렵으로 인한 기술 및 사회 조직에서의 발전에 초점을 두었고, 이러한 변화는 진화론적 적응으로 해석되었다(Washburn and Lancaster 1968). 생물학적 재생산과 육아에 있어서의 여성의 역할을 포함한 여러 가지 이유로 인해 사냥은 남성과 밀접히 연관된 것으로 여겨졌기 때문에, 그러한 문화적·사회적 발전도 마찬가지로 남성과 연관된 것으로 여겨졌다. 첫 번째 류의 반응은 채집인으로서의 여성이 식단의 주요 부분을 제공하였고, 핵심적인 사회 단위인 어머니와 자녀 관계를 이루었으며, 이들이 발명가였다고 주장하는데 초점을 두었다(Hager 1997a: 6). 이러한 발전에 영향을 미친 연구로 달버그(Dahlberg 1981) 그리고 질만과 테너(Zihlman and Tanner 1978)의 연구를 꼽아볼 수 있고, 고고학에 있어서는 특히 슬로쿰(Slocum 1975)의 연구가 중요하다. 이러한 반응들은 사회에 대한 여성의 공헌이 인정되는 방식, 특히 그러한 공헌이 평가되는 방식에 관한 불만족에서 나타났다. 이들의 목적은 공동체 구성원을 돌보는 것이기 보다는 획득자와 발명가로서의 여성의 핵심적 역할을 증명하는 것이었다. 사냥꾼으로서의 남성 모델이 사냥은 형태학적, 기술적, 사회적 혁신을 낳은 진화론적으로 중요한 활동임을 시사하였던 만큼, 구석기시대 여성의 역할을 강조한 연구가 구석기시대 논쟁에서 지닌 중요성은 실질적이고도 구체적이었다(e.g. Washburn and DeVore 1961, Washburn and Lancaster 1968; 이 모델의 발전에 관한 논의에 대해서는 Zihlman 1997 참조). 이러한 모델에 따르면, 남성이 담당한 사냥은 성적 분업, 식량 공유, 남성들 사이의 협업, 인간 사회와 연관된 기술 계획 및 발전에 직접적으로 관련이 있다(Willoughby 1991: 285). 남성은 진화론적으로 적응적이었던 반면 여성은 진화사에서 주변적인 존재였던 것으로 파악되었다(Hager 1997a: 5). 이러한 연구 및 그에 대한 비판 모두 여성의 역할과 중요성을 너무 단순하게 파악하였다는 점에서 문제가 있다. 그러나 위와 같은 논쟁은 공유와 보다 복잡한 형태의 노동 분업 등에 초점을 둠으로써 남성 중심적 사고에 실질적인 문제를 제기했고 사회적 삶의 보다 많은 측면을 논쟁의 영역으로 가져왔다는 점에서 중요한 의미를 지닌다(Hager 1997a: 7-8).

이러한 논의들이 젠더 개념에 의해 영향을 받은 것은 인류사의 이른 시기와 연관된 문화적·물질적 특성 때문이 아니다. 그보다는 형태학적인 성적 차이에 관한 관찰과 기대, 그리고 그러한 차이들이 정치적 해석 즉 사회적 의미와 영향의 측면에서 본 해석에 개방되는 방식 때문이다. 초기 인류의 성적 차이에 관한 해석적 문제에 대해 최근의 여성주의 연구는 새로운 각도에서 접근한다. 예를 들어 여성의 재생산 능력과 그와 관련된 행태로 인해 여성에게 부여된 특별한 역할(e.g. 어머니-유아 관계(Marchant 1991: 50))이 반드시 정적인 것만은 아니므로 그러한 역할이 인생 단계에 있어서의 변화에 의해 어떠한 영향을 받을 수 있는지에 대해 보다 면밀히 검토할 필요가 제기되고 있다. 또 다른 류의 연구에서는 영장류의 식량 획득과 성적 활동을 포함하여 기존에 가정되었던 것보다 훨씬 더 복잡한 행태에 대한 설명을 제공하는 보다 최근의 연구에 기반하여 성적 분업에 관한 사고를 재고하기 위해 유인원과 초기 인류를 형태학적으로 비교한다(Hager 1997a, Marchant

1991). 이러한 연구에서는 초기 인류 진화 모델의 기저가 되는 성적 분업에 관해 당연하게 여겨지는 가정에 의문이 제기될 수 있다. 별개의 과업이 어떻게 상이하지만 그렇다고 하여 반드시 불공평하지는 않은 위치를 지닐 수 있는지에 대한 관심 역시 필요한데, 이를 통해 불균형의 기반과 이유에 대한 논의를 새롭게 조명할 수 있을 것이다.

　　최근의 여성주의적 비판은 구석기시대 젠더 연구에 정치적 인식을 더하였는데, 여성주의 연구자들은 기원 연구가 어떻게 인간으로서 우리의 특유함이나 진보를 보이고자 하였는지, 그리고 그렇게 하는 과정에서 우리가 어떻게 아주 먼 과거와 현재를 연결하게 되는지에 관심을 두기 때문이다. 즉 이들은 현재의 젠더 관계에 정당성과 영속성을 부여하기 위해 과거가 사용되고(Conkey 1997), 이것이 대중 매체를 통해 확산되어(Conkey 1997, Moser 1998) 무엇이 옳고 자연적인 것인가에 관한 메시지 형태를 띠게 되는(Nelson 1997: 65) 방식을 비판한다. 예를 들어 콘키(Conkey 1997)는 최근에 와서 정의된 범주에 대한 기원을 아주 먼 과거에서 찾으려 한다는 점에서 기원 연구를 비판한다. 여성을 부수적인 것 또는 보충적인 것으로 보는 시각에 대해서도 문제가 제기되고 있다(e.g. Dorse 1997: 3). 기원 연구에 대한 여성주의의 관여는 먼 과거에 관한 사고가 인간 본성에 대한 현대적 가정(Willoughby 1991: 284)과 현대적인 사회 관계 조직(Zihlman 1991)에 의해 영향을 받는 방식에 관한 견고한 비판을 요구함에 있어 특별히 적극적이고 분명했다. 그러한 현대적인 가정은 넓은 범위에 걸쳐 영향을 미친다. 예를 들어 하거(Hager 1997a)는 현대 인골에 있어서의 성적 이원성이 초기의 호미니드에 투영될 때 편견이 개입될 여지가 있다고 주장한다. 우리는 우리 자신이 지니고 있는 차이를 과거인들에게 부여하고 있는데, 이에는 초기 인류도 예외가 아니다. 현대적인 통념이 과거 사회 해석에 미치는 영향의 또 다른 예로 초기 호미니드의 성적 관계가 보통 쌍 이루기의 측면에서 해석되어 '결혼'에 대한 완곡한 표현으로 쓰이고, 이를 통해 과거에 매우 특정한 사회적 제도가 투영되는 경우를 생각해 볼 수 있다 (Zihlman 1991).

후기 구석기시대의 젠더화된 문화적 표현과 관행

초기 인류에 관한 논의에서 해부학적 현대인의 등장은 초기 인류사에서 특별히 중요한 단계로 여겨지는 경우가 많은데, 이 단계에서 인류는 인간이자 문화화된 존재로 알아볼 수 있게 되었다. 아래의 논의에서는 구석기시대 중 이 부분에 관해 집중적으로 논의할 것이다[*].

구석기시대 물질문화 중 특유한 무언가를 표상하는 이미지, 특히 인간에 대한 표상물은 오랫동안 전문가들과 일반 대중들의 특별한 관심을 받아 왔다. 그러한 표현은 현대인의 인지 능력에 대한 부인할 수 없는 증거로 여겨졌고 구석기시대 사람들의 마음에 관한 실마리를 얻을 수 있는 기회로 강조되었다(e.g. Leroi-Gourhan 1968). 그들의 이성, 내용, 메시지에 대해 격렬한 논의가 이루어졌고, 그들의 생산과 물질적 특성이 분석되었다(일반적 개관을 위해서는 Bahn 1998, Bahn and

---

[*] 이 장에서는 최초의 현대인에 관한 대안적 주장은 고려하지 않을 것인데, 그러한 주장의 요점은 기원 문제와 관련이 없기 때문이다. 그보다는 사람과 물적 기호를 연관시켜 젠더를 차이의 한 종류로 물질화하고 모의한 초기의 반복적 관행에 대한 관찰에 기반해 논의를 전개할 것이다. 이것이 상이한 시점에 여러 장소에서 일어났을 가능성은 충분하다.

Vertut 1988 참조). 최근 여러 여성주의 그룹이 이에 자신들의 목소리를 더했는데, 구석기시대 물질에 관한 여러 젠더화된 해석이 존재한다.

그림이 그려지거나 조각이 된 유구나 유물이 구석기시대 어느 시기부터 세계의 여러 지역에서 발견된다(Bahn 1998, Conkey 1997). 시간적으로 가장 이르고 공간적으로 특징적으로 집중 분포하는 것 중의 하나는 유럽과 유라시아 후기 구석기시대(40.000-10.000 BP)의 동굴 그림과 장식이 있는 유물이다. 동굴 그림과 조각품은 프랑스와 북부 이베리아에 집중되어 있고, 그보다는 적은 예들이 지중해와 러시아에서 발견된다. 장식이 된 유물은 보다 넓은 범위에 걸쳐 발견되는데, 서부와 동부 유럽 및 유라시아에 특징적으로 집중 분포한다(Bahn 1998, Bahn and Vertut 1988). 일반적인 수준에서 이 모든 상이한 표현들이 구석기시대 사람들의 인지 능력을 드러낸다. 그러나 이들은 또한 생산과 퇴적 맥락 및 구성 요소에 있어 매우 특정하고, 동굴 예술품[*]과 이동 가능한 예술품처럼 표현의 범주 사이에서와 각 범주 내 모두에서 상당한 변이가 발견된다. 예를 들어서 동굴 그림은 동물, 기하학적 문양, 손 윤곽에 대한 다소 자연화된 이미지로 주로 구성된다. 조각품에서는 흔히 구상적이거나 비구상적인 삼차원적 형태가 기하학적 문양, 불명료한 패턴, 머리카락과 같은 물리적 사물을 모방한 형태와 결합된다. 사람이 착장할 수 있는 사물로서 장식품은 종종 기하학적 문양으로 장식되고, 송곳니와 같은 물리적 사물을 모방하여 만들어지거나, 또는 투공

---

[*] '예술품'이라는 용어는 의도, 감수성, 단 하나의 예술가라는 서구적인 함의로 인해 오해를 낳을 소지가 있지만(Conkey 1997), 여기에서는 고고학에서 일반적으로 이러한 범주로 구분되는 물질 자료를 지칭하기 위한 편의상의 용어로 사용된다.

외에는 별다른 패턴이 없거나 다른 장착 수단 없이 만들어진다[*].

　콘키는 이러한 여러 자료를 사용 맥락에서 분리하여 해석하는 것과 이들을 개별적인 예술 작품으로 이해하는 것에 관해 구석기시대 자료에 적합하지 않은 본질적으로 동일한 이유와 의미를 부여할 수 있다는 측면에서 경고한 바 있다. 콘키(Conkey 1997)와 다른 이들(e.g. Dorse 1997)은 자료 내에서의 다양성을 강조하기도 하였는데, 시간적으로도 지리적으로도 경계가 있거나 통합된 현상이 아니기 때문이다. 지금까지 알려진 사물은 아주 긴 시간대에 속하고 넓은 지역에 걸쳐 발견되며 다양한 형태를 띤다. 이들은 특정 시공간에 한정되어 있는 현상이 아니지만, 그렇다고 하여 후기 구석기시대 유럽과 유라시아에 단지 개별적 예술품으로서 균등하게 또는 임의로 분포되어 있었던 것도 아니다. 실제로 이들은 특정 지역에 군집해 있고 때로는 러시아 코스텐키 유적과 같은 특정 유적이나 러시아의 순기르 무덤 중 일부와 같은 개인 묘에서 다수로 발견된다. 후자의 경우, 어떤 무덤에서는 몇 천 개의 구슬이 발견되었고, 또 어떤 무덤에서는 구슬의 배열을 통해 볼 때 당시 구슬이 옷에 꿰매어졌음을 알 수 있다(e.g. Bahn and Vertut 1988: 72) (그림 10.1). 따라서 구석기시대 예술품의 다양성을 인정함과 동시에 어떤 장소에서는 그러한 예술품이 특정한 관행과 형태의 반복을 통해 레퍼토리의 일부가 되었음을 인식해야 한다. 다양성에 대한 강조를 통해 알 수 있듯이 이들은 즉흥적으로 단 한번 만들어진 것이 아닌 경우가 많고, 특정한 관행과 구체화된 물적 형태의 일부였다. 따라서 연구자의 해석적 관여를 통해 사물을 표준화하는 것에 반대하는 콘키의 견

---

[*] 이는 모든 종류의 구석기시대 예술품을 나열하기 위한 것이 아니라, 구석기시대 젠더 인식과 관계의 현존 및 문화적 표현에 관해 정보를 제공할 수 있는 범주로 사물을 지칭하기 위한 것이다.

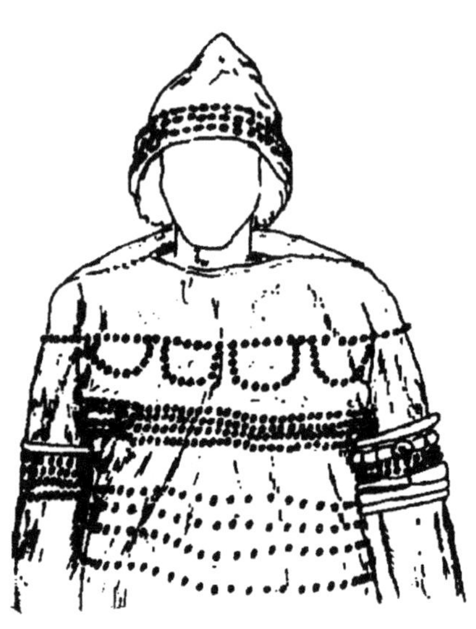

해에 동의하지만, 이러한 사물들은 그럼에도 불구하고 초기 인류사에서 자아에 대한 사회적 인식에 의문을 제기하고 사람들 사이의 차이에 대해 반응할 수 있는 중요한 기회를 제공한 것으로 보인다. 이러한 물적 잔존물은 이처럼 이른 시기에 젠더가 무엇이고, 젠더가 어떻게 구성되며, 물적 사물을 통해 젠더가 어떻게 규정되는가를 이해하고자 하는 시도에 기여해야 한다. 또 젠더의 중심적 측면은 개인으로서든 사회인으로서든 사람들이 어떻게 자신들을 물질화하는가라고 제안한 5장에서 이루어진 논의를 따를 때, 개인적 장식을 위한 사물이나 토우의 등장은 후기 구석기시대에 처음으로 일관적인 형태가 주어진 지극히 흥미로운 문화적 표현이다.

장식품: 자아에 대한 기술

구석기시대 후반부의 여러 사회에서 사람들은 구슬과 그와 유사한 장식적인 사물을 사용하였다. 그러한 사물에 뚫어져 있는 구멍은 이들이 펜던트나 옷에 달기 위한 용도로 사용되었음을 나타내므로(그림 10.1), 이들은 개인적 장신구로서 개인에 의해 착용되었고 그 사람의 외모에 더해졌다고 해석될 수 있다[*]. 이는 신체에 대한 돌봄의 태도와 신체에 대한 주목을, 따라서 자아에 대한 문화화를 나타낸다. 이는 오스트리아 빌렌도프에서 발견된 유명한 토우(그림 7.3)나 프랑스 그호뚜 빠프에서 발견된 두상(그림 10.2)에서 보이는 정교한 머리 스타

그림 10.2 프랑스 그로뚜 빠프에서 발견된 인간 두상: 머리에 나타난 패턴을 통해 머리카락 장식에 신경을 쓴 구석기시대 공동체가 있었음을 알 수 있음(프랑스 Saint-Germain-en-Laye의 국립 고대 박물관 승인 하에 전재)

---

[*] 여기서 장식물이 주술이나 통과의례에서 쓰였을 가능성을 배제할 수 없다. 사물은 외모에 더해지지만, 이에 부여되는 의미는 문화적으로 특수하다.

일을 통해 다시 한번 뒷받침된다. 이러한 증거가 시공간적으로 널리 퍼져있기 때문에, 이러한 장식에 대해 정확한 해석이 내려진 바 없고 아마도 시도되어서도 안될 것이다. 그럼에도 불구하고 장식물은 이 초기 공동체의 사람에 대한 지각/장식에 관해 중요한 점을 드러낸다.

이러한 장식물은 후기 구석기시대 문화 혁신과 발달의 '패키지'의 일부로 통상 해석된다. 예를 들어서, 구석기시대 구슬에 대해 폭넓게 연구한 화이트(White 1992: 537)는 '물적 형태의 표상의 발명은 유럽의 중기/후기 구석기시대 전이를 가로지른 주요한 사회적 변형과 함께 진행되었다'고 본다. 그러나 어떤 학자들(e.g. Bahn and Vertut 1988: 71f)은 장신구가 일부 공동체에서 정규적으로 흔히 사용되게 된 것이 후기 구석기시대에 와서 처음으로 나타난 일인 것은 분명하지만, 구슬과 다른 개인적 장신구의 사용은 훨씬 더 과거로 거슬러 올라갈 수 있다고 주장한다. 이 시기 장신구가 지닌 중요성은 반드시 물질 문화상 혁신으로서가 아니라(반대 의견으로는 LaBouff 1997와 White 1982 참조), 일부 공동체 내에서 그러한 사물과 연관된 관행이 규범화되고 일상의 일부가 되는 방식에 있다. 후기 구석기시대 장신구가 당시인의 새로운 관심사를 표현하고 그 형태를 확인하고 확장시킨 것은 장신구의 존재 자체를 통해서가 아니라, 장신구의 연장으로서 장신구의 사회적 사용과 그에 대한 인식을 통해서이다. 따라서 더 이른 시기로 올라가는 특정한 사물과 관행이 발견될 것인지 여부는 뚜렷한 기준이 되지 못함을 깨닫고, 사물이 어떻게 만들어지고 그러한 사물의 존재를 통해 무엇이 만들어지는가에 있어서의 변화라는 측면에서 질적인 출발점을 구성한다고 보는 것이 유용할 것이다. 이러한 시각을 통해 후기 구석기시대에 나타난 현상을 급작스러운 출현으로 보기를 거부하려는 여러 입장

(Bahn 1995/96)을, 사람들이 어떻게 자신들과 공동체의 관심사 및 관행을 표현했는가라는 측면에서 당시에 나타난 두드러진 변화로 보는 주장(Mellars 1989, 1996)과 화해시킬 수 있을 것이다. 특정 관행의 점진적 변화와 시기적 강화의 공존은 후기 구석기시대 젠더와 사람됨에 관한 논의에 도움이 될 것이다.

약 4만년 전부터 투공이 된 동물의 이, 상아와 뼈 조각, 돌과 조가비가 유럽에서 구슬로 널리 사용되었는데, 처음에는 프랑스, 벨기에, 독일의 오리그나시안(약 40,000-28,000년 전) 조합에서 집중적으로 발견되었다(White 1992, 1993). 구슬과 펜던트는 원료 사용과 제작 기술의 측면에서 논의되었고, 장거리 교환이 수반되었음이 증명되었다(White 1989). 예를 들어, 러시아 돈 강가에 있는 코스텐키 유적에서 흑해에서 온 조가비가 발견되었고, 프랑스 남부 레제이지에서는 유적에서 남쪽으로 300km 떨어진 지중해와 대서양에서 온 조가비가 발견되었다(Taborin 1993). 이들의 생산에 기울여진 노력, 표준화 수준, 여러 양적 평가(만 점이 훨씬 넘는 구석기시대의 투공된 장신구가 알려져 있다; P. Mellars와의 사적 대화) 역시 분석되었다(e.g. White 1993). 이러한 양적 평가를 통해 발견되는 흥미로운 점은 구슬의 사용이 개인적으로 협상되고 그 물질성이 반응을 불러일으킨 여러 수준이 있었겠지만, 구슬은 '나는 구멍이 있는 조가비를 발견해서 실에 꿰어 목에 걸어야지'와 같이 상황에 따른 물적 가능성에 대한 단순한 반응의 결과가 아니었다. 장거리 교환에는 사물 획득 이외에 다른 이유가 있었을 수 있지만, 넓은 범위에 걸친 구슬 교환은 의도적이고 중재된 생산의 증거와 함께 당시 구슬이 물질적·문화적 레퍼토리에 통합된 표준화된 품목이었음을 나타낸다. 예를 들어서, '일반적으로 상아와 동석 판이 지역적으로 특수한 매우 표준화된 일련의 기술에 의해 생산되었다'(White 1992: 554), 물질의 사용이 '선택'에 기반하였다(ibid.: 549), 바구니 구슬이 '대량' 생산되었다(ibid.: 550-551)는 증거가 있다. 이러한 특징들은 일부 공동체 내에서의 구슬은 문화적 세계의 일부가 되었음을 나타내는데, 후기 구석기시대 구슬과 투공이 된 장신구는 사고와 행동의 동반자가 되었다. 따라서 이들의 소통적·상징적 역할은 당시 사회의 중요한 차원으로 인지되어야 하고(e.g. Mithen 1996), 이들이 집단적·개인적 정체성에 관한 개념, 생성, 정당화에 개입된 방식은 마땅히 분석될 필요가 있다(LaBouff 1997, White 1992).

이러한 장신구는 지역적으로 구분되는 형태가 존재하고 사적인 것이기는 하지만 개인적이지는 않고(White 1993), 이들의 사용은 아마도 펜던트로 착용되거나 옷에 부착되는 것에 한정되었음(LaBouff 1997: 5)을 강조할 필요가 있다. 이러한 측면에서 이들은 신체 장신구로 간주될 수 있는데, 이는 '장신구로서 인간이 믿음, 가치, 사회적 정체성을 구성하고 표상하는 가장 강력하고 널리 퍼져 있는 형태 중 하나이다'(White 1992: 539). 한편 이러한 강조에는, 구석기시대 구슬이 자아와 신체에 대한 기술의 요소가 되는 방식에 대한 강조와 달리, 장신구를 사회적 정체성의 직접적인 반영물로 보아 구석기시대 구슬을 사회적 서열과 위계적 차이의 측면에서 해석할 위험이 따른다. 이러한 구슬은 자아, 그리고 상이한 자아들 사이의 차이와 유사성에 관한 인식을 제시한다. 더 나아가 이는 물적 구성과 정교화를 통해 도구화되는 인식이다. 구슬을 착용함으로써 우리는 우리 자신을 문화적 구성물로 만든다. 구슬을 이해하기 위해, 구슬은 이동 가능한 물품이고 – 이는 7장에서 논의된 성질이다 – 그래서 신체와 영구적인 관계를 갖지 않음을 고려하는 것이 중요하다(Sørensen 1997). 구슬의 현존은 착용자의 정체성에 관한 고정된 표식이기 보다는, 시간, 사건, 역할, 또는 심지어 기분까지 나타내는 시간적 소통을 수반했을 수 있다. 구슬이 흔하다는 사실은 구슬이 통상적으로 그리고 공동체적으로 이해되고 동의된 행동에 필수적이 되었음을 의미하고, 구슬이 고고학적으로 추적 가능한 방식으로 유의미하다는 것은 이러한 의미에서이다.

장신구의 사용이 유럽 모든 지역에서 동일했던 것은 아니다. 첫 번째로 개별 유적에서 수 백 또는 수 천 개의 구슬이 발견되는 프랑스나 러시아에서와 같이 구슬이 집중되어 있는 지역이 있는 반면(White 1993), 다른 여러 지역에서는 장신구가 거의 또는 전혀 사용되지 않은 것으로 보인다. 둘째로 특정 수준에서 장신구의 사용은 후기 구석기시대 내내 유사하지만, 이들은 그럼에도 불구하고 지역적으로 특징적인 방식으로 사용되었다. 예를 들어, 동부 그라베티안 유적의 장신구 사용에서의 양적 차이는 개인들 사이의 분화 때문인 것으로 해석되었다. 이는 앞서 언급한 사치스러운 순지르 무덤들 중 일부에 해당되는 사항이다(Arnold 1996, Soffer 1985, White 1993). 다른 한편 프랑스 오리그나시안과 러시아 동부 그라베티안의 예처럼 서로 다른 지역간 사회 조직에서 차이가 있었을 가능성에도 불구하고 사적인 장신구가 양자간 유사한 방식으로 사용되었다는 점이 주목된다(LaBouff 1997). 이를 통해 후기 구석기시대의 여러 문화적 맥락에서 장신구를 착용한 사람이 상이한 방식으로 문화적 주체가 되고 있었는지, 어떻게 그러하였는지를 고찰해 볼 수 있다.

여기서 이러한 장신구가 양식과 사회적 정체성의 측면에서 고려되어 온 방식을 간단히 소개하는 것이 도움이 될 것이다(LaBouff

1997). 기존의 논의에서는 능동적 양식(Conkey 1983)이나 단언적 양식 (Wiessner 1984) 개념에 기반하여 장신구를 의도적인 추상물이나 집단 정체성과 같은 개념에 대한 상징물로 파악하였다(LaBouff 1997: 8). 장 신구의 사회적 의미에 대한 이러한 해석에서는 구석기시대 사회에 특 정한 형태의 사회적 의식을 직접적으로 부여한 의도성의 존재가 상정 된다. 또 능동적 또는 단언적 양식 개념에서는 사물이 '단순히' 장식적 이면 그 맥락에 영향을 미칠 수 없는 것처럼 여겨지고, 상징적 의미는 사물 안에 내재되어 있는 의도적인 목적으로 상정된다. 후기 구석기시 대 장신구 제작에 그러한 의도성을 부여하는 대신, 필자는 장신구의 의 미와 소통적 영향을 관행의 결과로, 특히 반복적 연합을 통해 나타난 것으로 본다. 후기 구석기시대 장신구의 다양성에 관한 현재의 강조 및 장신구와 관련된 시공간적 맥락의 부족에도 불구하고, 장신구가 시공 간상 균등하게 분포하는 것이 아니라 반복적으로 일어난 관행의 일부 였던 특정 장소에 밀집되어 있으므로 장신구를 반복의 관점에서 보는 것이 가능하다. 여기서 중요한 점은 구슬이나 투공된 동물 이빨 또는 조가비가 존재하는지 여부가 아니라, 이들이 어느 시점에 흔해져, 반복 적이 되며, 일부 공동체에 의해 통상적으로 사용되게 된다는 점이다. 이러한 접근에서는 능동적 양식이라는 다소 추상적인 개념 대신 행동 이 강조되고, 관행을 통해 생성되는 참조 코드가 의미 구성 과정의 일 부를 이룸에 따라 양식이 관행의 결과로 인지된다. 자아와 사람됨의 표 현과 관련하여 후기 구석기시대 장신구가 논의되고 관련된 젠더 정체 성의 구성을 고찰하기 위해 사용될 수 있는 것은 이러한 접근을 통해서 이다.

후기 구석기시대의 또 다른 현저한 문화적 형태는 인간, 그 중에서도 주로 여성에 대한 표상물로 해석되는 이른바 토우이다. 현재 약 200개의 토우가 알려져 있고, 이에 대해 여러 분류안이 제시되었다(Conkey 1985; Delporte 1979; Gamble 1982; Gvozdover, Conroy 1993에서 인용; Leroi-Gourhan 1968). 이들은 주로 취락에서 발견되는데, 어느 유적에서는 다수로 발견된다. 이러한 이미지들은 잘 알려져 있고, 이에 대해서는 여성주의 고고학자들을 포함하여 고고학자들간 많은 논쟁이 있었다(e.g. Conkey 1997). 젠더 연구에 이들이 포함된 경우 현대적인 논쟁과 이데올로기 형성에 있어 이들의 역할에 주로 초점을 두어 왔다. 이는 진화론적 담론(e.g. Conkey 1997; Dorse 1997; Moser 1992, 1993, 1998)이나, 토우가 누구를 묘사하거나 표상하는가에 대한 질문에 관해, 또 토우가 선사시대 인지 능력뿐만이 아니라 의미와 중요성 측면에서 어떻게 해석되어야 하는가에 있어 유연한 대중적 이미지를 제공하기 때문이다. 완전히 현대적인 인간 행태의 등장에 대한 경계로 해석되었던 시기에 이러한 이미지들이 출현했다는 것은 당시 이러한 이미지들이 인간이라는 것이 무엇을 의미하는가에 관한 개념에 얽혀 있었음을 의미한다(Conkey 1997, Dorse 1997). 이들의 분석은 복잡하고 항상 어떠한 방식으로든 편향되어 있다. 이는 인간성과 젠더의 측면에서 토우를 분석하지 못할 이유는 되지 않으나, 그러한 목적으로 토우 분석시 자기 비판적 태도가 얼마나 필요한지를 잘 나타낸다.

자주 강조되듯이(Conkey 1997), 토우에 대한 연대측정에는 여러 가지 문제가 있고, 어떤 사물을 토우로 분류할지 결정함에 있어서도 여러 가지 문제가 있다. 어떤 토우는 파편으로 남아 있고, 또 어떤 것들은 매우 도식화되어 있어 이들이 사람을 표상하는지가 의심스러울 정도이다(Delporte 1979: 210-15, 221-26). 그러나 본질주의적 관점에서 토우에 대한 명확한 정의가 내려지고 그 경계가 분명할 때만 토우에 대한 연구가 가능하다고 보지 않는 한 이러한 문제들이 토우 연구를 제한하는 것은 아니다.

이미 언급되었듯이, 토우들 간의 내적인 차이가 최근 강조되고 있다(Conkey 1997). 그러나 차이와 유사성은 객관적인 기준이 아니라 비교의 초점과 비교에 수반되는 가치의 문제에 따라 달라지는 것이다. 즉 사물들이 유사하거나 다른 것은 무언가를 기준으로 해서이다. 토우는 인간 신체에 대한 삼차원적이지만 소형화된 유사성을 지닌다는 점에서 서로 유사하고, 이러한 의미에서, 예를 들어, 손도끼와 비교한다면 모든 토우는 다 같다고 볼 수도 있을 것이다. 동시에 범주로서 이들은 크기, 실제성, 기술 등 여러 측면에서 내적으로 차이를 보인다. 이러한 다양성에도 불구하고 토우는 신체의 일부가 두드러지거나 강조되고 다른 부분은 대략적으로 표현된 발가벗었거나 거의 발가벗은 인간 신체를 표상한다는 공통점을 지니고 있다. 흔히 강조되고 때로는 과장된 것처럼 보이는 부분은 가슴, 복부, 허벅지이고, 이러한 강조를 통해 토우는 여성의 몸처럼 보이게 된다. 대개 손과 발은 단순하게 표현되고, 머리카락과 때로는 머리 땋은 것 또는 그와 유사한 장식이 표현되기도 하지만, 얼굴의 특징도 뚜렷하지 않은 경우가 많은데, 이는 석판에 새겨진 일부 조각과 대조된다(Bahn and Vertut 1988: 그림 93 참조). 특정한 형태의 장식이나 표현이 나타나는 한정된 경우에, 이는 가슴과 때로는 손목을 가로지르는 줄이나 구슬 및 허리 주위의 선처럼 보인다. 몇몇 토우에서 (황토색) 안료 흔적이 발견되어(Bahn and Vertut

1988: 84), 이들이 황토색으로 물들여졌거나 황토색으로 덮이게 된 활동에 사용되었음을 시사한다. 이들의 외관상 유사성은 토우와 관련된 양식적 규칙이나 관습에 대해 주장하기 위해 사용되었다(e.g. Gamble 1982, Conkey 1985). 러시아 코스텐키 토우 분석 결과에 기반하여 당시 일정한 관행에 따라 여성의 몸이 제시되었다는 주장이 그러한 예이다 (Gvozdover, Conroy 1993: 156에서 인용). 만일 그렇다면 이는 여성의 몸이 사회적 규범에 따라 문화적으로 중재되고 있음을 나타낸다. 이러한 관행은 무엇이 여성의 몸을 특징적이고 여성적으로 만드는가에 대한 우리 자신의 지각과 일치한다(ibid.: 156). 그리고 이것이 우리가 이러한 사물들 중 다수를 여성 토우로 '읽는' 이유이다! 유럽과 시베리아 토우 자료에 대한 보다 폭넓은 분석 결과에 따르면, 상이한 수준의 복합도를 보이는 관습과 공간적 분포가 존재했다(ibid.: 156). 여기서 강조되어야 할 중요한 부분은 관습이 존재하게 되는 것은 반복적 수행과 연합을 통해서이고, 관습이란 일상적 관행의 결과라는 점이다. 구석기 시대 토우가 특정한 관습에 따라 만들어졌다고 하여 당시 여성에 대한 규범적 견해가 반드시 존재했다고는 볼 수 없다. 그보다는 여성을 신체로 구상화하고 외화할 때 여성의 몸을 제시하는 방식에서 지역적 차이가 있었던 것으로 보인다. 특정한 시공간적 맥락 내 이러한 이미지들이 서로에게 그리고 사회적 규범에 관련되게 되는 것은 이러한 이미지들의 생산과 재생산을 통해서이다. 따라서 이러한 토우들은 고립된 개인적 예술품이거나 개인적 초상이 아니고, 우연히 만들어진 사물은 더군다나 아니다.

이러한 토우와 성애 및 생식력 그리고 임신 사이의 관련성이 자주 상정되었다(e.g. Russell 1993). 토우의 나체 자체만으로도 토우는 고고학자에게 성적 사물로 충분하고, 여기에 신체의 관능미, 다수의 토우에 나타나는 곡선미와 매끄러움이 더해져 토우의 감각적 특징은 증대된다. 이러한 토우의 이미지에도 불구하고, 성애에 대한 우리의 개념이 토우가 만들어진 사회에 적절한 것인가, 우리가 성적인 것으로 보는 것이 당시인들에게도 같은 의미를 지녔는가는 여전히 의문이다. 이처럼 토우가 무엇을 했는가에 대한 논의보다 토우가 무엇을 의미하는가를 논의하는 것이 훨씬 더 어렵다. 공동체 내에서의 차이에 대한 경험 중 토우는 어떠한 종류의 문화적 관행과 반응을 우리에게 말해주는가?

젠더와 구석기시대: 자아 성찰과 책략

초기 호미니드의 삶도 성적 이원성의 영향을 받았을 수 있고, 젠더 차이는 현대인의 행태적 패키지의 일부이지만, 이에 대해 본격적인 논의가 이루어진 경우는 드물다. 이에 대한 연구에 영향을 미친 중요한 문제 중 일부가 기원 연구에 대한 비판에서 다루어졌지만, 젠더 등장에 대해 특별히 언급한 연구는 드물다. 현재의 논의에 따르면, 후기 구석기시대쯤 성적 차이의 문제가 젠더의 문제가 되었지만, 젠더가 어떻게 문화적 구성물로 나타났고 이로 인해 어떠한 일이 일어났는가에 대한 어려운 문제는 제대로 다루어지지 않았다. 이러한 문제 제기가 없다면 젠더는 진화론적 역사와 적응의 일부가 되기 쉽다. 레이보비츠(1983)와 보다 최근 콘로이(Conroy 1993)는 진화론적 접근 외의 방식으로 젠더 등장 문제를 구체적으로 다루어 온 소수 연구자들 중 하나이다. 다시 말해 구석기시대 성별과 젠더 사이의 구분이 존재한다는 것은 당연

하게 여겨지지 않았는데, 레이보비츠는 젠더는 성적 분업의 연장으로
서 첨두기의 발명과 관련하여 불과 약 삼십만 년 전 호모 에렉투스와
함께 등장하였다고 본다. 이 시기 이전에는 여성이 식량 찾기와 같은
생산 활동을 임신 및 육아와 병행했으므로 성적 분업이 덜 명확하였다
(Leibowitz 1983, Balme and Beck 1993, Russell 1993). 콘로이(Conroy
1993: 153)는 젠더를 언어보다 늦게 등장한 것, 젠더 제도화 과정의 일
부로서 상징의 사용과 관련된 것으로 본다. 언어의 기원과 이것이 다른
인지적 특질과 갖는 관계는 물론 그 자체로 복잡한 문제이다. 그럼에도
불구하고 이 시기 젠더 논의에서 다소 간과되었던 두 가지 중심 명제를
강조한다는 점에서 콘로이의 주장은 흥미롭다. 콘로이는 먼저 젠더를
생성하는 개념과 사고를 구성할 수 있는 것은 언어에 참여함으로써이
고, 언어를 통해 사물은 젠더의 상징적 속성을 나타낼 수 있다고 강조
한다(ibid.: 154). 둘째로, 젠더가 그 일부를 이루는 사회화는 반복과 사
회적 비교를 통해 이루어진다고 주장한다(ibid.: 154).

장신구와 토우의 등장을 통해 볼 때, 구석기시대 젠더가 어떻게 문
화적 패키지의 일부가 되느냐를 이해하기 위해서는 개인과 공동체 내
개인들의 표현에 초점을 두는 것이 유용하다. 이를 통해 구석기시대에
대한 현재의 집단 정향적 연구에 건설적인 측면을 더할 수 있을 것이
다. 이러한 접근이 적절한 이유는 젠더는 문화적으로 구성된 개인화된
사회적 정체성이기 때문이고, 이는 젠더가 여러 복잡한 방식으로 사회
적 규범 건설 및 그러한 규범에 대한 자각 즉 사회적 비교와 관련되기
때문이다.

위와 같은 자각 능력과 상이한 종류의 자아를 구분할 수 있는 능
력, 또 이러한 비교를 여러 외화된 형태로 표현할 수 있는 능력의 의미

는 매우 크다. 특히 외적 표현에 대한 강조를 통해, 성적 기반 행태에서의 동일성이라는 측면에서 이루어지는 영장류와 인간 사이의 차이에 대한 논의를 초기 인간 사회에서의 젠더에 관한 논의와 구분해 볼 수 있다. 이러한 구분이 필요한 이유는 그렇지 않으면 젠더에 관한 사항을 성적 이원성에 관한 사항과 구분하기 어려워지고, 문화적 관행을 통해 구성된 차이에 대한 인지를 통해서가 아니라 성적으로 기반한 행태의 측면에서 젠더를 논의하게 되기 때문이다. 이 시기 이전 당시인의 자아 성찰에 대한 증거가 부족하다 하여 자아 성찰 자체가 이루어지지 않았다고 볼 수는 없다. 그러나 그러한 인식과 반성을 그 이전에는 찾아볼 수 없는 방식으로 물질적 형태를 통해 표현하는 인간을 볼 수 있는 시기가 있는데, 그러한 물질적 형태와 그와 관련된 활동은 당시 사회에서 사고하고 소통하기 위해 필요한 사물들을 제공했을 것이다. 그러한 사물들이 당시인들에게 미친 영향은 정형적인 무덤과 같이 사람에 대한 특유의 태도와 인식의 표현에서 찾아볼 수 있다. 이에 대해서는 논쟁의 여지가 있지만 약 30,000-28,000년 전 이전의 의례적 무덤은 거의 없는 것으로 보인다(Mellars 1996). 자아와 타자에 대한 이러한 성찰은 토우 생산 및 장신구 사용에도 깊이 내재되어 있는데, 이는 나름의 방식을 통한 신체의 외화 즉 물질화 현상이다. 여기서 그러한 성찰의 이유나 목적을 고려하거나, 적어도 이러한 문제가 이처럼 오래 전의 공동체에 관해 검토될 수 있는가에 대해 생각해 볼 필요가 있다. 남성과 여성, 나이 든 이와 젊은 이에 대한 차별적인 취급과 태도에 대해서는 무덤이나 토우 등에서 정보를 얻을 수 있다. 공동체 내 여러 집단에 대한 이러한 차별적 강조는 이 집단들이 개념화되고, 사고되며, 영향을 받는 방식과 관련되어야 한다. 후기 구석기시대 젠더 구성은 주로 차이가 있음을 확인하고 그에 대해 성찰해 보는 것에 관한 것이고, 그러한 차이들이 무엇에 관한 것이고 무엇에 관한 것이어야 하는가에 대한 해석을 이끄는 것에 관해서는 관심이 덜 했을 것이다. 이처럼 사회문화적으로 구성된 사람들 그리고 그들의 몸에 대한 관심으로서 젠더는 구석기시대 일부 공동체의 특유한 측면으로 나타났다고 할 수 있지만, 이를 차이에 대한 평가나 서열화와 연결시킬 이유는 없다. 이에 이 초기 사회에서 관찰되는 것이 구조이면서 문화적 코드에 대한 참조를 수반한 수행이라는 일관적인 관행으로서의 젠더인지 아닌지에 의문을 가질 수 있다.

고고학 자료를 통해 봤을 때, 젠더 체계가 후기 구석기시대 이전에 존재했는지 아닌지를 확인할 수는 없지만, 후기 구석기시대가 되면 생물학적 행태와 구분되는 젠더가 나타났다. 특히 장신구나 토우와 같은 사물은 젠더가 차이에 대한 자기 인식의 한 측면으로서 영속화되기 시작하였는데, 이는 단지 행태를 통해서뿐만이 아니라, 문화적 책략을 통해 반복되고 물화되었음을 나타낸다. 이에는 추상화 과정이 개입되었는데, 이러한 문화적 표현은 개인주의를 넘어 당시 개인들이 자신들에 관해 배우고 표현하는 규범적 세계에 무게를 부여한다. 따라서 구석기시대 젠더 연구의 중요성은 젠더 체계의 추상적이고 문화화된 특성과, 그러한 특성이 물질문화와 제도적 구조가 제한된 단계에서 어떻게 나타나는가에 대한 성찰에서 찾아볼 수 있을 것이다. 젠더 표현은 이미 구석기시대에 문화적인 형태를 띠고, 힘과 능력에 있어 필요하거나 합의된 노동 분업 또는 차이와 관련되지 않은 형태를 띤다. 당시에 이미 젠더와 관련해 중요했던 것은 내화된 사회적 경험 그리고 그러한 경험이 집단 내에서의 차이에 대해 지니는 외화되고 성찰적인 관계였다. 이 시기 사회와 개인은 사회가 항상 안고 있을 차이를 단순히 살아내는 것이 아니라 그러한 차이에 형태를 부여하기 시작하였다. 이는 당시인들이 살아가는 방식에 다양한 영향을 미쳤을 것이다. 젠더는 외적 정체성 즉 책략이 되었고, 물질문화는 젠더의 도구화에 사용되었다.

11장

성찰

"그건 무슨 책이에요?", 메간이 묻는다. 나는 음식, 메간과 킴 마이클의 옷, 우리 집에 있는 방들, 새로운 사람들을 만나거나 새로운 것들을 얻는 것에 관해 설명하기 시작했다. "내가 거기 있나요?", 메간이 끼어든다. "응, 그렇다고 할 수 있지", 내가 대답한다, "하지만 나는 너에 대해서는 책을 쓸 수 없단다, 너에 대해서는 쓸 얘기가 너무 많거든!" … "흐음", 그녀가 말한다, "재미있는데", 그러고 나서 그녀는 다시 놀기 시작한다.

이 책에서 필자는 젠더를 본질적인 정체성이 아니라 개인이 타인과 자신의 차이점과 유사점을 이해하게 되는 방식과, 물질문화가 이에 개입되는 방식의 결과로서 논하고자 하였다. 젠더는 장소를 점유하지도 않고 특정한 형태를 지니지도 않는다. 그러나 이러한 차이에 부여되는 형태와 이유 및 그러한 차이가 사람들의 신체에 접목되는 방식이라는 측면에 있어 공동체 간 상당한 유사성이 발견된다. 젠더는 정적인 것이 아니다. 젠더는 융통적이고, 그 탄력성을 통해 여러 가지 방식으로 확장되고 전개되어, 개인의 인생 경로를 포함한 맥락에 따라 달라진다. 젠더 연구는 이러한 다양성을 아우를 수 있어야 하지만, 젠더에 관한 정의가 정교해질수록 젠더 연구는 복잡해지고 한계가 없어진다. 이에 대한 반응 중의 하나는, 젠더를 개인과 사회적 경험 및 구성의 총체로서 연구하기 보다는, 복잡한 젠더 구성 요소 중 오직 특정 측면만이 어느 한 학문 분야에서 자세하게 연구될 수 있다고 보는 것이다. 이 책에서는 고고학이 그 학문적 특성을 살려 젠더를 이해하고 연구하는 방식을 어떻게 가다듬고 동시에 확대할 수 있는지에 대해 살펴보았다. 상이한 학문 분야에서 다루어지는 젠더의 상이한 차원은 서로 무관하지 않고, 대개 서로 교차하고 여러 방식으로 서로를 구성한다. 그러나 젠더에 대한 분석적 담론의 일부로서 젠더 특성 중 일부에 초점을 두어 그에 대해 중점적으로 연구해 볼 수는 있다. 고고학에서 가장 전문적으로 탐구할 수 있는 젠더 측면은 젠더 구성과 젠더에 관한 삶이 물적 사물을 수반하고 물적 사물에 영향을 미치는 방식이다. 그래서 이 책에서는 사물 및 물리적 환경과 관행을 통해 경험되는 젠더, 차이를 통해 사람들에 대해 언급하고 사람들을 구성하는 구성원 자격과 관습 및 규범적 행동에 관한 사회적 대화로서 젠더, 그리고 젠더 차이에 대한 포함과 배제를 위해 사용되는 물적 사물에 대해 다루었다. 이와 함께 개인과 체화에 대한 최근의 다소 편향된 강조를 고려하여, 사회적인 것과 집단적인 것의 중요성을 지속적으로 강조하였다. 또 문화적 분석이 개인, '나', '그들' 사이의 무익한 대립으로 나아가지 않도록 '우리'의 측면에 초점을 두었는데, 이를 통해 사회적인 것과 개인적인 것의 교차에 대한 인식이 앞으로의 젠더 논의에서 자리잡게 되기를 희망한다. 이 책전체에서, 젠더 구성과 젠더 의미의 대부분은 개인의 삶과 경험을 통해 이루어지지만 이는 동시에 사회적 맥락 안에서 일어나는 것임이 강조되었는데, 실제로 젠더의 사회적 측면은 가장 흥미롭고 현저한 젠더 측면 중 하나이다.

　따라서 이 책의 출발점은 개인이 자신을 젠더화된 존재로 경험한다는 것이 아니라, 우리가 다른 이들의 젠더를 인식하고 그러한 통상적 이해와 가정을 통해 세계를 이해하며 그 안에서 활동하는 것이 왜 그러한가에 관한 것이었다. 필자는 거리를 걸어가며 길 건너 편에 있는 사람들을 남자 또는 여자로 보는 것과 같이 단순한 일상적 삶에 대한 성찰을 젠더 분석에 통합하고자 하였다. 필자는 그들과 대화를 나눈 적이 없고, 그들의 나체를 관찰한 적도 없다. 다만 필자의 관찰을 통해 세계를 젠더의 측면에서 해석할 뿐이다. 또 다른 예로, 필자는 신발 가게에 들어서면 여성화 부분으로 바로 간다. 이 신발들이 내 젠더와 '맞다'라는 것을 어떻게 아는 것일까? 이러한 상황에 관해 놀라운 것은 남성과 여성에 관한 관습이 얼마나 깊이 우리 주변의 물질문화에 내재되어 있는가, 또 우리는 얼마나 편하고 능숙하게 세계 내에서의 사물-의미를 해석하고, 인지하며 그에 반응하는가이다. 이것이 바로 의미의 구체화, 관습의 영향, 수행의 중요성에 관한 것이다. 남자와 여자가 같은 문으로 들어오거나 나갈 때 이루어졌던 젠더 수행에 대한 8장에서의 언급이 또다시 유용한 예가 될 수 있는데, 필자는 이러한 관습에 문제가 제기되어 관습이 변하는 것을 목격한 세대이다. 여기서 출입구 자체는 젠더화되지 않는다. 신발, 옷, 외모, 신체가 움직이는 방식 등도 그 자체로는 젠더화되지 않는다. 그러나 물리적 현장의 문을 비롯한 사물의 물질성은 젠더와 젠더 의미에 관한 담론이 접목될 수 있는 가능성을 가지고 있어, 젠더를 행하고 경험할 장소가 될 수 있다. 즉, 물적 사물은 그것을 젠더화하는 관행을 통해서 젠더화된다. 고고학을 젠더에 관한 정보를 제공하는 과거에 대한 해석적 관여로 발전시키기 위해 2부에서 논의된 내용은 이러한 차원의 일부가 선사시대의 사회적 삶에 미치는 영향에 관한 것이었다.

지난 20년 동안 젠더고고학은 여성 운동과 여러 동시대적인 정치적 목적에 의해 상당한 영향을 받아왔다. 젠더고고학은 여성을 위한 장소를 찾아 내어 학문에서뿐만이 아니라 과거의 여러 차원에서 그러한 장소를 가시화 하고자 하였다. 이에 대해서는 이 책의 전반부에서 논의되었고, 그 역사에 대한 개요, 즉 그러한 역사가 요구된 배경, 그로 인한 이점과 그다지 바람직하지 못한 기대와 연구 관행의 등장도 제시되었다. 그러나 젠더고고학의 가능성은 이에 국한되지 않으므로, 그러한 가능성을 발전시키는 것이 학문으로서의 고고학뿐만이 아니라 젠더 이해 일반에도 중요하다.

사회과학에 대한 고고학의 의존성을 인정하면서도 고고학은 고유한 형태의 지적 담론임을 주장하며, 필자는 젠더고고학에 관한 보다 세련된 해석이 무엇을 의미하는지를 고찰하였다. 위에서 제시된 여러 주장과 사례들을 관통하는 기본적 문제는 젠더가 어떻게 물적으로 구성되고, 사회적인 것과 물질적인 것의 교차가 어떠한 중요성을 지니는가이다. 이러한 문제는 학문적 제약 안에 젠더가 기입되는 방식에 대한 평가와 함께 고려되어야 한다. 젠더 연구는 젠더 개념과 관찰의 적용 가능성을 제약하고자 하는 시도에 노출될 뿐만 아니라 학문적 코드를 통해 그리고 학문적 코드 내에서 이루어지기 때문이다. 젠더 연구는 참조와 의미의 틀을 통해 이루어지는데, 분석에 대한 규율적 논의와 합의 기반이 가능한 것은 이 때문이다. 여기서 젠더고고학을 명확히 하고자 하는 시도로 인해 젠더고고학이 폐쇄적 성격을 띠게 될 수 있는데, 이는 젠더 연구에 새로운 가능성과 함께 제약을 가져온다.

젠더고고학의 명확화는 조사의 구체성과 실질적인 결론 도달 가능성이라는 측면에서 유익한 것이지만, 동시에 연구자의 추론을 무디게 하고 학문적 연구와 정치적 활동 사이의 구분을 심화시킬 수 있다는 문제도 안고 있다. 이와 같은 문제를 '규율'하고자 하는 강한 의지가 따르지 않는다면, 그 자체의 지적·분석적 강점을 통해 고고학을 젠더화 하고자 하는 프로젝트는 그 가장 고유한 가능성을 다 발휘하지 못해 젠더와 그 변이 이해에 별다른 기여를 하지 못할 것이다.

이러한 가능성을 찾아 발전시키기 위해서는 고고학의 지식 주장 방식을 평가할 필요가 있는데, 이를 위해서는 다시 물질문화 연구를 통해 무엇을 알 수 있는가에 대한 이해가 필요하다. 이는 5장이 필자의 주장에 핵심적인 이유이다. 5장에서 물적 사물은 구체적인 특성을 지니고 있고 그에 따라 고유한 방식으로 사회적 담론에 관여한다고 보아, 물적 사물의 '사물다움'이라는 성질이 우리가 세계를 경험하는 방식에 어떻게 영향을 미치는가에 관해 살펴보았다. 기본적으로 필자는 물질문화의 물리적인 특성의 효과로 젠더의 특유한 측면이 부각된다고 본다. 젠더는 물적 조건과 영향을 주고받는 과정에서 물리적 결과와 효과를 얻는다. 물적 담론을 통해 나타나는 젠더화된 의미는 중요한 방식으로 사람들의 삶에 영향을 미친다. 젠더 구성 이해에 중요한 물질문화의 두 가지 측면으로 필자는 관행과 소통을 꼽았다.

물질성과 관행의 결합을 통해 젠더 협상을 위한 현장이 제공되고, 이는 다시 반복적으로 이루어지는 차이로서의 젠더 수행의 영향을 받는다. 젠더의 물질화는 젠더에 물리적 형태가 주어짐을 의미하고, 이를 통해 사물은 차이를 시각화하여 젠더에 대한 평가와 담론적 이해가 내재되는 장소 생성에 이용된다. 이는 또한 젠더 의미가 어떻게 수행되는지를 이해할 수 있는 배경을 제공하여, 각 젠더 수행이 이전의 수행에 관한 일련의 참조로 해석될 수 있는 곳에서 규칙이나 도식을 따르는 반복적 행동을 통해 인식되고 학습된다. 젠더 코드화와 젠더 참조는 그러한 수행에 틀을 지워 구조 짓기 위해 사용되는 요소일 수 있다. 또 사물은 관행의 의미에 틀을 지우기 위한 배경으로, 행동에 필요한 도구로, 일어난 행동에 대한 시각적 기억으로 사용된다.

필자는 또한 젠더 협상은 불안정하고 관리와 동의가 필요한 문화적 구성물이라는 점을 강조하였다. 따라서 젠더를 구성물로 이해할 수 있는데, 이때 의무와 권리에 관한 동의나 수용이 어떻게 젠더 규정의 기반이 되는가에 초점을 둘 필요가 있다. 또 필요하고 욕망되는 자원으로서 물적 사물을 젠더 구성과 그에 대한 물적 표상의 파트너로 이해하는 것이 일련의 일상적 상황에서 젠더가 어떠한 영향을 미치고 어떻게 행해지는지를 이해하는데 지극히 유용한데, 이러한 물질적 현장에 대해서는 이 책의 2부에서 논의되었다.

지난 십여 년 동안 젠더 연구가 미친 영향으로 인해, 젠더 관계는 남성과 여성이 역사적 과정에 동반자로 참여하는 근본적인 사회 구조를 구성한다는 견해가 현재 일반적으로 받아들여지고 있다. 여기서 남성과 여성은 결혼, 친족, 의무 및 동맹 관계와 같은 사회적 제도를 만들고, 조작하며, 유지하면서, 서로 간의 상사성과 상이성에 관해 반응하고 기능한다. 이들은 동거하며 협동한다. 젠더는 역사 연구에서 간과될 수 없는데, 젠더는 사회의 필수 기제를 구성하고 사회 변화에 내재되어 있기 때문이다. 이는 고고학이 젠더를 포함해야 할 이유이다. 한편 이처럼 중요한 주제를 다루기 위해 우리가 배운 개념들이 다시 한번 사회과학 내에서 의문시되고 있다. 성별과 젠더 역할에 대한 이전의 고정적이고 안이한 개념에 대해서는 갈수록 많은 문제가 제기되어 이에 대한 논의는 기존의 고고학 영역을 넘어서게 되었다. 성별과 젠더, 생물학과 문화 사이의 구분은 애초 정당하고 필요한 연구 주제로서 고고학에 젠더의 존재 이유를 제공해왔지만, 이에 대해서는 비판이 제기되고 있다. 변이가 강조되고, 역할과 같이 이전에는 명확한 것으로 여겨졌던 개념들의 의미와 영향에 대해 문제가 제기되고 있다. 기본적 실체들이 불안정해져 쉽게 분류될 수 없게 되자, 성별에 대한 경험, 협상, 조작, 전략적 사용이 전면에 나와 기존의 지식 기반을 흔들고 있다. 이러한 과정에서 연령과 계급 구조, 특히 성애 및 체화와 같이 기존과 다른 주제들이 논쟁의 대상이 되었다.

위와 같은 논의는 고고학에 영향을 미친다. 그러나 이들의 관행적·지적 영향은 우리가 어떻게 이들을 구체화하고 결정하느냐에 따라 달려있다. 과거에 대한 젠더화가 '너무 어렵게 되어' 이를 포기하는 것이 아니라, 그러한 해체, 논쟁의 가변적인 환경, 이전에는 견고했던 실체의 유동적이고 모호해진 형태를 젠더고고학의 목소리를 찾고 특유의 목적을 설정하기 위해 노력해야 할 지적 도전으로 받아들여야 한다. 젠더고고학은 젠더가 과거 연구에 관련이 있다는 완고하고 지속적인 믿음과 그에 대한 연구를 위한 투쟁을 통해 현재 고고학에서 일정한 역할을 하고 있다. 젠더고고학이 성숙해짐에 따라 젠더고고학 이유가 확장되었고 젠더고고학 관행에 변화가 나타났다. 따라서 젠더고고학적 관행과 해석에서 젠더에 민감하고 비판적이라는 것이 지니는 보다 넓은 함의를 고찰하기 위해, 이제는 젠더고고학이 그 지적인 측면과 학문 내 위치적인 측면에서 강점을 지녀야 한다. 젠더를 단지 발견하고,

식별하고, 구원할 필요만 있는 것이 아니라, 젠더와 함께 사고하고, 구성으로서 젠더를 연구하고, 젠더를 구성하는 부분 및 젠더가 유지되고 영향을 받는 방식을 분석할 필요가 있다. 또 이를 통해 우리가 과거와 공동체에 대해 사고하는 방식에 관한 정보를 얻을 수 있어야 한다. 젠더화의 기본 목적은 확실성을 뒤흔드는 것이라고 보기도 한다(Porter 1996: 106). 이는 우리가 가지고 있는 틀, 우리가 묻는 문제, 우리가 자료를 분석하는 방식에 있어서의 변화를 통해 시작될 수 있다. 젠더를 전방에 두고, 기존의 기대와 가정에 문제를 제기하며, 젠더가 그 고유함의 일부를 이루는 과거를 낯설은 나라로 연구할 때, 우리는 과거에 대해 다른 방식으로 생각할 수 있게 될 것이다.

Adelson, L. A. 1993. *Making Bodies, Making History: Feminism & German Identity.* London: University of Nebraska Press.

Allason-Jones, L. 1989. *Women in Roman Britain.* London: British Museum Publications.

Anderson, M. and A. Reeves 1994. Contested identities: museums and the nation in Australia. In F. E. S. Kaplan (ed.) *Museums and the Making of 'Ourselves'.* Leicester: Leicester University Press. 79-124.

ARC (*Archaeological Review from Cambridge*) 1988, vol. 7, 1.

ARC (*Archaeological Review from Cambridge*) 1992, vol. 11, 1.

Ardener, S. (ed.) 1975. *Perceiving Women.* London: J. M. Dent & Sons.

Arnold, Béat 1986. *Cortaillod-Est, un village du Bronze final 1. Fouille subaquatique et photographie aérienne.* Saint-Blaise: Du Ruau.

Arnold, Bettina 1991. The deposed princess of Vix: the need for an engendered European prehistory. In D. Walde and N. D. Willows (eds) *The Ar chaeology of Gender.* 366-74.

Arnold, Bettina 1996. 'Honorary males' or women of substance? Gender, status and power in Iron Age Europe. *Journal of European Archaeology,* 3, 2: 153-68.

Arnold, J. 1996. The archaeology of complex hunter-gatherers. *Journal of Archaeological Method and Theory,* 3: 77-125.

Arwill-Nordbladh, E. 1989. Oscar Montelius and the liberation of women: an example of archaeology, ideology and the early Swedish women's move ment. In T. B. Larsson and H. Lundmark (eds) *Approaches to Swedish Prehistory.* B.A.R. International Series 500, Oxford: British Archaeolog ical Reports.131-42.

Arwill-Nordbladh, E. 1994. Begriper vi begreppen? Om androcentrismen i några vanliga analytiska begrepp. *Meta. Medeltidsarkeologisk Tidskrift,* 94, 1: 35-47.

Arwill-Nordbladh, E. 1998. *Genuskonstruktioner i Nordisk Vikingatid. Förr och nu.* Gothenburg: Gothenburg University.

Ashelford, J. 1996. *The Art of Dress: Clothes and Society,* 1500-1914. London:National Trust.

Bahn, P. 1995/96. New developments in Pleistocene art. *Evolutionary Anthropology,* 4, 6: 204-15.

Bahn, P. 1998. *The Cambridge Illustrated History of Prehistoric Art.* Cambridge: Cambridge University Press.

Bahn, P. and J. Vertut 1988. *Images of the Ice Age.* London: Windward.

Bailey, D. W. 1994. Reading prehistoric figurines as individuals. *World Archaeology,* 25: 321–31.

Balme, J. and W. Beck 1993. *Gendered Archaeology.* The Second Australian Women in Archaeology Conference. Research Papers in Archaeology and Natural History 26, Canberra: Australian National University.

Bapty, I. and T. Yates (eds) 1990. *Archaeology after Structuralism: Poststructuralism and the Practice of Archaeology.* London: Routledge.

Barber, E. W. 1994. Women's Work: *The First 20,000 Years. Women, Cloth, and Society in Early Times.* New York: W. W. Norton & Company.

Barnard, M. 1996. *Fashion as Communication.* London: Routledge.

Barnes, R. and J. B. Eicher (eds) 1992. *Dress and Gender: Making and Meaning in Cultural Contents.* London: Berg.

Barrett, J. 1988. Fields of discourse: reconstituting a social archaeology. *Critique of Anthropology,* 7, 3: 5–16.

Barrett, J. 1989. Food, gender and metal: questions of social reproduction. In M. L. S. Sørensen and R. Thomas (eds) *The Transition from Bronze Age to Iron Age in Europe.* B.A.R. International Series 483 (i–ii), Oxford: British Archaeological Reports. 304–20.

Barrett, J. 1994. *Fragments from Antiquity: An Archaeology of Social Life in Britain, 2900–1200 BC.* Oxford: Blackwell.

Barthes, R. 1967. *Elements of Semiology.* London: Jonathan Cape.

Barthes, R. 1977. *Image, Music, Text.* London: Fontana.

Beard, M. 1994. Women on the dig. *Times Literary Supplement,* 21 October 1994, 7–8.

Bender Jørgensen, L. 1991. *North European Textiles until AD 1000.* Århus: Århus University Press.

Bertelsen, R. , A. Lillehammer and J. R. Næss (eds) 1987 (1979). *Were They All Men? An Examination of Sex Roles in Prehistoric Society.* Acts from a workshop held in Utstein Kloster, Rogaland, 2–4 November 1979, Stavanger: Arkeologisk Museum i Stavanger.

Bevan, L. 1997. Skin scrapers and pottery makers? 'Invisible' women in prehistory. In J. Moore and E. Scott (eds) *Invisible People and Processes.* 81–7.

Biel, P. 1985. Die Ausstattung des Toten. In D. Planck, J. Biel, G. Süsskind and A. Wais (eds) *Der Keltenfürst von Hochdorf: Methoden und Ergebnisse der Landesarchäologie.* Stuttgart: Konrad Theiss. 78–105.

Binford, L. R. 1992. Hard evidence. *Discover*, February 1992: 44–51.

Bogatyrev, P. 1971. *The Functions of Folk Costume in Moravian Slovakia*. The Hague: Mouton.

Bouloumié, B. 1988. Le symposium gréco–étrusque et l'aristocratie celtique. In *Les Princes celtes et la Méditerranée*. Paris: Rencontres de l'Ecole du Louvre. 343–83.

Bourdieu, P. 1977. *Outline of a Theory of Practice*. Cambridge: Cambridge University Press.

Bourdieu, P. 1984. *Distinction: A Social Critique of the Judgement of Taste*. London: Routledge & Kegan Paul.

Bourdieu, P. 1990. *The Logic of Practice*. Cambridge: Polity Press.

Boye, L. , B. Draiby, K. Hvenegård–Lassen and V. Ødegård 1984. Toward an archaeology of women. *Archaeological Review from Cambridge*, 3, 1: 82–5.

Brøndsted, J. 1966. *Danmarks Oldtid* II. Copenhagen: Gyldendal.

Brück, J. 1997. The early–middle Bronze Age transition in Wessex, Sussex and the Thames Valley. Unpublished Ph.D., Dept of Archaeology, Cambridge University.

Brumfield, E. 1991. Weaving and cooking: Women's production in Aztec Mexico. In J. W. Gero and M. W. Conkey (eds) *Engendering Archaeology: Women and Prehistory*. 224–54.

Brun, P. and C. Mordant 1988. *Le groupe Rhin–Suisse–France orientale et Ianotion de civilisation des Champs d' Urnes*. Nemours: Musée de Préhistoire d'Ile–de–France.

Brush, K. 1988. Gender and mortuary analysis in pagan Anglo–Saxon archaeology. *Archaeological Review from Cambridge*, 7, 1: 76–89.

Butler, B. 1996, Virginia Woolf, Madonna and me: searching for role–models and women's presence in museums and heritage. In A. Devonshire and B. Wood (eds) *Women in Industry and Technology*. 19–27.

Butler, J. 1990. *Gender Trouble: Feminism and the Subversion of Identity*. London: Routledge.

Butler, J. 1993. Bodies that Matter: *on the Discursive Limits of Sex*. London: Routledge.

Caplan, P. 1992. Engendering knowledge: the politics of ethnography. In S. Ardener (ed.) *Persons and Powers of Women in Diverse Cultures: Essays in Commemoration of Audrey I. Richards, Phyllis Kaberry and Barbara E. Ward*. Oxford: Berg. 65–88.

Casey, M. , D. Donlon, J. Hope and S. Wellfare (eds) 1998. *Redefining Archaeology: Feminist Perspectives.* Canberra: ANH Publications.

Chabot, N. J. 1990. A man called Lucy: self reflection in a museum exhibi tion. In F. Baker and J. Thomas (eds) *Writing the Past in the Present.* Lampeter: St David's University College. 138–42.

Champion, T. , C. Gamble, S. Shennan and A. Whittle 1984. *Prehistoric Europe.* London: Academic Press.

Chapman, R. 1990. *Emerging Complexity: The Later Prehistory of Southeast Spain, Iberia and the West Mediterranean.* Cambridge: Cambridge University Press.

Claassen, C. (ed.) 1992a. *Exploring Gender through Archaeology: Selected Papers from the Boon Conference.* Monographs in World Archaeology 11, Madison, Wis.: Prehistory Press.

Claassen, C. 1992b. Questioning gender: an introduction. In C. Claassen (ed.) 1992a. *Exploring Gender through Archaeology: Selected Papers from the Boon Conference.* 1–9.

Claassen, C. (ed.) 1994. *Women in Archaeology.* Philadelphia: University of Pennsylvania Press.

Clarke, D. L. 1972. A provisional model of an Iron Age society. In D. L. Clarke (ed.) *Models in Archaeology.* London: Methuen. 801–70

Coles, J. and A. Harding 1979. *The Bronze Age in Europe.* London: Methuen.

Colomina, B. (ed.) 1992. *Sexuality & Space.* New York: Princeton Architectural Press.

Conkey, M. W. 1983. On the origins of Palaeolithic art: a review and some critical thoughts. In E. Trinkaus (ed.) *The Mousterian Legacy: Human Biocultural Change in the Upper Pleistocene.* B.A.R International Series 164, Oxford: British Archaeological Reports. 201–27.

Conkey, M. W. 1985. Ritual communication, social elaboration, and the variable trajectories of Palaeolithic material culture. In T. D. Price and J. A. Brown (eds) *Prehistoric Hunter–Gatherers: the Emergence of Cultural Complexity.* Orlando, Fla.: Academic Press. 299–323.

Conkey, M. W. 1989. A report from the year 2050. *Archaeology,* January/ February, 42, 1: 35–9, 81.

Conkey, M. W. 1991. Contexts of action, contexts for power: material culture and gender in the Magdalenian. In J. M. Gero and M. W. Conkey (eds) *Engendering Archaeology: Women and Prehistory.* 57–92.

Conkey, M. W. 1997. Mobilizing ideologies: Paleolithic 'art', gender trouble, and thinking about alternatives. In L. D. Hager (ed.) *Women in Human*

Evolution. 172–207.

Conkey, M. W. and J. W. Gero 1991. Tensions, pluralities, and engendering archaeology: an introduction to women in prehistory. In J. W. Gero and M. W. Conkey (eds) *Engendering Archaeology.* 3–30.

Conkey, M. and J. Spector 1984. Archaeology and the study of gender. *Advances in Archaeological Method and Theory,* 7, 1–38.

Conroy, L. P. 1993. Female figurines of the Upper Palaeolithic and the emergence of gender. In H. du Cros and L. Smith (eds) *Women in Archaeology: A Feminist Critique.* 153–60.

Craik, J. 1994. *The Face of Fashion: Cultural History in Fashion.* London: Routledge.

Dahlberg, F. 1981. *Woman the Gatherer.* New Haven: Yale University Press.

Damm, C. 1991. From burials to gender roles: problems and potentials in post-processualist archaeology. In D. Walde and N. D. Willows (eds) *The Archaeology of Gender.* 130–5.

David, F. 1992. *Fashion, Culture and Identity.* Chicago: University of Chicago Press.

Delporte, H. 1979. L'Image *de la femme dans l'art prehistorique.* Paris: Picard.

Devens, C. 1991. Gender and colonization in native Canadian communities: examining the historical record. In D. Walde and N. D. Willows (eds) *The Archaeology of Gender.* 510–15.

Devonshire, A. and B. Wood (eds) 1996. *Women in Industry and Technology: from Prehistory to the Present. Current Research and the Museum Experience.* London: Museum of London.

Díaz–Andreu, M. and M. L. S. Sørensen (eds) 1998a. *Excavating Women: A History of Women in European Archaeology.* London: Routledge.

Díaz–Andreu, M. and M. L. S. Sørensen 1998b. Excavating women: towards an engendered history of archaeology. In M. Díaz–Andreu and M. L. S. Sørensen (eds) *Excavating Women: A History of Women in European Archaeology.* 1–28.

Dietler, M. 1995. The cup of Gyptis: rethinking the colonial encounter in Early Iron Age western Europe and the relevance of the world–systems models. *Journal of European Archaeology,* 3, 2: 89–111.

Dietler, M. 1996. Feasts and commensal politics in the political economy: food, power and status in prehistoric Europe. In P. Wiessner and W. Schiefenhövel (eds) *Food and the Status Quest: An Interdisciplinary Perspective.* Oxford: Berghahn Books. 87–125.

Dobres, M.–A. 1988. Feminist archaeology and inquiries into gender relations: some thoughts on universals, origins stories and alternating paradigms.

Archaeological Review from Cambridge, 7, 1: 30-44.

Dommasnes, L. H. 1976. Yngre jernalder i Sogn - forsøk på sosial rekonstruksjon. Unpublished Magistergradsavhandling, Bergen University.

Dommasnes, L. H. 1982. Late Iron Age in western Norway: female roles and ranks as deduced from an analysis of burial customs. *Norwegian Archaeological Review,* 15, 1-2: 70-84.

Dommasnes, L. H. 1992. Two decades of women in prehistory and in archaeology in Norway: a review. *Norwegian Archaeological Review,* 25, 1: 1-14.

Dorse, A. 1997. Ritualising the Body: Early Upper Palaeolithic 'Art' & the Emergence of Social Identity. Unpublished M.Phil. dissertation, Dept of Archaeology, Cambridge University.

Douglas, M. 1975. *Implicit Meanings.* London: Routledge and Kegan Paul.

Douglas, M. 1980. *Purity and Danger: An Analysis of the Concepts of Pollution and Taboo.* London: Routledge and Kegan Paul.

Dransart, P. 1992. Pachamama: the Inka Earth Mother of the long sweeping garment. In R. Barnes and J. B. Eicher (eds) *Dress and Gender.* 145-63.

Du Cros, H. and L. Smith (eds) 1993. *Women in Archaeology: A Feminist Critique.* Occasional Papers in Prehistory 23, Canberra: Australian National University.

Eicher, J. B. (ed.) 1995. *Dress and Ethnicity.* London: Berg.

Eicher, J. B. and M. E. Roach-Higgins 1992. Definition and classification of dress: implications for analysis of gender roles. In R. Barnes and J. B. Eicher (eds) *Dress and Gender.* 8-28.

Ellison, A. 1981. Towards a socioeconomic model for the Middle Bronze Age in southern England. In I. Hodder, G. Issac and N. Hammond (eds) *Pattern of the Past.* Cambridge: Cambridge University Press. 413-38.

Engels, F. 1884. *The Origin of the Family, Private Property and the State.* 1970 edition, London: Lawrence & Wishart.

Engelstad, E. 1991a. Feminist theory and post-processual archaeology. In D. Walde and N. D. Willows (eds) *The Archaeology of Gender.* 116-20.

Engelstad, E. 1991b. Images of power and contradiction: feminist theory and post-processual archaeology. *Antiquity,* 65/248: 502-14.

Engelstad, E. , G. Mandt and J. -R. Næss 1992. Equity issues in Norwegian archaeology. *K.A.N. (Kvinner i arkeologi i Norge),* 13-14: 67-77.

Etienne, M. and E. Leacock (eds) 1980. *Women and Colonization: Anthropological Perspectives.* New York: Praeger.

Evans, C. J. 1988a. Acts of enclosure: a consideration of concentrically organised causewayed enclosures. In J. C. Barrett and I. A. Kinnes (eds) *The Archaeology of Context in the Neolithic and Bronze Age: Recent Trends*. Sheffield: Dept of Archaeology and Prehistory. 85–96.

Evans, C. J. 1988b. Monuments and analogy: the interpretation of causewayed enclosures. In C. Burgess, P. Topping, C. Mordant and M. Maddison (eds) *Enclosures and Defences in the Neolithic of Western Europe*. B.A.R. International Series 403, Oxford: British Archaelogical Reports. 47–74.

Falk, P. 1994. *The Consuming Body*. London: Sage.

Fischer, S. 1978. Body image. In T. Polhemus (ed.) *Social Aspects of the Human Body: A Reader of Key Texts*. 115–21.

Fletcher, R. 1995. *The Limits of Settlement Growth: A Theoretical Outline*. Cambridge: Cambridge Unversity Press.

Fonnesbeck–Sandberg, E. , B. Pauly Hansen, K. Jespersen, L. Bender Jørgensen, K. Løkkegård, T. Matz, U. Fraes Rasmussen, L. Slumstrup, I. Stoumann, F. Waagebech, T. Wanning, S. Wiell, L. Wienecke and S. Ørnager 1972. Han, hun og arkræologien: 'Arkræologiske Studier'. *Kontaktstencil*, 4: 5–10. Copenhagen: Institute of Archaeology.

Foucault, M. 1978. *The History of Sexuality*. Harmondsworth: Penguin.

Freud, S. 1905. Three contributions to the sexual theory. In J. Strachey (ed.) *The Standard Edition of the Complete Psychological Works of Sigmund Freud*. vol. 7. London: Hogarth Press.

Fürst, E. L. 1995. *Mat – et annet språk: Rasjonalitet, kropp og kvinne/ighet*. Oslo: Pax Forlag A/S.

Gaarder Losnedahl, K. 1994. Kvinne og museum. *Nytt om Kvinneforskning: Feministisk museumkritik*. Oslo: Norges Forskningsråd. 5–11.

Galan Domingo, E. 1993. *Estelas, Paisaje y Territorio en el Bronce Final del Suroeste de Ia Peninsula Iberica*. Madrid: Complutense.

Gamble, C. 1982. Interaction and alliance in Palaeolithic Europe. *Man,* 17: 92–107.

Gatens, M. 1996. *The Imaginary Body*. London: Routledge.

Gejvall, N. –G. 1970. The fisherman from Barum – mother of several children: Palaeo–anatomic finds in the skeleton from Bäckaskog. *Fornvännen,* 65: 281–9.

Gero, J. 1996. Archaeological practice and gendered encounters. In R. P. Wright (ed.) *Gender and Archaeology*. 251–80.

Gero, J. M. and M. W. Conkey (eds) 1991. *Engendering Archaeology: Women and Prehistory*. Oxford: Blackwell.

Gibbs, L. 1987. Identifying gender representation in the archaeological record: a contextual study. In I. Hodder (ed.) *The Archaeology of Contextual Meanings*. Cambridge: Cambridge University Press. 79–89.

Gibbs, L. 1990. Sex, gender and material culture patterning in later Neolithic and earlier Bronze Age England. Unpublished Ph.D., Dept of Archaeology, Cambridge University.

Giddens, A. 1979. *Central Problems in Social Theory*. London: Macmillan.

Giddens, A. 1984. *The Constitution of Society*. Cambridge: Polity Press.

Gilchrist, R. 1988. The spatial archaeology of gender domains: a case study of medieval English nunneries. *Archaeological Review from Cambridge*, 7, 1: 21–8.

Gilchrist, R. 1994. *Gender and Material Culture: The Archaeology of Religious Women*. London: Routledge.

Gilchrist, R. 1997. Gender and medieval women. In J. Moore and E. Scott (eds) *Invisible People and Processes*. 42–58.

Gimbutas, M. 1965. *Bronze Age Cultures in Central and Eastern Europe*. The Hague: Mouton.

Gimbutas, M. 1974. *Gods and Goddesses of Old Europe*. London: Thames and Hudson.

Goody, J. 1982. *Cooking, Cuisine, and Class*. Cambridge: Cambridge University Press.

Grab, T. 1991. Women's concern are men's concerns: gender roles in German museums. *Museum,* 171: 136–9.

Grøn, O. 1991. A method for reconstruction of social organization in prehistoric societies and examples of practical application. In O. Grøn, E. Engelstad and I. Lindblom (eds) *Social Space: Human Spatial Behaviour in Dwellings and Settlements. Proceedings of an Interdisciplinary Conference.* Odense: Odense University Press. 100–17.

Grosz, E. 1994. *Volatile Bodies: Towards a Corporeal Feminism*. Bloomington, Ind.: Indiana University Press.

Hager, L. D. 1997a. Sex and gender in palaeoanthropology. In L. D. Hager (ed.) *Women in Human Evolution*. 1–28.

Hager, L. D. (ed.) 1997b. *Women in Human Evolution*. London: Routledge.

Hägg, I. 1983. Viking women's dress at Birka: a reconstruction by archaeo logical methods. In N. B. Harte and K. P. Ponting (eds) *Cloth and Clothing in Medieval Europe: Essays in Memory of Professor E. M. Carus-Wilson.* London: Heinemann. 316–50.

Hallpike, C. R. 1978. Social hair. In T. Polhemus (ed.) *Social Aspects of the Human Body: A Reader of Key Texts.* 134–53.

Halstead, P. 1989. The economy as a normal surplus: economic stability and social change among early farming communities of Thessaly, Greece. In P. Halstead and J. O'Shea (eds) *Bad Year Economics: Cultural Responses to Risk and Uncertainty.* Cambridge: Cambridge University Press. 68–80.

Hänsel, A. 1997. Das metallene Tafelgeschirr im Opfer. In A. and B. Hänsel (eds) *Gaben an die Götter.* 83–6.

Hänsel, A. and B. (eds) 1997. *Gaben an die Götter: Schätze der Bronzezeit Europas.* Berlin: Staatliche Museen zu Berlin.

Harding, S. 1986. *The Science Question in Feminism.* New York: Cornell University Press.

Hastorf, C. A. 1991. Gender, space, and food in prehistory. In J. M. Gero and M. W. Conkey (eds) *Engendering Archaeology: Women and Prehistory.* 132–59.

Hastorf, C. A. 1998. The cultural life of early domestic plant use. *Antiquity,* 72, 278: 773–82.

Helbæk, H. 1958. Grauballe mandens sidste måltid. *Kuml,* 83–116.

Helms, M. W. 1988. *Ulysses' Sail: An Ethnographic Odyssey of Power, Knowledge, and Geographical Distance.* Princeton, N.J.: Princeton University Press.

Higgs, E. S. (ed.) 1972. *Papers in Economic Prehistory.* Cambridge: Cambridge University Press.

Hiler, H. 1929. *From Nudity to Raiment: An Introduction to the Study of Costume.* London: W. & G. Foyle.

Hill, E. forthcoming. The liminal body: mediating the social through sacrifice. *Cambridge Journal of Archaeology.*

Hill, J. D. 1997. 'The end of one kind of body and the beginning of another kind of body'? Toilet instruments and 'Romanization' in southern England during the first century AD. In C. Haselgrove and A. Gwilt (eds) *Reconstructing Iron Age Societies: New Approaches to the British Iron Age.* Oxford: Oxbow Books. 96–107.

Hingley, R. 1990. Domestic organisation and gender relations in Iron Age and Romano–British households. In R. Samson (ed.) *The Social Archaeology of Houses.* Edinburgh: Edinburgh University Press. 125–47.

Hjørungdal, T. 1994. Poles apart. Have there been any male and female graves? *Current Swedish Archaeology,* 2, 141–8.

Hodder, I. 1986. *Reading the Past.* Cambridge: Cambridge University Press.

Hodder, I. 1989. This is not an article about material culture as text. *Journal of Anthropological Archaeology,* 8: 250–69.

Hodder, I. 1990. *The Domestication of Europe.* Oxford: Blackwell.

Hodder, I. 1997. Commentary: the gender screen. In J. Moore and E. Scott (eds) *Invisible People and Processes.* 75–8.

Høgsbro, K.-E. 1994. Kvinder i musealt regi. In M. Alenius, N. Damsholt and B. Rosenbeck (eds) *Clios døtre gennem hundrede år.* Århus: Museum Tusculanums. 87–110.

Holm-Olsen, I. M. and G. Mandt-Larsen 1974. Kvinnens stilling i norsk arkeologi. *Kontaktstencil,* 6: 68–75.

Horne, D. 1984. *The Great Museum.* London: Pluto.

Hugh-Jones, C. 1979. *From the Milk River: Spatial and Temporal Processes in Northwest Amazonia.* Cambridge: Cambridge University Press.

Jesch, J. 1991. *Women in the Viking Age.* Woodbridge: Boydell Press.

Jones, S. 1991. Presenting the past: towards a feminist critique of museum practice. *The Field Archaeologist,* 14: 247–9.

Jones, S. and S. Pay 1990. The legacy of Eve. lo P. Gathercole and D. Lowenthal (eds*)* *The Politics of the Past.* London: Unwin Hyman. 160–86.

Jonsson, I. 1993. En Kvinnohistoriker går på museum: en undersökning hur kvinnor och män, kön och makt presenteras i några svenska museiutställningar. In *Det Dolda Budskapet. Kön, makt och Kvinnor, män i museiutst*ällingar*.* Norrköping: Arbetets Museum. 11–27.

Joseph, N. 1986. *Uniforms and Nonuniform: Communication through Clothing.* New York: Greenwood Press.

Joyce, R. A. 1996. Performance and inscription: negotiating sex and gender in classic Maya society. Unpublished paper given at Dumbarton Oaks.

Kaiser, S. 1983–4. Towards a contextual social psychology of clothing: a synthesis of symbolic interactionist and cognitive theoretical perspectives. *Clothing and Textile Research Journal,* 2: 1–8.

Kehoe, A. 1992. Unshackling tradition. In C. Claassen (ed.) *Exploring Gender through Archaeology.* Madison, Wis.: Prehistoric Press. 23–32.

Kent, S. (ed.) 1998. *Gender in African Prehistory.* Walnut Creek, Calif.: AltaMira Press.

Kenyon, K. M. 1969. Women in academic life. The Galton Lecture 1969. *Journal of Biosoc. Science,* supplement 2: 107–18.

Killen, J. T. and J.-P. Olivier 1989. *The Knossos Tablets.* 5th edition, Salamanca: Ediciones Universidad de Salamanca.

Kinchin, J. 1996. Interiors: nineteenth-century essays on the 'masculine' and the 'feminine' room. In P. Kirkham (ed.) *The Gendered Object*. 12-29.

Kirkham, P. (ed.) 1996. *The Gendered Object*. Manchester: Manchester University Press.

Kirkham, P. and J. Attfield 1996. Introduction. In P. Kirkham (ed.) *The Gendered Object*. 1-11.

Kjærum, P. 1955. Tempelhus fra stenalder. *Kuml*, 7-35.

Knapp, B. and L. Meskell 1997. Bodies of evidence on prehistoric Cyprus. *Cambridge Archaeological Journal*, 7, 2: 183-204.

LaBouff, N. 1997. Personal ornamentation in the Upper Palaeolithic: Aurignacian ornaments of southwest France. Unpublished M.Phil. dissertation, Dept of Archaeology, Cambridge University.

Ladier, E. and A.-C. Welté 1995. *Bijoux de la préhistoire. La Parure Magdalénienne dans la vallée de l'Aveyron*. Montauban: Muséum d'histoire naturelle de Montauban.

Laqueur, T. 1990. *Making Sex: Body and Gender from the Greeks to Freud*. Cambridge, Mass.: Harvard University Press.

Last, J. 1998. Books of life: biography and memory in a Bronze Age barrow. *Oxford Journal of Archaeology*, 17: 43-53.

Leibowitz, L. 1983. Origins of the sexual division of labour. In M. Lowe and R. Hubbard (eds) *Women's Nature: Rationalization of Inequality*. New York: Pergamon. 123-47.

Leroi-Gourhan, A. 1968. *The Art of Prehistoric Man in Western Europe*. London: Thames and Hudson.

Lesick, K. S. 1997. Re-engendering gender: some theoretical and methodological concerns on a burgeoning archaeological pursuit. In J. Moore and E. Scott (eds) *Invisible People and Processes*. 31-41.

Lévi-Strauss, C. 1970. *The Raw and the Cooked*. London: Jonathan Cape.

Levy, J. and C. Claassen (eds) 1992. Workshop 1: engendering the contact period. In C. Claassen (ed.) *Exploring Gender through Archaeology*. 111-26.

Lewin, R. 1989. *Human Evolution*. 2nd edition, Cambridge, Mass.: Blackwell Scientific Publications.

Lind, M. 1993. En Brännande treklöver - museer, kvinnor och betydelses produktion. In *Det Dolda Budskapet. Kön, makt och Kvinnor, män i museiutställingar*. Norrköping: Arbetets Museum. 4-9.

Lindstrom, L. 1996. Cargo cult. In A. Barnard and J. Spencer (eds) *Encyclopedia of Social and Cultural Anthropology*. London: Routledge. 85-96.

Lohof, E. 1994. Tradition and change: the mortuary rituals during the late Neolithic and Bronze Age in the northeastern Netherlands. *Archaeological Dialogues*, 1, 2: 98–118.

Lorenz, H. 1978. Totenbrauchtum und Tracht: Untersuchungen zur regionalen gliederung in der frühen Latenezeit. *Bericht der Römisch–Germanischen Kommission*, 59: 3–378.

Lucy, S. 1997. Housewives, warriors and slaves? Sex and gender in Anglo–Saxon burials. In J. Moore and E. Scott (eds) *Invisible People and Processes*. 150–68.

Lupton, D. 1996. *Food, the Body and the Self.* London: Sage.

Macdonald, S. and G. Fyfe (eds) 1996. *Theorizing Museums: Representing Identity and Diversity in a Changing World.* Oxford: Blackwell.

McDowell, L. and J. Sharp (eds) 1997. *Space, Gender and Knowledge.* London: Arnold.

McGovern, T. H. 1985. The Arctic frontier of Norse Greenland. In S. Green and S. Pearlman (eds) *The Archaeology of Frontiers and Boundaries.* New York: Academic Press. 275–323.

Maher, V. A. (ed.) 1992. *The Anthropology of Breastfeeding.* London: Berg.

Mandt, G. 1994. Trenger vi en feministisk museumskritikk? *Nytt om Kvinneforskning: Feministisk museumkritik.* Oslo: Norges Forskningsråd. 11–20.

Marchant, L. F. 1991. Primate reproductive biology and models of human origins. In D. Walde and N. D. Willows (eds) *The Archaeology of Gender.* 50–4.

Maurer, B. 1990. Feminist challenges to archaeology: avoiding the epistemology of the 'Other'. In D. Walde and N. D. Willows (eds) *The Archaeology of Gender.* 414–19.

Mauss, M. 1954. *The Gift.* London: Cohen & West.

Meadows, K. 1994. You are what you eat: diet, identity and Romanisation. In S. Cottam, D. Dungworth, S. Scott and J. Taylor (eds) TRAC 1994. Proceedings of the Fourth Annual Theoretical Roman Archaeology Conference, Durham 1994, Oxford: Oxbow Books. 133–40.

Mellars, P. 1989. Major issues in the emergence of modern humans. *Current Anthropology*, 30, 3: 349–85.

Mellars, P. 1996. *The Neanderthal Legacy: An Archaeological Perspective from Western Europe.* Princeton, N.J.: Princeton University Press.

Meskell, L. 1996. The somatization of archaeology: institutions, discourses, corporeality. *Norwegian Archaeological Review*, 29, 1: 1–16.

Meskell, L. 1997. Egyptian social dynamics: the evidence of age, sex and class in domestic and mortuary contexts. Unpublished Ph.D., Dept of Archaeology, Cambridge University.

Mestorf, J. 1889. Dolche in Frauengräbern der Bronzezeit. Correspondenz-Blatt der Deutschen Gesselschaft für Anthropologie, Ethnologie und Urgeschichte. XX Jahrgang, Nr 10. 150-4.

Michelman, S. O. and T. V. Erekosima 1992. Kalahari dress in Nigeria: visual analysis and gender implications. In R. Barnes and J. B. Eicher (eds) *Dress and Gender*. 164-82.

Middleton, D. and D. Edwards (eds) 1990. *Collective Remembering*. London: Sage.

Miller, D. 1985. *Artefacts as Categories: A Study of Ceramic Variability in Central India*. Cambridge: Cambridge University Press.

Miller, D. 1987. *Material Culture and Mass Consumption*. Oxford: Blackwell.

Mithen, S. J. 1996. *The Prehistory of the Mind: A Search for the Origin of Art, Science and Religion*. London: Thames and Hudson.

Mizoguchi, K. 1992. A historiography of a linear barrow cemetery: a structuralist's point of view. *Archaeological Review from Cambridge*, 11, 1: 39-49.

Moore, H. L. 1986. *Space, Text and Gender*. Cambridge: Cambridge University Press.

Moore, H. L. 1987. Problems in the analysis of social change: an example from the Marakwet. In I. Hodder (ed.) *Archaeology as Long-term History*. Cambridge: Cambridge University Press. 85-104.

Moore, H. L. 1988. *Feminism and Anthropology*. Cambridge: Polity Press.

Moore, H. L. 1990. Paul Ricoeur: action, meaning and text. In C. Tilley (ed.) *Reading Material Culture*. Oxford: Basil Blackwell. 85-120.

Moore, H. L. 1994. *A Passion for Difference*. Cambridge: Polity Press.

Moore, J. and E. Scott (eds) 1997. *Invisible People and Processes: Writing Gender and Childhood into European Archaeology*. London: Leicester University Press.

Moser, S. 1992. The visual language of archaeology: a case study of the Neanderthals. *Antiquity*, 66: 831-44.

Moser, S. 1993. Gender stereotyping in pictoral reconstructions of human origins. In H. du Cros and L. Smith (eds) *Women in Archaeology*. 75-92.

Moser, S. 1998. *Ancestral Images: The Iconography of Human Origins*. Stroud: Sutton.

Müller, S. O. 1884. Mindre Bidrag til den forhistoriske Archaeologis methode. *Aarbøger for Nordisk Oldkyndighed og Historie*, 161-216.

Næss, J.R. 1974. Kvinner i vikingtid. *Fra Haug ok Heidni*, 2.

Nelson, S. M. 1997. *Gender in Archaeology: Analyzing Power and Prestige*. London: Altamira Press.

Nordbladh, J. and T. Yates 1990. This perfect body, this virgin text: between sex and gender in archaeology. In I. Bapty and T. Yates (eds) *Archaeology after Structuralism*. 222–37.

Oelmann, F. 1959. Pfahlhausurnen. *Germania*, 37: 205–23.

Olivier, L. 1992. The tomb of Hochdorf. *Archaeological Review from Cambridge*, 11, 1: 51–63.

Olsen, B. 1997. *Fra ting til tekst: teoretiske perspek i arkeologisk forskning*. Oslo: Universitetsforlaget.

Parker–Pearson, M. 1996. Food, fertility and front doors: houses in the first millennium BC. In T. Champion and J. Collis (eds) *The Iron Age in Britain and Ireland: Recent Trends*. Sheffield: Sheffield Academic Press. 117–32.

Parker–Pearson, M. and C. Richards (eds) 1994a. *Architecture and Order: Approaches to Social Space*. London: Routledge.

Parker–Pearson, M. and C. Richards 1994b. Architecture and order: spatial representation and archaeology. In M. Parker–Pearson and C. Richards (eds) *Architecture and Order*. 38–72.

Parker–Pearson, M. and C. Richards 1994c. Ordering the world: perceptions of architecture, space and time. In M. Parker–Pearson and C. Richards (eds) *Architecture and Order*. 1–37.

Partington, A. 1996. Perfume: pleasure, packaging and postmodernity. In P. Kirkham (ed.) *The Gendered Object*. 204–18.

Picazo, M. 1997. Hearth and home: the timing of maintenance activities. In J. Moore and E. Scott (eds) *Invisible People and Processes*. 59–67.

Pirie, V. 1985. Women, heritage and museums. *Archaeological Review from Cambridge*, 4, 1: 117–18.

Polhemus, T. (ed.) 1978. *Social Aspects of the Human Body: A Reader of Key Texts*. Harmondsworth: Penguin.

Porter, G. 1988. Putting your house in order. In R. Lumley (ed.) *The Museum Time Machine*. London: Routledge. 102–27.

Porter, G. 1991. Partial truths. In G. Kavanagh (ed.) *Museum Languages: Objects and Texts*. Leicester: Leicester University Press. 103–17.

Porter, G. 1996. Seeing through solidity: a feminist perspective on museums. In S. Macdonald and G. Fyfe (eds) *Theorizing Museums*. Oxford: Blackwell.

105-26.

Radley, A. 1990. Artefacts, memory and a sense of the past. In D. Middleton and D. Edwards (eds) 1990. *Collective Remembering*. 46-59.

Rajewski, Z. 1959. *Biskupin: Polish Excavation*. Warsaw: Polonia Publishing House.

Randsborg, K. 1984. Women in prehistory: the Danish example. *Acta Archaeologica*, 142-54.

Rappaport, R. 1984. *Pigs for the Ancestors: Ritual in the Ecology of the New Guinea People*. New Haven: Yale University Press.

Rega, E. 1997. Age, gender and biological reality in the Early Bronze Age cemetery at Mokrin. In J. Moore and E. Scott (eds) *Invisible People and Processes*. 229-47.

Riegel, H. 1996. Into the heart of irony: ethnographic exhibitions and the politics of difference. In S. Macdonald and G. Fyfe (eds) *Theorizing Museums*. 83-104.

Roach, M. E. and J. B. Eicher 1979. The language of personal adornment. In J. M. Cordwell and R. A. Schwarz (eds) *The Fabrics of Culture*. New York: Mouton Publishers. 7-21.

Robb, J. 1994. Gender contradictions, moral coalitions and inequality in prehistoric Italy. *Journal of European Archaeology*, 2, 1: 20-49.

Rosaldo, M. Z. and L. Lamphere (eds) 1974. *Woman, Culture and Society*. Stanford, Calif.: Stanford University Press.

Rosman, A. and P. Rubel 1971. *Feasting with Mine Enemy: Rank and Exchange among Northwest Coast Indians*. New York: Columbia University Press.

Russell, P. 1993. The Palaeolithic mother-goddess: fact or fiction? In H. du Cros and L. Smith (eds) *Women in Archaeology*. 93-7.

Sandahl, J. 1995. Proper objects among other things. *Nordisk Museologi*, 2: 97-106.

Sayers, J. 1982. *Biological Politics: Feminist and Anti-feminist Perspectives*. London: Tavistock.

Scarre, C. 1998. *Exploring Prehistoric Europe*. Oxford: Oxford University Press.

Schneider, J. and A. B. Weiner 1989. Introduction. In A. B. Weiner and J. Schneider (eds) *Cloth and Human Experience*. Smithsonian Institution Press: Washington. 4-29.

Schumacher-Matthäus, G. 1985. *Studien zu Bronzezeitlichen Schmucktrachten im Karpatenbecken*. Mainz am Rhein: Philipp von Zabern.

Schwarz, R. A. 1979. Uncovering the secret vice: towards an anthropology of clothing and adornment. In J. M. Cordwell and R. A. Schwarz (eds) *The Fabrics of Culture*. The Hague: Mouton. 23-46.

Scott, J. W. 1986. Gender: a useful category of historical analysis. *American Historical Review*, 91, 5: 1053–75.

Scott, J. W. 1990. Deconstructing equality–versus–difference: or, the use of poststructuralist theory for feminism. In M. Hirsch and E. F. Keller (eds) *Conflicts in Feminism*. London: Routledge.134–48.

Sharp, L. 1952. Steel axes for Stone Age Australians. In E. H. Spicer (ed.) *Human Problems in Technological Change*. New York: Russell Sage Foundation. 69–90.

Shennan, S. 1975. The social organization at Branc. *Antiquity*, 49: 279–88.

Shennan, S. J. 1993. Commodities, transactions and growth in the central European Early Bronze Age. *Journal of European Archaeology*, 1, 2: 59–72.

Sherratt, A. 1997. *Economy and Society in Prehistoric Europe: Changing Perspectives*. Edinburgh: Edinburgh University Press.

Shilling, C. 1993. *The Body and Social Theory*. London: Sage.

Slocum, S. 1975. Woman the gatherer: male bias in anthropology. In R. Reiter (ed.) *Towards an Anthropology of Women*. New York: Monthly Review Press. 36–50.

Sofaer–Derevenski, J. 1997. Engendering children, engendering archaeology. In J. Moore and E. Scott (eds) *Invisible People and Processes*. 192–202.

Sofaer–Derevenski, J. 1998. Gender archaeology as contextual archaeology: a critical examination of the tensions between method and theory in the archaeology of gender. Unpublished Ph.D., Dept of Archaeology, Cambridge University.

Soffer, O. 1985. Patterns of intensification as seen from the Upper Palaeolithic of the central Russian plain. In T. D. Price and J. A. Brown (eds) *Prehistoric Hunter–Gatherers: The Emergence of Cultural Complexity*. Orlando, Fla.: Academic Press. 235–70.

Sørensen, M. L. S. 1988. Is there a feminist contribution to archaeology? *Archaeological Review from Cambridge*, 7, 1: 9–20.

Sørensen, M. L. S. 1991. Gender construction through appearance. In D. Walde and N. D. Willows (eds), *The Archaeology of Gender*. 121–9.

Sørensen, M. L. S. 1992. Gender archaeology and Scandinavian Bronze Age studies. *Norwegian Archaeological Review*, 25, 1: 31–49.

Sørensen, M. L. S. 1996. Women as/and metalworkers. In A. Devonshire and B. Wood (eds) *Women in Industry and Technology*. 45–52.

Sørensen, M. L. S. 1997. Reading dress: the construction of social categories and identities in Bronze Age Europe. *Journal of European Archaeology*, 5, 1:

93-114.

Sørensen, M. L. S. 1998. Rescue and recovery: on historiographies of female archaeologists. In Díaz-Andreu, M. and M. L. S. Sørensen (eds) *Excavating Women*. 31-60.

Sørensen, M. L. S. 1999. Archaeology, gender and the museum. In N. Merriman (ed.) *Making Early Histories in Museums*. Leicester: Leicester University Press. 136-50.

Spector, J. 1993. *What this Awl Means: Feminist Archaeology at a Wahpeton Dakota Village*. St Paul: Minnesota Historical Society Press.

Spindler, K. 1994. *The Man in the Ice: The Preserved Body of a Neolithic Man Reveals the Secrets of the Stone Age*. London: Weidenfeld and Nicolson.

Stalsberg, A. 1987. The interpretation of women's objects of Scandinavian origin from the Viking period found in Russia. In R. Bertelsen, A. Lillehammer and J.R. Næss (eds) *Were They All Men?* 89-100.

Stalsberg, A. 1991. Women as actors in north European Viking trade. In R. Samson (ed.) *Social Approaches to Viking Studies*. Glasgow: Cruithne Press. 75-83.

Strathern, M. 1984. Subject or object? Women and the circulation of valuables in highlands New Guinea. In R. Hirschon (ed.) *Women and Property – Women as Property*. London: Croom Helm. 158-75.

Strathern, M. 1987. An awkward relationship: the case of feminism and anthropology. *Signs*, 12, 2: 276-92.

Taborin, Y. 1993. Shells of the French Aurignacian and Perigordian. In H. Knecht, A. Pike-Tay and R. White (eds) *Before Lascaux: The Complex Record of the Early Upper Palaeolithic*. Boca Raton: CRC Press. 211-29.

Tarrant, N. E. A. 1994. *The Development of Costume*. Edinburgh: National Museums of Scotland and Routledge.

Tax, S. 1979. General editor's preface. In J. M. Cordwell and R. A. Schwarz (eds) *The Fabrics of Culture*. The Hague: Mouton. v-vii.

Texeira, M. B. 1991. From strength to strength. *Museum*, 171: 126-8.

Thålin-Bergman, L. (ed.) 1975. *O forna tiders kvinnor*. Stockholm: Statens Historiska Museum.

Thomas, J. 1993. The hermenutics of megalithic space. In C. Tilley (ed.) *Interpretative Archaeology*. London: Berg. 73-97.

Thomas, J. 1995. Where are we now? Archaeological theory in the 1990s. In P. J. Ucko (ed.) *Theory in Archaeology: A World Perspective*. London: Routledge.

343–62.

Thomas, J. 1996. *Time, Culture and Identity*. London: Routledge.

Tilley, C. (ed.) 1990. *Reading Material Culture: Structuralism, Hermeneutics and Post-Structuralism*. Oxford: Basil Blackwell.

Tilley, C. 1991. *Material Culture and Text: The Art of Ambiguity*. London: Routledge.

Tilley, C. 1993. Introduction: interpretation and a poetics of the past. In C. Tilley (ed.) *Interpretative Archaeology*. London: Berg. 1–30.

Tilley, C. 1994. *A Phenomenology of Landscape*: Places, Paths and Monuments. London: Berg.

Treherne, P. 1995. The warrior's beauty: the masculine body and self-identity in Bronze Age Europe. *Journal of European Archaeology*, 3, 1: 105–44.

Tringham, R. 1991. Households with faces: the challenge of gender in prehistoric architectural remains. In J. M. Gero and M. W. Conkey (eds) *Engendering Archaeology*. 93–131.

Trocolli, R. 1992. Colonization and women's production: the Timucua of Florida. In C. Claassen (ed.) *Exploring Gender through Archaeology*. 95–102.

Urry, J. 1996. How societies remember the past. In S. Macdonald and G. Fyfe (eds) *Theorizing Museums*. 45–68.

Van der Leeuw, S. 1993. Giving the potter a choice: conceptual aspects of pottery techniques. In P. Lemonnier (ed.) *Technological Choices: Transformation in Material Cultures since the Neolithic*. London: Routledge. 238–88.

Vencl, S. 1994. The archaeology of thirst. *Journal of European Prehistory*, 2, 2: 299–326.

Wadley, L. (ed.) 1997. *Our Gendered Past: Archaeological Studies of Gender in Southern Africa*. Johannesburg: Witwatersrand University Press.

Walde, D. and N. D. Willows (eds). 1991. *The Archaeology of Gender*. Proceedings of the Twenty-Second Annual Conference of the Archaeological Association of the University of Calgary, Calgary: The Archaeological Association of the University of Calgary.

Washburn, S. L. and I. DeVore 1961. Social behavior of baboons and early hominids. In S. L. Washburn (ed.) *Social Life of Early Man*. Chicago: Aldine. 91–105.

Washburn, S. L. and C. S. Lancaster 1968. The evolution of hunting. In R. Lee and I. DeVore (eds) *Man the Hunter*. Chicago: Aldine. 293–303.

Webb Mason, S. 1995. All flint and no females: gender perceptions in public presentations of prehistoric hunter gatherers. Unpublished M.Phil. dissertation, Dept of Archaeology, Cambridge University.

Wels-Weyrauch, U. 1989. *Dynamique du Bronze Moyen en Europe Occidentale.* Strasbourg: Actes du 113e Congres national des Sociétés savantes. 117-34.

White, R. 1982. Rethinking the Middle/Upper Palaeolithic transition. *Current Anthropology,* 23, 2: 169-92.

White, R. 1989. Production complexity and standardisation in early Aurignacian bead and pendant manufacturer: evolutionary implications. In P. Mellars (ed.) *The Human Revolution: Behavioural and Biological Perspectives on the Origins of Modern Humans.* Edinburgh: Edinburgh University Press. 366-90.

White, R. 1992. Beyond art: towards an understanding of the origins of material representation in Europe. *Annual Review of Anthropology,* 21: 537-64.

White, R. 1993. Technological and social dimensions of 'Aurignacian-age' body ornaments across Europe. In H. Knecht, A. Pike-Tay and R. White (eds) *Before Lascaux: The Complex Record of the Early Upper Palaeolithic.* 277-299. Boca Raton: CRC Press. 277-99.

Whittle, A. 1996. *Europe in the Neolithic.* Cambridge: Cambridge University Press.

Wichman, H. (ed.) 1968. *Norrländskt arbetsliv under 1700-talet: Länsmännens berättelser 1764 om allmogens årliga arbeten i Medelpad, Ångermanland och Jämtland.* Nordiska museets handlingar 65, Stockholm: Nordiska museet.

Wiessner, P. 1984. Reconsidering the behavioral basis for style: a case study among the Kalahari San. *Journal of Anthropological Archaeology,* 3: 190-234.

Willoughby, P. R. 1991. Human origins and the sexual division of labour: an archaeological perspective. In D. Walde and N. D. Willows (eds) *The Archaeology of Gender.* 284-91.

Wood, B. 1996. Wot! No dinosaurs? Interpretation of prehistory and a new gallery at the Museum of London. In A. Devonshire and B. Wood (eds) *Women in Industry and Technology.* 53-63.

Wright, R. A. (ed.) 1996a. *Gender and Archaeology.* Philadelphia: University of Pennsylvania Press.

Wright, R. A. 1996b. Technology, gender, and class: worlds of difference in Ur III Mesopotamia. In R. A. Wright (ed.) *Gender and Archaeology.* 79-110.

Wylie, A. 1991a. Feminist critiques and archaeological challenges. In D. Walde and N. D. Willows (eds) *The Archaeology of Gender.* 17-23.

Wylie, A. 1991b. Gender theory and the archaeological record: why is there no archaeology of gender? In J. M. Gero and M. W. Conkey (eds)

Engendering Archaeology. 31–54.

Wylie, A. 1992a. Feminist theories of social power: some implications for a processual archaeology. *Norwegian Archaeological Review*, 25, 1: 51–68.

Wylie, A. 1992b. The interplay of evidential constraints and political interests: recent archaeological research on gender. *American Antiquity*, 52: 15–35.

Wylie, A. 1993. Workplace issues for women in archaeology: the chilly climate. In H. du Cros and L. Smith (eds) *Women in Archaeology*. 245–60.

Wylie, A. 1997. Good science, bad science, or science as usual? Feminist critiques of science. In L. D. Hager (ed.) *Women in Human Evolution*. 29–55.

Wylie, A., K. Okruhlik, S. Norton and L. Thielen–Wilson 1989. Feminist critiques of science: the epistemological and methodological literature. *Women's Studies International Forum*, 12: 379–88.

Wyss, R. 1971. Technik, Wirtschaft und Handel. In H. Drack (ed.) Ur– und Fruhgeschichtliche Archaologie der Schweiz III. Die Bronzezeit. Basel: Verlag Schweizerische Gesellschaft für Ur– und Frühgeschichte.

Yates, T. 1991. The writing machine: rock art and the concept of the body in the Bronze Age of Göteborgs och Bohus län, Sweden. Unpublished Ph.D., Dept of Archaeology, Cambridge University.

Yates, T. 1993. Frameworks for an archaeology of the body. In C. Tilley (ed.) *Interpretative Archaeology*. 31–72.

Zihlman, A. 1991. Did the australopithecines have a division of labor? In D. Walde and N. D. Willows (eds) *The Archaeology of Gender*. 64–70.

Zihlman, A. 1997. The Palaeolithic glass ceiling: women in human evolution. In L. D. Hager (ed.) *Women in Human Evolution*. 91–113.

Zihlman, A. and N. Tanner 1978. Gathering and the hominid adaptation. In L. Tiger and H. Fowler (eds) *Female Hierarchies*. Chicago: Beresford Book Service. 163–94.